EL CIELO ES AHORA

UNA EXPOSICIÓN DE LOS PRINCIPIOS DE *UN CURSO DE MILAGROS*

CINDY LORA-RENARD

Prólogo de Gabriela Ilie

EL GRANO Đ MOSTAZA

Título: El cielo es ahora
Autor: Cindy Lora-Renard

Copyright © 2022 a cargo de Cindy Lora-Renard
Primera edición en España, febrero de 2023
© para la edición en España, El Grano de Mostaza Ediciones

Impreso en España
ISBN PAPEL: 978-84-125947-9-9
ISBN EBOOK: 978-84-126297-0-5
DL: B 20876-2022

El Grano de Mostaza Ediciones, S.L.
Carrer de Balmes 394, principal primera
08022 Barcelona, Spain
www.elgranodemostaza.com

EL CIELO ES AHORA

UNA EXPOSICIÓN DE LOS PRINCIPIOS DE *UN CURSO DE MILAGROS*

CINDY LORA-RENARD

Prólogo de Gabriela Ilie

ELOGIOS DEDICADOS A
El cielo es ahora

"Con su tercer libro, *El cielo es ahora,* Cindy Lora-Renard nos saca del tiempo hacia la intemporalidad, donde podemos hallar la realidad. A fin de hacer esto, Cindy nos da un modelo de cómo mirar a lo que llamamos *nuestra vida,* pero que en realidad no es sino un paso intermedio hacia nuestra vida real, si aprendemos a mirarla de cierta manera espiritualmente avanzada. Ella nos enseña de manera hermosa y cautivadora qué es esa otra manera. Recomiendo encarecidamente este importante libro".

—Gary Renard, autor de la trilogía éxito de ventas *La desaparición del universo* y de *Las vidas en que Jesús y Buda se conocieron.*

"Usando la sabiduría extraída de sus profundas experiencias de vida, *El cielo es ahora,* de Cindy Renard, está lleno de historias poderosas, directrices y herramientas que cualquiera que esté practicando UCDM a cualquier nivel puede entender fácilmente e integrar en su vida y prácticas diarias. Este libro tocará tu corazón y despertará todavía más tu mente. Es una lectura obligada para aquellos que quieran sumergirse profundamente en sus prácticas de perdón. Me ha encantado cada una de sus páginas".

—Raphaelle Tamura, clarividente, sanadora y maestra espiritual; pronto publicará *The Golden Collar,* sobre la vida después de la muerte de un perro y el repaso de su existencia.

"*El cielo es ahora,* de Cindy Lora-Renard, combina la metafísica sin concesiones de *Un curso de milagros* con una generosa variedad de anécdotas reconocibles y de ejemplos útiles e interesantes que nos animan amablemente a persistir en nuestra dedicación a aplicar el Verdadero Perdón. Se trata de un libro divertido y es una adicción bienvenida a la biblioteca de cualquier estudiante del Curso. La visión del Espíritu Santo atrayéndonos firmemente a volver al hogar y a la paz inalterable es evidente en cada página. Su claridad, entusiasmo y ejemplos prácticos constituyen grandes recordatorios de la guía que todos tenemos dentro de nuestra mente para atravesar e ir más allá de las resistencias temporales que parecen obstaculizar la conciencia de la presencia del amor. Como dice Cindy: 'El mundo no merece que perdamos la paz por él'. ¡Que la luz, la amistad y el humor que impregnan este libro te inspiren!".

—Bruce Rawles, editor de ACIMblog.com y autor de *The Geometry Code: Universal Symbolic Mirrors of Natural Laws Within Us; Friendly Reminders of Inclusion to Forgive the Dreamer of Separation.*

"Contempla el mundo bajo una luz distinta. Recupera tu poder y aprende la verdad de quién eres verdaderamente liberando tu mente. Esto te llevará a la paz interna. Cindy Lora-Renard comparte su viaje de deshacer la mente-ego en este extraordinario libro basado en *Un curso de milagros.* Este momento es perfecto para usar estas herramientas y descubrir que *El cielo es ahora*".

—Stephanie Swengel, estudiante de *Un curso de milagros* desde hace mucho tiempo.

Este libro está dedicado a todos mis hermanos y hermanas, que en realidad son Cristo. Es una alegría recorrer este camino con vosotros. Que todos despertemos del sueño con una risa amable, bondad y amor en nuestros corazones.

Cuando dejamos de desear,
podemos empezar a vivir.

Cindy Lora-Renard

Contenido

PRÓLOGO

¿Te has preguntado alguna vez por qué el amor y el miedo son mutuamente excluyentes y por qué estos estados no coexisten? ¿Por qué, en un momento dado, no estamos ni en un estado de amor (nuestra herencia natural, tal como se menciona en *Un curso de milagros*) ni en un estado de miedo (un estado de defensa en contra de la verdad que revela nuestra herencia natural)? Entonces, sigue leyendo porque, en este libro, Cindy Lora-Renard aborda esta pregunta de manera directa. Este es un libro que los lectores, en su búsqueda de maneras de elegir el amor y abandonar el miedo, la soledad y la desconexión, verán como un compañero querido.

Conocí a Cindy en 2006 en un taller celebrado en Montreal, Canadá y, a medida que he llegado a conocerla mejor y a trabajar con ella en una serie de proyectos a lo largo de los años, me ha quedado muy claro que estaba en presencia de una Juana de Arco contemporánea de la espiritualidad. Una mujer amable que dice la verdad pase lo que pase, y que no hace concesiones con respecto a la verdad, por nada ni por nadie. Ciertamente, como Juana de Arco, el principal mensaje que Cindy ha dirigido al público del Curso (*Un curso de milagros*) a lo largo de los últimos quince años ha sido el mismo, señalando hacia eso que Juana de Arco dijo una vez: "Todas las batallas se ganan o se pierden primero en la mente". Aquí es donde el Reino de la paz interna abre sus puertas y nos permite experimentar nuestra herencia natural.

Su público, a lo largo de esos años, le ha preguntado: "¿Quién es el yo que está viviendo en el mundo? ¿Cuál es mi propósito aquí? ¿En qué consiste este 'juego' al que llamamos vida?". Cindy responde que el "juego" consiste en entender la premisa básica de que el mundo físico no es algo que se nos haga, sino que nosotros lo fabricamos como una proyección de la mente. El "juego" consiste en experimentar que tenemos el gran poder de elegir entre el amor y el miedo, cuando esta elección se realiza con convicción inalterable. En su libro *El cielo es ahora*, Cindy enseña no-dualismo puro y perdón avanzado basado en los principios de *Un curso de milagros*, donde se afirma: *La mayor dificultad a la que te enfrentas para poder perdonar realmente es que todavía crees que tienes que perdonar lo que es verdad, no lo que es ilusorio* (UCDM, L-134.3:1). Cindy entra en una exploración profunda del significado de este error repetitivo y enseña cómo corregirlo mediante ejemplos personales. En esta obra, Cindy describe las oportunidades que nos ofrece la vida para crecer, transformarnos y sanar juntos, y revela amablemente que, cuando nos curamos, no nos curamos solos.

El cielo es ahora comienza haciendo énfasis en que la elección a favor del amor requiere práctica diaria, compromiso y dedicación constante. Cindy llama nuestra atención sobre la incompatibilidad entre estos dos estados mentales (amor y miedo), y arroja luz sobre el ímpetu que está detrás de nuestro deseo desesperado de corregir nuestras percepciones mediante la elección del amor, lo que nos alivia del miedo. Como Hansel y Gretel en el popular cuento de los hermanos Grimm, ella nos revela las "migajas" de perdón, animándonos a permanecer en el camino que nos lleva a la paz interna y, en último término, nos lleva de vuelta a Dios, donde siempre hemos permanecido.

Vivimos en un mundo en cambio constante. En el tiempo en que Cindy está a punto de publicar este libro, las amenazas de la pobreza, la malnutrición, las pandemias globales, la crisis medioambiental y la guerra son algunos de los muchos retos que afronta la humanidad. ¿Cómo podemos protegernos a nosotros mismos y a nuestros seres queridos en un mundo en conflicto constante y en un perpetuo estado de miedo? *Un curso de milagros* afirma que "Si me defiendo he sido atacado" (UCDM, L-135). Cindy apunta hacia los mecanismos ocultos —nuestras historias personales— que mantienen al ego, con el fin de revelar el significado de este y muchos otros principios del Curso. Ella enseña que los pensamientos que imponemos sobre nuestro concepto del cuerpo, sus limitaciones y vulnerabilidad, su separación de otros cuerpos, y el dolor procedente de estas ideas, todos ellos son formas de ataque que pueden ser reemplazadas por una percepción —la mente unificada de amor— que vea el cuerpo tal como es. La autora nos lleva a tomar conciencia de la procedencia de los síntomas de un mundo espiritualmente empobrecido y de la enfermedad psicológica —que se manifiesta en síntomas corporales—. El Curso dice: "La enfermedad no es un accidente. Al igual que toda defensa, es un mecanismo demente de autoengaño" (UCDM, L-136.2:1-2).

Cindy explora y explica muchas declaraciones como esta para dar al lector una nueva manera de percibir las situaciones, a las personas y los eventos, y para entender cómo podemos usar las lecciones difíciles de la vida, como las heridas corporales y la enfermedad, para sanar y despertar de las identidades autoimpuestas que predican dolor y sufrimiento. Nos revela que no tenemos que esperar al cielo, porque es un estado mental que podemos elegir en cualquier momento.

Este libro es fácil de leer, pero muy profundo. Cindy usa ejemplos personales de su propio miedo y ansiedad, diciendo que de vez en cuando siguen siendo un desafío, y que esto es normal en el viaje hacia el despertar, hasta que despertamos. La frescura de su honestidad y vulnerabilidad me dan seguridad, como estoy convencida de que les ocurrirá a muchos otros lectores. Este libro deja espacio para las reflexiones personales (véase la página para Notas personales entre capítulos), algo que a mí personalmente me encanta hacer cuando aprendo directamente de un autor al leer su libro. La apertura e inclusividad de las reflexiones de Cindy resultan íntimas y reconocibles. Leer este libro ha sido como una profunda conversación personal con una amiga, una invitación a sanar y a despertar juntos. *El cielo es ahora* es perfecto para que lectores novatos de *Un curso de milagros*, y también los más avanzados, desarrollen hábitos mentales saludables. Gracias, Cindy, por tu generosidad de Espíritu y por compartir tu viaje con nosotros.

Por siempre agradecida,
Gabriela Ilie
Mayo de 2022

NOTA DE LA AUTORA
Y AGRADECIMIENTOS

Hay muchos caminos que llevan a Dios, y no es mi intención descartar cualquier otro camino, sino más bien hacer referencia a uno muy singular que, en mi opinión, destaca singularmente por sí mismo. Es único porque enseña no-dualismo puro. No dice lo mismo que ninguna otra cosa que yo haya leído nunca. No solo define que todos los problemas son lo mismo, sino que explica por qué son lo mismo, y después ofrece la solución a ese único problema. También explica por qué se dice que este mundo es un sueño —un fenómeno ilusorio—, y a continuación contrasta este sueño con la verdad absoluta que es Dios o el Cielo.

Este documento único se llama *Un curso de milagros* —cuyo Autor se te dará a conocer en la Introducción—. Está compuesto por el Texto —que expone su teoría—, el Libro de ejercicios —una serie de 365 lecciones para ayudarnos a deshacer el ego, o falso yo, a fin de que puedas experimentar el "verdadero" tú—, y el Manual para el maestro y la Clarificación de términos —que clarifican las ideas y el significado de los términos más usados en el Curso—. Entraré en la metafísica de *Un curso de milagros* con mucho más detalle en la Introducción y en capítulos posteriores.

Muchos de nosotros nos planteamos preguntas del tipo: "¿Cómo llegué aquí? ¿Cuál es mi propósito? ¿Qué se supone que tengo que hacer con mi vida? ¿Por qué nada funciona? ¿Cuál es la naturaleza de Dios o de la existencia? ¿Existe Dios? ¿Está la mente en el cuerpo o el cuerpo en la mente? ¿Cómo encuentro paz en un mundo en conflicto? ¿Por qué no puedo experimentar alegría? ¿Por qué estoy siempre enfermo? ¿Por qué la ansiedad y la depresión gobiernan mi vida? ¿Por qué parece que, cada vez que resuelvo un problema, otro toma su lugar?".

¿Te has planteado alguna de estas preguntas en algún momento de tu vida? Si es así, encontrarás todas las respuestas en *Un curso de milagros,* libro en el que este está basado. Como terapeuta espiritual y maestra de *Un curso de milagros* durante casi quince años, he oído todas estas preguntas y más. He hecho todo lo posible por ser fiel a las enseñanzas sin concesiones de *Un curso de milagros* —al que me referiré a partir de ahora como el Curso—, mientras comparto mis propias experiencias y mi viaje por este sendero, que sigue desplegándose. He tenido mi cuota de dificultades y desafíos, y mi camino no siempre ha sido fácil. Tengo la intención de compartir tanto los momentos felices como los difíciles con el propósito de inspirarnos a todos a recordar que nunca estamos solos. Así, no endulzaré las aristas de mi vida. Tengo la esperanza de que, a través de mis ejemplos personales, pueda darte un "mapa" sobre cómo mantener la paz mental, una experiencia alegre "en el sueño", y despertar a la realidad de que *El cielo es ahora.* No es algo a lo que tengas que esperar, incluso en circunstancias difíciles. Estoy contenta de compartir lo que el Curso dice sobre el Cielo. En el Cielo no hay pasado ni futuro, solo conciencia de la perfecta unidad, que comentaré en detalle. Tienes derecho a una vida de alegría y paz porque Dios te creó a Su semejanza. Tú no puedes ser nada que Dios no creó, y Dios solo creó puro amor.

Muchos seres sabios que vinieron antes de nosotros tomaron el camino de recordar quiénes somos verdaderamente, por ejemplo, Jesús y Buda. Ellos nos dejaron mapas que nos llevan hacia la verdad o la salvación. También tuvieron que aprender sus lecciones, y ellos —junto con otros— nos han estado indicando el camino para que nosotros podamos también hacer nuestro viaje al hogar en Dios siendo aprendices felices. Se trata de un viaje al hogar que nunca abandonamos. ¿Estás interesado en hacer este viaje, que te libera del sufrimiento, que lleva a la verdadera paz y te ayuda a reclamar la conciencia de que eres un hijo divino de Dios? Si es así, te invito a unirte a mí en el gran despertar de la Filiación, de la que formas parte.

Muchos de los términos y de las ideas que se presentan aquí se comentarán con más detalle y quedarán más claras a medida que avancemos. Entre ellos se incluye la idea del Cielo, qué es, y cómo mantener un estado mental en el que estás seguro de que este es tu objetivo. ¡Que todos seamos bendecidos y guiados por el Espíritu Santo al embarcarnos en este viaje de recordar que el cielo es *ahora!*

Me gustaría dar las gracias a algunas personas que han sido una inspiración en mi camino, recordándome que sea fuerte y que me acuerde de reír. En primer lugar, la gratitud más profunda va hacia la Voz del Curso, cuya guía amable, amorosa y sabia está siempre presente en todos nosotros.

También siento un enorme agradecimiento a la escriba del Curso, la doctora Helen Schucman, por estar dispuesta a realizar su tarea de tomar las notas dictadas por la Voz para que pudieran ser compartidas por millones de personas. Asimismo, su colega y co-escriba Bill Thetford desempeñó un papel esencial al llevar el Curso a su fructificación, trabajando con Helen e inspirándola para seguir avanzando en este bellísimo e imponente documento.

Quiero dar las gracias a mi marido incondicionalmente amoroso, Gary R. Renard, por ser un recordatorio tan maravilloso de que no hay que tomarse este mundo demasiado en serio y por demostrar el espíritu de la canción infantil: "Rema, rema, rema tu barco, suavemente río abajo, alegremente, alegremente, alegremente, la vida solo es un sueño."* También quiero agradecerle su poderosa contribución a la comunidad del Curso y al mundo en general al expresar las enseñanzas del Curso junto con Arten y Pursah —los Maestros Ascendidos que se aparecen a Gary—, de una manera tan divertida, única y llena de impacto. Me siento agradecida por estar despertando a Dios juntos.

Además, quiero reconocer a mi increíble familia y a mis amigos por su amor incondicional y su apoyo a lo largo de muchos años. Más específicamente, me siento muy agradecida a Gabriela Ilie por estar tan presente en mi viaje y por su contribución al escribir el prólogo de este libro. Nuestra amistad significa mucho para mí. Un gran agradecimiento a Stephanie Swengel, que me ayudó a organizar las notas a pie de página y las notas finales, una tarea que lleva mucho tiempo y me ha sido de gran ayuda. Lo valoro mucho.

Estoy más que agradecida a mi madre, Doris Lora, estudiante del Curso y editora de este libro. Ella vive verdaderamente los principios del Curso y demuestra la pura inocencia. Su amor y su apoyo continuados, y todas nuestras profundas conversaciones, significan mucho para mí.

También me gustaría dar las gracias a mi padre, Ron Lora —un hombre orientado hacia el servicio y muy dedicado a buenas causas—, por su interminable apoyo y sus ánimos en mi viaje, pues siempre está dispuesto a escucharme sin juicio y con mente abierta. Le doy las gracias por enseñarme mediante su demostración a apreciar las cosas simples de la vida y por mostrar un interés genuino por mi camino. Sé que él siempre está ahí para mí. Gracias, papá.

Dedico más amor y gratitud a mi hermana, Jackie Lora Jones, también estudiante y maestra del Curso, una verdadera inspiración para mí y mi hermana del alma en el sendero del despertar. Juntas nos acordamos de reír y tenemos una comunicación telepática que valoro mucho. También quiero ofrecer un profundo agradecimiento a mi cuñado, Mark Jones, que presta grácilmente una mano cuando es necesario, tanto a nivel emocional como con la tecnología. Su deseo de ser verdaderamente útil es admirable.

También quiero reconocer y dar las gracias a mi madre adoptiva, Alice Lora, y a mi hermanastra, Leah Ray, por su bondad, su amor y el apoyo que me han prestado a lo largo de mi vida. Me encantan nuestras conversaciones y nuestras risas. Siento un profundo agradecimiento hacia mi hermanastro, Jeff Ray, fallecido en 2014 a la temprana edad de 43 años, con quien compartía un profundo vínculo y quien me recordaba que siguiera mi pasión y lo demostraba siguiendo la suya.

Mi agradecimiento sincero al difunto doctor Kenneth Wapnick, el amado profesor y el escritor más prolífico sobre el Curso, que realmente entendió las enseñanzas de Jesús. He recibido mucha inspiración en mi estudio y práctica del Curso tanto de él como de su amable esposa, Gloria Wapnick; ambos crearon la Fundación para *Un curso de milagros.*

Y, por último, pero no menos importante, un agradecimiento sincero al editor autorizado y tenedor de los derechos de *Un curso de milagros*, la Fundación para la paz interior, por sus años de dedicación a hacer que el Curso esté disponible para millones de personas en todo el mundo.

Cindy Lora-Renard

* Canción infantil muy conocida en los países anglosajones. (N. del t.)

INTRODUCCIÓN

Este es el tercero de mis tres libros sobre *Un curso de milagros*. Cuando reflexiono sobre todo el aprendizaje y el crecimiento que he experimentado a lo largo de mis 17 años de estudio del Curso, he de tener cuidado de no asumir que lo he aprendido todo. El Curso es un camino vitalicio de cuidadoso estudio y práctica que con el tiempo deshace el ego, o pensamiento de separación, el falso yo con el que nos hemos identificado. De hecho, el Curso dice: *La salvación es un deshacer. Si eliges ver el cuerpo, ves un mundo de separación, de cosas inconexas y de sucesos que no tienen ningún sentido.*[1] En otras palabras, siempre veremos el cuerpo, pero si nos limitamos a nosotros mismos al elegir ver *solo* eso, nos estamos definiendo de manera limitada. Ver *más allá* del cuerpo, o perdonarlo, significa que nos identificamos con la verdad de nuestra inocencia y unidad en Cristo, que se extiende más allá de cualquier forma. Seguiré elaborando este punto a medida que avancemos.

A veces avanzamos en circunstancias difíciles, pues todos tenemos lecciones que aprender en el camino hacia el despertar del sueño de tiempo y espacio. La lección "real" es aceptar la Expiación para nosotros mismos. En el Curso, la Expiación hace referencia a aceptar la idea de que la separación de Dios no ha ocurrido. No tiene nada que ver con la definición bíblica de expiar nuestros "pecados". Tener lecciones que aprender a medida que despertamos del sueño no significa que tengamos que sufrir, pero cuanto más crecemos en el Curso y practicamos su enseñanza,

23

más nos permite indagar en nuestra naturaleza. Hace falta mucha práctica para aprender a ver que, en realidad, todo lo que parece sucedernos es una proyección que *parte de* nosotros, y si usamos las dificultades como oportunidades para crecer y aprender —y perdonar—, ciertamente estamos usando intencionalmente el tiempo para servir al propósito del Espíritu Santo de ayudarnos a despertar del sueño de separación.

Es cierto que esto puede sacar a la luz emociones conflictivas y creencias basadas en el miedo. La buena nueva es que las creencias pueden cambiarse y perdonarse. Hace falta tiempo y mucha auto-indagación para llegar al núcleo o causa raíz de nuestras creencias, y a por qué seguimos eligiendo perpetuar las que nos mantienen enraizados en los pensamientos del ego. El camino que propone el Curso para llegar a nuestro hogar en Dios es deshacer el ego mediante el perdón. En los próximos capítulos voy a reflexionar sobre el tipo particular de perdón que deshace el ego, aunque puedes encontrar mucho sobre este tema en mi segundo libro, *El asunto del perdón*. La buena nueva es que el Curso señala: *Mas aún en esta confusión, tan profunda que es indescriptible, el Espíritu Santo espera pacientemente, tan seguro del resultado final como del Amor de Su Creador.*[2] Nuestra realidad, que es el resultado del amor, no ha cambiado porque nosotros la hayamos olvidado. Estamos yendo a nuestro hogar en el amor perfecto, aunque ya estamos allí.

Como estudiantes del Curso, nos resulta útil aceptar que el cielo no solo es *ahora*, sino que también es la realidad, la verdad absoluta de nuestro ser. El cielo es ahora porque el tiempo y el espacio no existen, son ilusiones. Mi intención es reflexionar sobre cómo retirar los obstáculos que nos impiden tomar conciencia de nuestro estado celestial, o el eterno ahora, que es Dios. Simplemente creo que no tenemos que sufrir. He tenido que aprender algunas lecciones duras para llegar a aceptar esto en mi propia mente, y todavía sigo aprendiendo. A veces sentiremos que estamos sufriendo y recorriendo un camino duro y pedregoso. La buena noticia es que podemos aliviar el sufrimiento practicando otra manera de mirar las cosas y eligiendo la interpretación del Espíritu Santo, que con el tiempo lleva a la verdadera paz.

Incluso si has leído mis otros dos libros, merece la pena repetir que Jesús es la Voz del Curso. El Curso fue canalizado en los años 60 del siglo XX por la doctora Helen Schucman, una psicóloga investigadora, y publicado en 1976. Cuandoquiera que use un término referido a la realidad absoluta o verdad, como Dios, Cristo, Cielo, Jesús, etc., la palabra irá con mayúscula inicial. Y usaré minúsculas cuando me refiera a la versión mundana de estos conceptos. Daré una breve visión general del no-dualismo puro, que es la enseñanza del Curso, a fin de proporcionar una base al lector para lo que vendrá después.

Mi propósito al escribir un libro sobre el Cielo no es describir cómo es el Cielo, lo cual no puede enseñarse, solo experimentarse. Más bien, mi propósito es inspirarnos a todos a recordar que el Curso enseña que el Cielo es un estado que puede ser experimentado *ahora*. Una vez que entramos en contacto con esta idea y empezamos a practicarla, sufrimos menos. También tengo la intención de explicar a qué se refiere el Curso con la palabra Cielo —que es sinónimo de Dios—, lo que requiere una distinción clara entre verdad e ilusión, entre conocimiento y percepción. Cuando se comprende más profundamente que estas ideas son mutuamente excluyentes, uno puede comenzar a ejercitar el poder de elegir, de decidir entre la Voz que habla por Dios —el Espíritu Santo— y la voz del ego —el pensamiento de separación—. Siempre estamos eligiendo *únicamente* entre estas dos cosas, independientemente de la forma que parezcan tomar nuestras elecciones en el mundo. Cuando ejercitamos la parte correcta de nuestra mente —la interpretación del Espíritu Santo de nosotros mismos y del mundo que vemos—, sufrimos menos culpa y somos guiados desde la inspiración. Cuando elegimos la interpretación del ego, perpetuamos la culpa y la separación, y nos mantenemos enraizados en sueños. La culpa es un efecto de la creencia del ego de que nos separamos de Dios. Sea cual sea la forma del sufrimiento, el Curso nos enseña que su causa es la culpa. De hecho, dice:

Hubo un tiempo en que no eras consciente de cuál era la causa de todo lo que el mundo parecía hacerte sin tú haberlo pedido o provocado. De lo único que estabas seguro era de que, entre las numerosas causas que percibías como responsables de tu dolor y sufrimiento, tu culpabilidad no era una de ellas. Ni tampoco eran el dolor y el sufrimiento algo que tú mismo hubieses pedido en modo alguno. Así es como surgieron todas las ilusiones. El que las teje no se da cuenta de que es él mismo quien las urde ni cree que la realidad de estas dependa de él. Cualquiera que sea su causa, es algo completamente ajeno a él y su mente no tiene nada que ver con lo que él percibe. No puede dudar de la realidad de sus sueños porque no se da cuenta del papel que él mismo desempeña en su fabricación y en hacer que parezcan reales.[3]

Esto no significa que debamos sentirnos culpables por creer que somos culpables. Todos tenemos esta culpa profundamente enterrada en la mente inconsciente. El modo de trabajar con ella es reconocer cuándo nos sentimos reactivos —la reacción viene de la culpa— y perdonarnos por "hacerla real". Este es un proceso en el tiempo, en el que pasamos de estar en los primeros peldaños de la escalera que la separación nos hizo descender, y ascendemos, a través del perdón de nosotros mismos y de otros, hacia la parte alta de la escalera, llegando al mundo "real" donde todo se experimenta como uno, sin culpa. Una vez que llegamos aquí, nos hemos convertido, como Jesús, en la manifestación de Cristo, un estado en el que vemos que todos somos iguales y somos el único Hijo de Dios.

Al deshacer el ego, todos pasamos por distintas fases porque estamos aprendiendo a desarrollar la confianza en la guía del Espíritu Santo. La clave está en tener compasión, paciencia y amabilidad con uno mismo. No podemos ver el gran panorama, de modo que nos conviene no juzgar lo que está ocurriendo. Independientemente de lo que parezca ocurrir en los guiones de nuestra vida, hay una cosa segura: *Se necesita haber aprendido mucho para poder llegar a entender que todas las cosas, acontecimientos, encuentros y circunstancias son provechosos. Solo en la medida en que son provechosos, deberá concedérseles algún grado de realidad en este mundo de ilusiones. La palabra "valor" no puede aplicarse a nada más.*[4]

En este libro citaré pasajes más largos del Curso, pues a menudo solo se cita una frase o un pasaje breve. Con frecuencia nos perdemos frases preciosas y útiles por enfocarnos solo en las que pensamos que nos gustan. Por tanto, mi intención es incluir algunos de los pasajes más profundos del Curso para tener una perspectiva más amplia de lo que estoy diciendo.

Tengo mi cuota de oportunidades de perdón, y comentaré algunas de ellas en este libro. También compartiré mi proceso con el Curso y cómo lo he usado para superar algunas circunstancias muy difíciles.

El camino raras veces es fácil, pero la clave es la perseverancia, junto con el apoyo de los familiares y amigos en los que confíes. Es importante saber que, aunque practiquemos el perdón, las cosas no siempre saldrán como queremos. Sin embargo, cuando aprendemos que todo es útil si lo usamos para despertarnos a nosotros mismos del sueño de separación —a través del perdón—, cambiamos las tornas al ego. De hecho, examinar sin juicio nuestra elección a favor del ego es una invitación al Espíritu Santo, y es el reconocimiento de que hemos elegido Su guion. El guion del ego es el sueño de tiempo y espacio, que acabó hace mucho tiempo. Ya se ha desplegado, porque todo el tiempo y el espacio parecieron ocurrir de una vez. El guion del Espíritu Santo es la corrección del guion del ego. Es la respuesta a la separación y la elección de perdonar en lugar de juzgar. Literalmente, esta elección puede salvar vidas. Nos recuerda que no ocurrió nada. Seguimos siendo inocentes y estamos en casa en Dios, soñando que estamos aquí. Este tipo de pensamiento pertenece al no-dualismo puro, el sistema de pensamiento del Curso.

Si sois estudiantes del Curso, es posible que a algunos os resulte familiar el término "no-dualismo puro". Si no lo sois, el no-dualismo puro es la idea de que solo hay una realidad que sea verdad, el Reino de Dios o Cielo. Dios es amor perfecto y no puede ser cambiado. Nosotros fuimos creados por Dios dentro de esta perfección, lo que significa que por naturaleza somos una extensión del amor. El amor perfecto no puede cambiar, pues de otro modo no sería perfecto o consistente. La idea de estar en un cuerpo, o en un estado de separación, solo es una creencia que nosotros inventamos, y después nos olvidamos de que la habíamos inventado. El mundo entero, incluyendo nuestros cuerpos, es una proyección del pensamiento errado. En nuestro estado natural de unidad perfecta, no hay razón alguna para venir a un mundo en el que hay tanto dolor y sufrimiento, enfermedad y muerte, abandonando nuestro hogar Celestial de paz total y amor incondicional.

Por eso, el Curso dice que la Filiación se quedó dormida y está soñando el sueño de un mundo de tiempo y espacio, que en realidad es una proyección procedente de la culpa que sentimos cuando pensamos que hicimos lo imposible: abandonar el perfecto amor de Dios y pensar que podíamos salir adelante por nuestra cuenta, lo que el Curso denomina la "pequeña idea loca".

Esto no significa que tengamos que sentirnos culpables por la separación, aunque inconscientemente nos sentimos así. Podemos aprender a disfrutar de nuestras vidas porque pueden servir a un propósito santo. Esta es la razón por la que, en realidad, el mundo no es una prisión, a menos que decidamos verlo así. Podemos mirar al mundo como una manera de liberarnos de la carga de creer que estamos separados de Dios y unos de otros. Como he mencionado antes, la culpa procede de la creencia de que realmente nos separamos de Dios y merecemos ser castigados por ello. Esta creencia nos lleva a pensar que ahora Dios nos castigará por nuestro "pecado", un término que el Curso usa para la falta de amor o la separación. Esto está tan alejado de la realidad que hace falta mucho deshacimiento de lo que el ego nos enseñó para llegar al núcleo de lo que verdaderamente somos: el único Hijo de Dios o Cristo.

Para clarificar más, el ego, que es el pensamiento de separación de la mente, nos contó una mentira. Nos convenció de que somos seres pecaminosos que atacamos a Dios y arrojamos Su amor lejos de nosotros, fabricando nuestro propio reino, el mundo de tiempo y espacio, y las ideas de pecado, culpa y miedo que lo alimentan. De esta manera, el mundo se convierte en el escondrijo de nuestra culpa a fin de estar tan alejados de Dios como podamos.

El ego tiene miedo de la ira de Dios porque cree que hizo algo terrible. Entre tanto, Dios —siendo amor perfecto— no sabe nada de esto. Simplemente conoce a Su Hijo tal como Él Lo creó, en perfecto amor. Dios puede entender que Su Hijo está durmiendo y soñando un sueño terrible, pero Él no ve ni reconoce el sueño, porque no es real. Los padres no pueden ver el sueño de su hijo cuando está teniendo una pesadilla. Solo saben que está soñando. Tal como estos padres podrían intentar despertar a su hijo suavemente y reconfortarle —recordándole que solo es un sueño—, el Espíritu Santo tiene un papel similar. Nos reconforta y nos anima a aceptar la corrección de nuestra elección errónea a favor del sueño, pues la corrección consiste en perdonar nuestras proyecciones y aceptar la Expiación para nosotros mismos.

El Curso se refiere al mundo como a un sueño del que todos despertaremos. Dice: *En Dios estás en tu hogar, soñando con el exilio, pero siendo perfectamente capaz de despertar a la reali-*

dad. *¿Deseas realmente hacerlo? Reconoces por propia experiencia que lo que ves en sueño lo consideras real mientras duermes. Mas en el instante en que te despiertas te das cuenta de que todo lo que parecía ocurrir en el sueño en realidad no había ocurrido. Esto no te parece extraño, si bien todas las leyes de aquello a lo que despiertas fueron violadas mientras dormías. ¿No será que simplemente pasaste de un sueño a otro sin haber despertado realmente?*[5]

Desde hace bastante tiempo mis sueños nocturnos son muy vívidos y aparentemente más reales que mis sueños de vigilia. Al despertar, tengo que pararme un minuto y pensar en lo ocurrido. Estoy aprendiendo a acostumbrarme al hecho de que ni mis sueños nocturnos ni los diurnos son verdaderos. Es un ejercicio interesante. Entonces, la única pregunta es: *¿Queremos seguir dormidos o despertar a la realidad?* Puedo decir honestamente que, en cuanto elegí despertar a la realidad e inicié este camino con más determinación, ¡mi ego quería atacarme! Trató de hacerlo a través de una ansiedad tremenda, sobre la que elaboraré más adelante. El ego siempre luchará por su supervivencia, porque cree ser real por derecho propio. Si nos identificamos con nuestro ego, los ataques parecen reales. Todo el mundo pasa por distintas etapas en el deshacimiento del ego, y algunas de ellas hacen que surja un intenso miedo. Esto es algo que cabe esperar. Sin embargo, no tenemos que pasar por ello en soledad. Siempre es bueno poner al Espíritu Santo a cargo de tu día y del proceso de despertar. El Curso dice: *Lo único que limita la guía que el Espíritu Santo te puede ofrecer es que crees que puedes estar a cargo de una pequeña parte de tu vida o que puedes lidiar con ciertos aspectos de ella por tu cuenta.*[6]

Como nota práctica, también puede ser muy útil, amable y amoroso pedir ayuda en el nivel del mundo. Cuidar de ti mismo y ser consciente, estar atento a tu entorno y sintonizado con él, indica que la sabiduría se está manifestando en tu vida diaria. Yo también estoy aprendiendo la lección, que en mi caso toma la forma de hacer una pausa antes de salir corriendo a hacer algo, sintonizar con la guía interna, y usar el sentido común. Todas estas cosas, junto con ser amable, bondadosa y paciente conmigo misma, han sido de gran ayuda. Acordarte de reír y pillarte cuanto te pones muy serio también ayuda mucho.

Hablando de la risa, esta es una de las herramientas más importantes que usa el Espíritu Santo para recordarnos que no nos tomemos a nosotros mismos o al mundo demasiado en serio. De modo que te voy a contar un chiste: En un vuelo de Miami a Chicago había un niño muy vital que estaba volviendo loco a todo el mundo. Corría por el pasillo de arriba a abajo mientras la azafata servía café. En una de estas chocó con ella, haciendo que se cayera café al suelo. Después, el chico se la quedó mirando mientras limpiaba la mancha, y ella levantó la mirada y dijo: "Mira, ¿por qué no vas a jugar afuera?".

Siempre es útil encontrar razones para reír, como dice el Curso: *Una diminuta y alocada idea, de la que el Hijo de Dios olvidó reírse, se adentró en la eternidad, donde todo es uno. A causa de su olvido ese pensamiento se convirtió en una idea seria, capaz de lograr algo, así como de producir efectos "reales". Juntos podemos hacer desaparecer ambas cosas riéndonos de ellas, y darnos cuenta de que el tiempo no puede afectar a la eternidad. Es motivo de risa pensar que el tiempo pudiese llegar a circunscribir la eternidad, cuando lo que esta significa es que el tiempo no existe.*[7]

Como podemos ver aquí, Jesús nos recuerda amablemente que solo hay una realidad, y es una locura creer que nuestra naturaleza Divina pudiera quedar comprometida de algún modo. A medida que nos embarcamos en este viaje por los capítulos siguientes, por favor únete a mí para acordarnos de reír y aceptar la decisión conjunta de sanar, que significa que compartimos la decisión de Jesús de mantenerse vigilante *solo* a favor de Dios. Hacemos esto cuando reconocemos que hemos elegido al ego como maestro, y volvemos a elegir a favor de la realidad. Cuando nos curamos, no nos curamos solos.

CAPÍTULO 1

EL REINO DE LOS CIELOS

El Cielo no es un lugar ni tampoco una condición. Es simplemente la conciencia de la perfecta Unicidad, y el conocimiento de que no hay nada más: nada fuera de esta Unicidad ni nada dentro.[1]

Durante el año 2021, cuando comencé mi año sabático, se produjeron una serie de circunstancias difíciles que explicaré con más detalle en el capítulo siguiente, que trata sobre el perdón. Durante este tiempo también empecé a tener sueños lúcidos y vívidos de naturaleza positiva. Algunos de estos sueños eran visiones, y las sentía tan reales como la conciencia de vigilia cuando estoy despierta. Estas visiones incluían experiencias reales de "inteligencias extraterrestres", que compartiré en un capítulo posterior. Esto fue bueno para mí, porque algunas experiencias de ese año fueron el polo opuesto de estas visiones elevadas y esperanzadoras de mis sueños. En algunos de estos sueños se cantaban mis villancicos navideños favoritos, como *Hark The Herald Angels Sing, O Come All Ye Faithful, O Holy Night* y *Mary Did You Know*. Esto me resultó fascinante, porque todos estos villancicos comparten el tema del renacimiento o renovación de la energía Crística.

Otros sueños contenían símbolos de celebración, en los que estaba con un grupo de gente abriendo una botella de champán, riéndonos y pasándolo bien. El Espíritu me dijo que estaba viendo el futuro y la celebración de distintas etapas del año sabático. Estas visiones demostraron ser de gran ayuda porque no sabía nada de las dificultades que tendría que afrontar más adelante, y que ahora puedo ver como parte de mi camino de Expiación. Si usaba estas experiencias a mi favor, viéndolas como oportunidades de perdonar, avanzaría en el camino de despertar del sueño de separación.

Sentía que me estaba liberando de los patrones del ego, pero a veces también sentía que se me estaban quitando algunas cosas, y a continuación se me recordaba que esta era una práctica de soltar lo que no tiene valor. También aprendí que este proceso me estaba ayudando a empoderarme como oradora y escritora, pues una parte de mis dificultades fue que perdí la voz durante varios meses. En realidad, la pérdida de la voz fue un "descanso" con el fin de prepararme para usarla con más energía en las enseñanzas que daría más adelante, algo así como afinar un instrumento para que suene con más claridad. Esta interpretación hizo que la experiencia me diera menos miedo.

Le dije a mi marido Gary: "Siento que estoy viviendo una metamorfosis en Cristo". NOTA: miré esta idea en internet y esto es lo que encontré: "La metamorfosis se compara con el proceso de cambio al que nos vemos sometidos cuando devenimos hijos de Dios. Pablo nos dice en 2 Corintios 5:17: 'Si alguien está en Cristo, él es una creación nueva; las cosas viejas pasaron; contemplad como todas las cosas se vuelven nuevas'".

Esto es exactamente lo que sentí que estaba experimentando, y todavía sigo en ello mientras escribo estas palabras. Aunque todos pasamos por esta transición en distintos momentos, sentí que había llegado mi tiempo para que esto empezara a ocurrir a un nivel más profundo. Estaba ante un desafío, y sabía que iba a tener que afinar mi práctica del perdón, y soltar este "yo" que creo ser para poder experimentar los verdaderos regalos de Dios de amor, paz e inocencia. Tenía trabajo que hacer. Cuando hablo de "soltar este 'yo'", no me refiero a pretender no ser un cuerpo. En este punto de mi aprendizaje me estaba preparando para mirar todas las maneras en que estoy apegada al mundo, a mi cuerpo, y a todos los símbolos que son reflejos de una sociedad basada en el ego. Cuando empezaba a sentir miedo, recordaba estas palabras de Jesús en el Curso: *Cuando te sientas tentado por la voz falsa, recurre a mí para que te recuerde cómo sanar compartiendo mi decisión, haciéndola así aún más firme. Al compartir este objetivo, aumentaremos su poder para atraer a toda la Filiación y para restituirla nuevamente a la unicidad en la que fue creada. Recuerda que "yugo" quiere decir unión, y "carga" significa "mensaje". Reformulemos la frase: "Mi yugo es llevadero y mi carga ligera" de esta forma: "Unámonos, pues mi mensaje es la luz".*[2]

EL CIELO ES AHORA

Esto me ayudaba a recordar que no estoy sola en mi viaje, y que siempre es sanador unirse al Espíritu Santo. De hecho, el Curso también dice: *De la misma manera en que tu misión en el Cielo es crear, aquí en la tierra es curar.*[3] Según el Espíritu Santo, el tiempo es útil cuando lo usamos para sanar la creencia de que estamos separados de Dios. El Espíritu Santo sabe que el tiempo no es real, pero para que esto se convierta en nuestra *experiencia*, necesitamos deshacer el ego y la culpa asociada con él. Cuantas más capas del ego deshacemos, más experimentamos que el Cielo es nuestro.

Podrías preguntar: "¿Qué significa realmente el Reino de los Cielos?". El Curso lo explica así:

Es difícil entender lo que realmente quiere decir "El Reino de los Cielos está dentro de ti". Esto se debe a que no es comprensible para el ego, que lo interpreta como si algo que está fuera estuviese dentro, lo cual no tiene sentido. La palabra "dentro" es innecesaria. Tu eres el Reino de los Cielos. ¿Qué otra cosa sino a ti creó el Creador y qué otra cosa sino tú es su Reino? Este es el mensaje de la Expiación, mensaje que, en su totalidad, transciende la suma de sus partes.[4]

Mucha gente ha tratado de describir cómo es el Cielo. Se han escrito incontables historias y libros sobre el tema. En el mejor de los casos, probablemente todos podemos estar de acuerdo en que no llegaremos a entenderlo realmente hasta que se convierta en nuestra experiencia permanente. Es como intentar explicar una Revelación, la comunicación directa con Dios. No puede ser descrita, solo experimentada. Como podemos ver por las definiciones anteriores, en una realidad puramente no-dualista, el Cielo no tendría ningún tipo de forma que pueda cambiar. Por lo tanto, no habría gente, edificios ni imágenes de ningún tipo. Esto significa que estamos despertando al hecho de que no somos personas, sino perfecto Espíritu, y permanecemos así, aunque estemos en la ilusión del tiempo.

Estamos en el Cielo, soñando que estamos aquí. Cuando la gente describe experiencias cercanas a la muerte, a menudo son muy hermosas e incluyen encontrarse con seres queridos en el otro lado. Sin duda, esta puede ser nuestra experiencia, y puede ser divertida y preciosa, pero sigue siendo parte del sueño mientras persista la idea de separación. En realidad, todos estamos juntos como *uno*, sin forma de ningún tipo. Cuando todos despertemos plenamente del sueño, no habrá nada que echar de menos. Tu familia, amigos y compañeros animales estarán todos ahí contigo en una totalidad perfectamente unificada. Esto no es comprensible para el ego, que quiere mantenernos en un estado de separación o inconsciencia para sus propios propósitos, o para que seamos "especiales".

Sin embargo, todos podemos cambiar las tornas al ego. Y lo hacemos no negando lo que dice, sino mirándolo sin juicio. Esto significa que miramos con Jesús o el Espíritu Santo y elegimos amablemente otra interpretación de lo que vemos. Siempre hay otra manera de mirar las cosas, incluso las horribles. Todos los tiroteos y masacres que hemos visto en años recientes son ciertamente un recordatorio terrorífico de que sentimos que nos hemos separado de Dios. Después de lidiar con las secuelas de algo tan traumático y tomarse tiempo para procesar el suceso, puede ser una experiencia empoderadora trabajar el perdón al nivel que voy a describir. La Resurrección simbolizó la superación de la muerte, es decir, el despertar del sueño de la muerte. Esto es una buena nueva, puesto que todos somos seres eternos que en realidad no podemos morir. En la experiencia onírica parecemos pasar por una serie de etapas, pero una vez que despertamos del sueño, despertamos en el Cielo, donde siempre hemos estado. Nunca nos fuimos, tal como nunca nos vamos de la cama cuando soñamos por la noche.

En mi vida diaria, siempre me es útil recordar que el Curso dice que solo hay dos formas de expresión: las personas piden amor o bien ofrecen amor. Si condenamos a las personas que piden amor, empujamos el Reino de los Cielos más lejos de nosotros. Cuando reconocemos que somos *uno* con la persona que pide amor, el Reino llega a ser nuestro. Esto se debe a que solo hay una mente, que aparece como siete mil millones de personas.

Las mentes están unidas, los cuerpos no. El Curso dice: *No hay nada externo a ti. Esto es lo que finalmente tienes que aprender, pues es el reconocimiento de que el Reino de los Cielos te ha sido restaurado.*[5] En otras palabras, el mundo es una proyección de lo que hay en nuestras mentes. No hay un fuera, solo pensamientos proyectados. A algunos esto les puede dar un poco de miedo, porque si realmente miramos al estado del mundo, *no* es un lugar feliz. La mente que está soñando el mundo está dormida y sueña un mundo de pecado, culpa y miedo. Por eso hay guerras, por eso abundan las enfermedades y los virus, y esta es la razón de todas las formas de dolor y sufrimiento. Si no hay paz interna, el mundo siempre será el efecto de una mente en conflicto que ha elegido al ego. Una vez que entendemos esta idea, podemos empezar a cuidar más nuestra salud mental, y trabajar en perdonar las cosas y personas que juzgamos o que no nos gustan. Jesús —así como otros maestros iluminados— entendió esto y dejó un mapa para que lo siguiéramos. Por ejemplo, nos dijo: *"Muchos son los llamados, pero pocos los elegidos"*, *que en realidad quiere decir "Todos son llamados, pero solo unos pocos eligen escuchar". Por lo tanto, no eligen correctamente. Los "elegidos" son sencillamente los que eligen correctamente más pronto. Las mentes rectas pueden hacer esto ahora y, de este modo, hallar descanso para sus almas. Dios te conoce solo en paz, y esa es tu única realidad.*[6]

Cuando recordamos que siempre tenemos elección con respecto a cómo interpretar el mundo que nos rodea, podemos favorecer activamente nuestra salud y bienestar, en lugar de culpar a algo externo cuando nos sentimos molestos. La paz es la condición del Reino de los Cielos, y mientras nuestras mentes no estén en paz, seremos incapaces de mantenernos en ese estado. Si la culpa por la separación permanece en la mente, continuaremos teniendo la experiencia de la reencarnación hasta que hayamos aprendido todas las lecciones y nos perdonemos a nosotros mismos. El perdón es la clave para liberarse del sufrimiento, y es la forma de salir de la locura. No da realidad al mundo, sino que te despierta del sueño de que existe un mundo.

EL PROPÓSITO APORTA CLARIDAD

La mayoría de nosotros estamos tan ocupados con nuestra vida cotidiana que no nos detenemos a pensar cuál es el propósito de nuestra experiencia de estar aquí, en el mundo. ¿Por qué elegimos tener relaciones con ciertas personas? ¿Por qué nos ponemos enfermos? ¿Por qué "nacemos" y vivimos solo cierta cantidad de tiempo, y después "morimos"? ¿Quién determina quién vive más tiempo, mientras que otros no llegan a la edad adulta? ¿Qué hay más allá de este mundo y adónde vamos cuando "morimos"? En algún momento, todos nos planteamos estas preguntas. Las respuestas se hallan en la metafísica del Curso. Las respuestas podrían sorprender a los nuevos en este camino, porque requieren tener la mente verdaderamente abierta. Si la muerte fuera el final y después dejáramos de existir, ¿por qué se apareció Jesús a los discípulos *después* de haber "muerto" y les dio un mensaje tan poderoso? No hay muerte, solo vida. Vida *real* en el Cielo. ¿Cómo podría Jesús haber resucitado a Lázaro de entre los muertos si la muerte existiera realmente? Con relación a Lázaro, Jesús dice en el Curso: *Resucité a los muertos porque sabía que la vida era un atributo eterno de todo lo que el Dios viviente creó. ¿Por qué crees que habría de ser más difícil para mí inspirar a los desanimados o estabilizar lo inestable? Yo no creo que haya grados de dificultad en los milagros; tú sí.*[7]

Cuando Jesús dice que "no hay grados de dificultad en los milagros", quiere decir que un problema no es más grande ni más difícil de resolver que otro, porque todos ellos son lo mismo, y surgen de la creencia en la separación de Dios. Además, si el problema de la separación es una ilusión en sí misma, es posible permitir que la inspiración, o el verdadero amor, se extienda a través de ti de modo que produzca lo que el Curso llama un milagro o un cambio de percepción del miedo al amor, de la separación a la totalidad y de la culpa al perdón. Tenemos que ser muy hábiles y tener la mente entrenada para practicar estas cosas. El *Libro de ejercicios* del Curso entrena nuestras mentes con el propósito de cambiar nuestras percepciones y deshacer nuestra actual forma de ver; un cambio para revelar nuestro Ser *real*, que reconoce que somos uno con Dios y Cristo. De hecho, nosotros *somos* Cristo, pero no nos lo creemos. Nosotros somos el Reino de los Cielos, pero tampoco nos lo creemos. En el fondo, pensamos que merecemos sufrir por lo que creemos haberle hecho a Dios. Este sufrimiento toma muchas formas distintas, pero no procede de Dios. Dios *no* sabe de sufrimiento. Él solo quiere que volvamos a casa y aceptemos Su Voluntad para nosotros, que es la alegría y la paz procedentes de ser un todo unificado. Como recordatorio: el Milagro en el Curso no guarda ninguna relación con los milagros físicos. Es un cambio de percepción de la interpretación del ego a la del Espíritu Santo; del pensamiento basado en el miedo al amor, que nos produce alegría.

Hablando de alegría, cuando nos reímos, al mismo tiempo no podemos experimentar tristeza o depresión. Por eso, la risa es tan útil e importante. Nos recuerda nuestra verdadera naturaleza: somos una parte alegre y amorosa de Dios. De modo que aquí va otro chiste:

Cuando el director del fondo de inversiones sale de su Porsche nuevo, pasa a su lado un camión a toda velocidad y arranca la puerta del coche:

—¡Mi Porsche! ¡Mi precioso Porsche plateado ha quedado en la ruina! —grita.

Un oficial de policía que pasaba por allí se acerca moviendo la cabeza en señal de disgusto.

—No me lo puedo creer —dice—. Estás tan enfocado en tus posesiones que ni siquiera te has dado cuenta de que el camión, al golpearte, te ha arrancado el brazo.

El director mira hacia abajo totalmente horrorizado.

—¡Oh, no! —grita—. ¡Mi Rolex!

A veces, en lugar de sentir que estamos en el Reino de los Cielos, podemos sentir que estamos en el Reino de los horrores. Me doy cuenta de que, cuando pasamos momentos difíciles en la vida o sentimos algún tipo de dolor, no siempre es fácil sonreír y ser feliz. Muchas veces me he sentido forzada a sonreír y ser feliz cuando me sentía fatal. Eso ponía una enorme carga sobre mí y me resultaba muy estresante. Finalmente estoy saliendo de esta fase y permitiéndome soltar el perfeccionismo. Tener una experiencia humana significa que cometeremos errores, incluso como maestros espirituales, y no siempre elegiremos al Espíritu Santo como maestro. ¿Y qué más da? ¡Siempre podemos volver a elegir!

Algo que siempre me ayuda a recuperar mi poder en momentos difíciles es recordar que *todo* dolor está en la mente. En realidad, el dolor es psicológico, aunque a veces puede manifestarse como síntomas físicos. Si tenemos claro que se trata de dolor mental, podemos cambiar de opinión al respecto. Este es nuestro verdadero poder, la capacidad de redirigir a qué le ofrecemos nuestra atención. En cualquier caso, no deberíamos hacer esto solos. Es sabio invitar al Espíritu Santo para que dirija nuestra mente. Es una invitación para que te guíe amorosamente y sin temor. A veces, tenemos tanto miedo que nos olvidamos de pedir ayuda. No importa. Simplemente practica la idea de que el miedo está ahí porque has elegido la mente errada en lugar de la mente correcta. Si el temor parece ser un tema recurrente en tu vida, sé bondadoso y paciente contigo mismo, entendiendo que se trata de un proceso. Pedir ayuda cuando la necesitas es una señal de fuerza. También da a otros la oportunidad de ser útiles, y eso les ayuda en su camino de Expiación.

He leído muchos libros sobre gente que habla a sus parientes o amigos "fallecidos", y que a través de ellos recibe mensajes del Espíritu. Entre los fallecidos parece haber un tema común. De una forma u otra, el mensaje es el siguiente: "Disfrutad de vuestra vida. No os toméis a vosotros mismos tan en serio, y recordad que sois amados más allá de lo que podríais imaginar. No estáis solos en vuestro viaje. Entonces, ¿por qué preocuparos? ¡Sois seres eternos y no podéis morir!". Estos son mensajes simples, pero son de gran ayuda si los guardamos en nuestro corazón. El problema es que nuestra experiencia aquí, en el mundo, parece tan real que tendemos a olvidarnos de nuestra realidad como Espíritu y a identificarnos con el cuerpo. Esto es comprensible porque esta es nuestra experiencia. Sin embargo, cuando empiezas a entender cuál es el propósito del ego para el mundo y el cuerpo, y a reconocer que puedes dejar que tu vida esté al servicio del Espíritu Santo, la existencia se vuelve más amable y menos amenazante. Todos tenemos temas que hemos elegido trabajar, del mismo modo que elegimos nuestra familia y amigos, y todos los retos que afrontamos. Si el guion está escrito y el mundo acabó hace mucho tiempo, podemos sentirnos felices de elegir el guion de perdón del Espíritu Santo. El Curso dice:

En el instante en que la idea de la separación se adentró en la mente del Hijo de Dios, en ese mismo instante Dios dio Su Respuesta. En el tiempo, esto ocurrió hace mucho. En la realidad, nunca ocurrió.

El mundo del tiempo es el mundo de lo ilusorio. Lo que ocurrió hace mucho tiempo parece estar ocurriendo ahora. Las decisiones que se tomaron en aquel entonces parece que aún estuvieran pendientes; como si aún hubiera que tomarlas. Lo que hace mucho que se aprendió, se entendió y se dejó a un lado, se considera ahora un pensamiento nuevo, una idea reciente, un enfoque diferente. Puesto que tu voluntad es libre, puedes aceptar —en cualquier momento que así lo decidas— lo que ya ha ocurrido y solo entonces te darás cuenta de que siempre había estado ahí. Tal como el curso subraya, no eres libre de escoger el programa de estudios, ni siquiera la forma en que lo vas a aprender. Eres libre, no obstante, de decidir cuándo quieres aprenderlo. Y al aceptarlo, ya lo habrás aprendido.[8]

Esta es una declaración contundente. Incluso puede producir miedo en una mente no entrenada. Esto se debe a que nos gusta pensar que lo controlamos todo. En verdad, si todo ya ha ocurrido, podemos ejercer nuestro libre albedrío y elegir cómo mirarlo ahora. En mi opinión, lo que facilita las cosas es no tomárselas demasiado en serio. Esto no significa que no nos cuidemos o que no tengamos compasión por otros y por el estado del mundo. Significa que podemos vivir en el mundo, pero sabiendo que no somos del mundo. Nada puede arrebatarte la paz de Dios a menos que le des ese poder. Este Curso consiste en reconocer que eres una Mente poderosa, no el cuerpo, que solo es un efecto.

Al Curso también se le podría llamar "el entendimiento de causa y efecto", porque cuando reconocemos que la Mente es siempre causa, y el mundo es el efecto, podemos empezar a buscar las respuestas dentro, en lugar de fuera, en el mundo, donde no están. Ciertamente, en la forma pueden surgir todo tipo de signos para ayudarnos a lo largo del camino, y deberíamos usarlos si fuera necesario. Esto es muy amoroso. En cualquier caso, la mente es la tomadora de decisiones, y es capaz de producir formas o símbolos que pueden favorecer u obstaculizar nuestro camino. Como resultado de mi decisión de estar bien, en mi sueño han surgido todo tipo de médicos, suplementos, terapias alternativas, etc., y reconozco que están ahí para apoyar mi decisión. De modo que consulto con el Espíritu Santo y adopto las que me parecen más interesantes y útiles.

Si, por algún motivo, el miedo o la incertidumbre están presentes, puedes intentar este ejercicio del *Libro de ejercicios* del Curso: *Siéntate en silencio y cierra los ojos. La luz en tu interior es suficiente. Solo ella puede concederte el don de la visión. Ciérrate al mundo exterior y dales alas a tus pensamientos para que lleguen hasta la paz que yace dentro de ti. Ellos conocen el camino. Pues los pensamientos honestos, no mancillados por el sueño de cosas mundanas externas a ti, se convierten en los santos mensajeros de Dios Mismo.*[9]

Sentarse en silencio, con intenciones puras, permite al Espíritu Santo guiar tu mente, redirigir tus pensamientos para que reflejen tu estado natural en el Cielo. Ningún intento de curación se pierde nunca, tal como un milagro —o el perdón—, cuando se da verdaderamente, permanece en la mente hasta que esta esté dispuesta a aceptarlo. Este es el poder que tienes. Tienes el mismo poder que Jesús de perdonar "pecados" porque Él sabía —y ahora nosotros sabemos a través de Él— que el acto de perdón no se limita al sacerdocio. Todos nosotros somos Hijos de Dios igualmente valiosos, y el perdón es la clave para despertar al Reino de los Cielos.

LA TERMINOLOGÍA DEL CURSO

Para alguien nuevo en el Curso que lea estas palabras, pueden sonar muy religiosas debido a que usa un lenguaje cristiano. El Curso no es un libro religioso, sino espiritual. Jesús usa la terminología cristiana porque está corrigiendo algunas percepciones erradas con respecto a él mismo y a la cristiandad, que es una religión que él no comenzó. Lo último que hubiera querido es poner en marcha una religión. Las enseñanzas cristianas se basaron en los escritos de san Pablo, y posteriormente en la influencia de la Iglesia para excluir las ideas más esotéricas, de modo que no fueran evidentes para las masas. Además, creo que es importante indicar que el Curso no pretende ser el *único* camino hacia Dios. Hay muchos. Si este camino funciona para ti, genial. Si no, el Espíritu Santo te guiará a otro que funcione para ti. Personalmente, nunca he conocido otro documento que no solo describa el problema del mundo, sino que también nos dé una solución. Incluye un *Libro de ejercicios* con 365 lecciones para ayudarnos a entrenar la mente a fin de alcanzar el objetivo del Curso, que es la verdadera paz. Si el lenguaje te molesta, puede ser una oportunidad más para perdonar. Cuando perdonamos símbolos, perdonamos ilusiones. En los talleres y en las clases en línea que hago con Gary recibimos numerosos comentarios y preguntas sobre el lenguaje del Curso. Muchas personas vienen de una educación religiosa que refuerza la idea de que somos seres "pecaminosos" y que, si no aceptamos a Jesús, iremos al infierno. A continuación, encuentran el Curso, y el Curso dice que el "pecado" no es real, que no existe tal cosa. El pecado solo es la idea de separación o falta de amor. Como en realidad la separación nunca ocurrió, el pecado es imposible. Hace falta tiempo para aceptar nuestra inocencia y poder mirarnos a nosotros mismos de una manera nueva. Si estás leyendo estas palabras y eres una de esas personas que tienen dificultades con el lenguaje, y aun así crees que el Curso es tu camino, podría serte útil aplicar las lecciones del *Libro de ejercicios* a esta dificultad. Pueden ayudarte a perdonar amorosamente los símbolos asociados con la decisión de la mente de experimentar resistencia.

He usado el Curso para perdonar muchos símbolos que me hacían reaccionar de diversas maneras. En el *Libro de ejercicios,* Jesús dice que ni siquiera tenemos que creer en las ideas que nos presenta. Simplemente practícalas y haz los ejercicios. Él dice que hacerlos te demostrará que funcionan, y no nos fuerza a hacer nada. Incluso dice que, si estamos experimentando mucho miedo o resistencia, nos detengamos. Siempre podemos volver a ello más adelante, cuando estemos preparados. Llegarás a ser muy bueno a la hora de reconocer si es el ego el que se está resistiendo, o si debes usar lo que estás experimentando en las lecciones y seguir adelante. ¿Es tu guía la que te recomienda detenerte y tomarte un respiro? ¿O es un truco del ego para intentar que no hagas las lecciones? Indaga un poco más y recibirás respuesta.

¿CÓMO PUDO OCURRIR LA SEPARACIÓN EN LA PERFECTA UNIDAD?

Otra pregunta frecuente que se plantea en nuestros talleres es: "Si Dios es perfecto amor, y no existe nada más, ¿cómo pudo ocurrir la separación?". Probablemente esta pregunta se la han planteado, en un momento u otro, casi todos los estudiantes del Curso. Hay muchas maneras de responderla. Es una pregunta comprensible. Sin embargo, según el Curso, en realidad esta pregunta es una afirmación, que dice: "Creo que realmente estoy aquí y ahora quiero saber cómo llegué". Es posible que la respuesta del Curso no sea satisfactoria para la mayoría. Dice: *El ego exigirá muchas respuestas que este curso no provee. El curso no reconoce como preguntas aquellas que solo tienen la apariencia de preguntas, pero que son imposibles de contestar. El ego puede preguntar: "¿Cómo sucedió lo imposible?", "¿A qué le sucedió lo imposible?", y lo puede preguntar de muchas maneras. Mas no hay una respuesta para ello; solo una experiencia. Busca solo esta y no permitas que la teología te retrase.*[10]

Jesús nos está diciendo claramente que no intentemos averiguar algo que no puede ser entendido en este nivel. Cuando usa la palabra "imposible" se refiere a la separación. La separación de Dios es imposible y no ocurrió. La corrección de la creencia en la separación es aceptar la Expiación para uno mismo, como se ha mencionado antes. Recuerda, Expiación simplemente significa reconocer que no ocurrió nada. En realidad, la separación de Dios no ocurrió. Solo estamos soñando que estamos aquí. Esto se debe a que en el instante en que decidimos tomarnos en serio "la pequeña idea loca" —de que podíamos ser un yo separado, individual, especial—, produjo efectos —el mundo de tiempo y espacio—. No nos dimos cuenta de la magnitud de este único error y lo que resultaría de él. Por eso somos inocentes. Cuando los niños pequeños se van por ahí a deambular por su cuenta y se pierden, es un error inocente, porque no saben hacerlo mejor.

Nosotros somos esos niños pequeños que se alejaron de casa sin saber que experimentarían pérdida, carencia, separación y muerte, y todas las demás formas de miedo. El plan del ego es mantener este estado de separación para que el Reino de Dios siga estando muy alejado de nuestra realidad. Así es como él mantiene su identidad. Sin el ego, nos daríamos cuenta de que todavía estamos en la perfecta unidad del Cielo. Aunque todavía estamos en el Cielo, el plan del ego es hacer que lo olvidemos mediante la proyección de un mundo con tiempo y espacio —como resultado de la culpa— que nos mantiene en una posición de carencia, pero bajo la ilusión de abundancia.

No podemos controlar el mundo, pero ciertamente podemos controlar nuestra interpretación y experiencia del mundo. El verdadero poder nos mantiene en la posición de ser causa y no efecto. Cuando eres causa, tomas responsabilidad por tus pensamientos y acciones. Si me doy cuenta de que cometí un error de juicio, o dije algo a alguien que no era una interpretación precisa de la persona o situación, haré lo posible por corregirlo. Esto significa que tomo responsabilidad por mi juicio equivocado. La forma que esto tome es irrelevante. El punto clave es que queda reconocido como un error. Esto no significa que uno deba sentirse culpable, y decir "lo siento" movido por la culpa. Hay una diferencia entre comunicar honestamente a alguien que tal vez has hecho un juicio errado, y sentirse culpable. Sea cual sea la situación, nunca hay causa para la culpabilidad.

En el mundo tenemos instaurado un sistema de gobierno que nos hace seguir ciertas reglas, y se le declara "culpable" en un tribunal de justicia a todo aquel que no las sigue, pero recuerda que Dios ama a todos sus hijos por igual, y que en verdad no somos culpables. Todos hemos accedido a nacer en una sociedad en la que hay reglas y regulaciones, y sabíamos de antemano que algunas de ellas nos causarían dificultades. Todo este proceso nos ayuda a crecer y aprender. Podemos recordar quiénes somos eligiendo a partir del amor y perdonando el miedo. La "primera" elección, y la más importante, es elegir la interpretación del Espíritu Santo en lugar de la del ego. A partir de ahí, se nos dirigirá a usar nuestro cuerpo amorosamente. El cuerpo puede reflejar la inspiración procedente de la mente actuando de manera amorosa y reflexiva.

LA ILUSIÓN DEL TIEMPO Y TODAS SUS DIMENSIONES

La Mente siempre es la fuente de lo que ocurre en la materia. Podemos hallar un ejemplo de esto en la siguiente historia Zen que cuenta Sofo Archon, titulada: *La mente en movimiento*:

Dos hombres discutían sobre una bandera que ondeaba al viento.
—Lo que se mueve es el viento —dijo el primero.

—No, lo que se mueve es la bandera —respondió el segundo. Un maestro Zen que caminaba por allí oyó el debate y les interrumpió:

—Ni la bandera ni el viento se están moviendo, es la MENTE la que se mueve.

Esto no significa que la mente esté literalmente moviéndose. Significa que la mente está produciendo todos nuestros registros sensoriales, como las imágenes que vemos, los sonidos que oímos y los sabores que probamos. No son nuestros cerebros, ojos y oídos los que realmente hacen estas cosas, ni el viento, como en la historia anterior. Estamos experimentándolo todo en la mente. Podemos pensar en el mundo como una gran película que ya ha sido filmada. Las diferentes vidas que se van desplegando son los guiones de nuestras vidas individuales, que el productor de la película —la mente ego— ha incluido en el guion general. En realidad, solo hay un guionista que escribió todo el guion de tiempo y espacio: todos nosotros como una mente. Puesto que se trata de un guion que ya está escrito, solo estamos soñando lo que vemos en la pantalla; estamos atrapados en las historias de nuestra vida e identificados con los personajes que representamos. Hay muchas versiones de las escenas de nuestra vida, puesto que existen todas las posibilidades. Es como un guion con múltiples opciones. El tiempo y el espacio son una ilusión que se va desplegando como si estuviera ocurriendo *ahora*. El Curso lo resume así:

El tiempo es un truco, un juego de manos, una gigantesca ilusión en la que las figuras parecen ir y venir como por arte de magia. No obstante, tras las apariencias hay un plan que no cambia. El guion ya está escrito. El momento en el que ha de llegar la experiencia que pone fin a todas tus dudas ya se ha fijado. Pues la jornada solo se puede ver desde el punto donde terminó, desde donde podemos mirar hacia atrás e imaginarnos que la emprendemos otra vez y repasar mentalmente lo que sucedió.[11]

Esta es la razón por la que las personas con poderes psíquicos pueden ver lo que nosotros llamamos el futuro, o captar sucesos de nuestro pasado. Todo ello ya ha ocurrido. La totalidad del tiempo está ocurriendo *ahora*. Dentro del guion hay muchas probabilidades o resultados, pero ya está escrito. No obstante, cuando empezamos a sanar nuestra mente a través de la práctica del perdón, podrían desplegarse escenarios más amables porque estamos aprendiendo nuestras lecciones, y tal vez no tengamos que revisar mentalmente una parte del guion que parece más dura o difícil. O el mismo escenario podría desplegarse como estaba planeado originalmente, pero tú lo experimentarás con paz en lugar de conflicto. El Espíritu Santo está a cargo del tiempo. Nos gusta pensar que elegimos el mejor momento para hacer las cosas, pero no es así. ¿Hemos de asumir que sabemos más que el Espíritu Santo? Esta idea siempre me ayuda cuando me olvido y pienso que sé qué es lo mejor para mí. En realidad, no lo sé. Ninguno lo sabemos. Podemos llegar a ser muy buenos en escuchar al Espíritu Santo y en discernir si nos estamos expresando desde el ego o desde el Espíritu Santo en nuestra mente. Este será el tema de otro capítulo.

El Reino de los Cielos está completamente fuera del tiempo y del espacio, lo que significa que no tiene nada que ver con este mundo. El Reino de los Cielos significa vaciarse completamente de todos los conceptos, las imágenes y los juicios, de todas las cosas que nos son muy queridas con respecto al pasado, y de nuestras esperanzas de futuro. En último término, se trata de vaciar toda la mente dividida, y entonces Dios Mismo dará el paso "final" con nosotros. El Reino de los Cielos está aquí mismo, ahora mismo, en la eternidad donde todo es uno.

MANTENERSE VIGILANTE *SOLO* A FAVOR DE DIOS

Entonces, ¿cómo podemos mantenernos vigilantes a favor de Dios y de su Reino? Usemos al Maestro Jesús como ejemplo, y a continuación me gustaría hacer una analogía usando la película *The competition*. Es otro ejemplo de cómo mantener la mente más singularmente enfocada en el sistema de pensamiento del Espíritu Santo, lo cual es mantenerse vigilante. De modo que mantenerse vigilante solo a favor de Dios requiere aceptar que Dios es la única realidad. En esa conciencia, uno sabe que, como consecuencia, Él también es la única Autoridad, en un sentido no-egoico de la palabra. El no-dualismo puro, tal como lo practicó Jesús, puede resumirse como dijeron Arten y Pursha en *La desaparición del universo*:

El no-dualismo puro reconoce la autoridad de Dios tan completamente que renuncia a todos los apegos psicológicos, a cualquier cosa que no sea Dios. Esta actitud también reconoce lo que algunas personas denominan el principio de "de lo semejante, lo semejante", que dice que cualquier cosa procedente de Dios debe ser como Él. El no-dualismo puro tampoco está dispuesto a hacer concesiones con respecto a este principio. Más bien, dice que cualquier cosa procedente de Dios debe ser exactamente como Él. Dios no podría crear nada que no fuera perfecto, pues de otro modo no sería perfecto. La lógica de esta afirmación es impecable. Si Dios es perfecto y eterno, entonces, por definición, cualquier cosa que Él cree también debe ser perfecta y eterna.[12]

El enfoque que se necesita para adquirir este estado mental no es algo menor. Requiere mucha práctica. Mantenerse vigilante también significa vigilar al ego como un observador desapegado y, a continuación, mantenerte en la verdad de tu realidad sin realizar concesiones. En la película *The competition*, Richard Dreyfuss y Amy Irving hacen el papel de dos grandes pianistas que participan en una competición para ver quién toca mejor el piano. Durante los ensayos se enamoran y las cosas se complican. Lo que me inspiró de estos personajes fue que, cuando se sentaban a tocar sus piezas durante la competición, la pasión y la intensidad de su enfoque en lo que estaban tocando les hacía estar completamente en el presente. Estaban enfocados singularmente en un objetivo. Ese era un momento eterno en el ahora. Cuando estás tan completamente animado, apasionado e inmerso en algo, estás en el estado de inspiración, o "en Espíritu", y esto puede tomar la forma simbólica de estar en una actividad alegre. Uno tiene que estar así de dedicado y enfocado para mantenerse vigilante únicamente a favor de Dios, como si nada más fuera importante. Esto no significa desvincularse del mundo y no hacer nada. Solo significa que entiendes la diferencia entre verdad e ilusión, y mantienes una sensación de paz que... *no permite que nada que no proceda de Dios te afecte.*[13]

La clave para mantener esta vigilancia es el perdón, junto con poner al Espíritu Santo a cargo de tu día y practicar la Verdadera Oración, todo lo cual deshace el ego y ejercita tu capacidad de mantenerte atento. Comentaré cómo practicar el verdadero perdón en el capítulo siguiente. Hay una sección del Curso llamada

El encuentro santo[14] que guarda relación con el perdón. Entender que todos aquellos con los que nos encontramos son una oportunidad de tener un encuentro santo nos anima todavía más a seguir el camino de la libertad y la alegría. Nos da la oportunidad de elegir el amor y de recordar la Divinidad en otros y, por tanto, en nosotros mismos. **En el nivel más elevado, el encuentro santo es conocer nuestro verdadero Ser a través de otro. Esto se debe a que solo hay uno de nosotros.**

Ha habido varias culturas históricas que vivieron este ideal, y en algunos círculos la gente se refiere a ellas como culturas del Edén o del paraíso: los antiguos lemurianos, la cultura minoica y la del Valle del Indo, por nombrar algunas. Aunque todavía no es la perfecta unidad del Cielo, estas fueron culturas muy diestras y avanzadas en muchas áreas, y probablemente fueron lo más que uno se puede acercar en este mundo a experimentar una sociedad basada en la paz, el amor y la cooperación; todos los atributos que nos llevan a avanzar por el camino de la verdadera unidad. También estaban conectados con la naturaleza y con inteligencias "externas al planeta"; conectaban telepáticamente entre ellos y eran no-violentos. En esencia, esto nos da esperanza de que esta actitud mental es posible y ha sido vivida por nuestros ancestros, que vinieron "antes" que nosotros en la ilusión del tiempo.

En la antigua Lemuria a los niños se les animaba a potenciar sus capacidades telepáticas a través del uso de cristales. Esto les enviaba un mensaje positivo de que eran más que sus cuerpos. Eran seres luminosos y se parecían al pueblo suajili, por dar una idea de cuál pudo haber sido su aspecto. Su piel brillaba y sus aldeas eran vibrantes, como cristal líquido. La cultura minoica, que habitó en la isla de Creta, también estaba muy sintonizada con su entorno, con otros pueblos, y especialmente con el mar. Les gustaban particularmente los delfines y reconocían su importancia para el entendimiento de su cultura y de sí mismos. La del Valle del Indo también fue una cultura pacífica, y disfrutaban de muchas expresiones musicales que incluían el canto, el baile y la creatividad en general. Ampliaré un poco sobre estas culturas en el último capítulo.

Comento esto para reconocer que, en la medida en que todos abrimos la mente y entramos en contacto con nuestra naturaleza Divina y nuestra conexión con *todos* los seres, recordamos más

47

quiénes somos y que nuestra naturaleza es amor. Esto comienza con cómo nos tratamos mutuamente y qué pensamos unos de otros. **No podemos esperar aceptarnos tal como Dios nos creó hasta que aceptemos a *todos* los seres como igualmente creados por un Dios amoroso.** Creo que tenemos que empezar por el lugar en el que está ahora mismo nuestra experiencia. Muchos de nosotros queremos saltar directamente a lo más alto y pasar por alto las valiosas lecciones intermedias. Sería agradable que fuese así, pero no lo es. De modo que, si te encuentras en una situación complicada, por favor, ten compasión de ti mismo y recuerda esta cita del Curso: *Las pruebas por las que pasas no son sino lecciones que aún no has aprendido, que vuelven a presentarse a fin de que, donde antes hiciste una elección equivocada, puedas ahora hacer una mejor y escaparte así del dolor que te ocasionó lo que elegiste previamente. En toda dificultad, disgusto o confusión, Cristo te llama y te dice con ternura: "Hermano mío, elige de nuevo".*[15]

Sé la mejor versión de *ti mismo*, no de otra persona. Esto significa que te has de enfocar en tus propias lecciones de perdón, no en las de otros. A veces, esto resulta duro. Durante un tiempo yo llegué a ser muy buena en enfocarme en las lecciones de otros, hasta que me di cuenta de que me agotaba. Sabía que esto venía del miedo, y que tenía que dejar de hacerlo por mi propio bienestar. Usando la analogía de una película, cuando tratamos de cambiar a otros, estamos tratando de arreglar lo que hay en la pantalla, donde en realidad no está ocurriendo nada. Si queremos cambiar la imagen que estamos viendo, tenemos que cambiar lo que hay en el proyector, en lo que está proyectando las imágenes. La mente es como el proyector y la pantalla es lo que está ocurriendo en nuestra vida de cada día; el mundo mismo. Cuando nos damos cuenta de que al intentar cambiar la imagen externa estamos pedaleando en el vacío, podemos ir a la causa, donde puede ocurrir el verdadero cambio. Está bien usar la magia del mundo si necesitamos ayuda extra, pero al mismo tiempo podemos recordar que ir a la causa (la mente) es lo único que producirá un cambio duradero. Con relación a la curación, el Curso dice: *La falsa curación no es más que un mísero intercambio de una ilusión por otra "más agradable"; un sueño de enfermedad por uno de salud. Esto puede ocurrir en los primeros niveles de la oración, en combinación con un perdón bienintencionado, pero aún no comprendi-*

do del todo. Solo la falsa curación puede dar lugar al miedo, y así la enfermedad es libre para arremeter de nuevo. La falsa curación puede, en efecto, eliminar ciertas formas de dolor y enfermedad. Pero la causa sigue ahí, y no cesará de producir efectos. La causa sigue siendo el deseo de morir y de vencer a Cristo. [16]

Cuando leí esto por primera vez, me dejó alucinada lo poco que sabía sobre la motivación del ego: "¿El deseo de morir y de vencer a Cristo?". ¡Dios mío! ¿Esto es lo que nos encontramos cuando chapoteamos en la mente inconsciente? Jesús no edulcora sus mensajes. Por eso confío tanto en ellos. Para el ego, la muerte es un modo de decir que él tiene razón y que la separación de Dios ocurrió. Por suerte, la muerte no es verdad. Cuanto más deshacemos el ego, más nos acercamos al Reino de los Cielos. Creo que este es un objetivo valioso. Podemos preguntarnos amablemente: ¿quiero que gobierne mi mente y dirija mi vida un sistema de pensamiento cruel? Si la respuesta es un sincero "no", eso es una invitación al Espíritu Santo para que empiece a adueñarse de nuestra mente, pero nosotros tenemos que hacer nuestra parte. Nuestro perdón demuestra que queremos hacerlo. Y para que sea un verdadero perdón completo, no puede excluir a nadie. Recuerda siempre que cómo pienses de otro es como piensas de ti mismo. Lo que le haces a otro es lo que te haces a ti mismo. Esta idea me ha ayudado a superar circunstancias difíciles. En cuanto recordaba la verdad, era libre. Podemos tener muchos momentos así, instantes santos que nos llevan a cambiar del resentimiento al perdón.

Ha habido varios momentos en mi vida en los que he experimentado algo muy intrigante, pero no estoy segura de poder llamarle Revelación. Uno de ellos fue un momento de absoluta y completa suspensión de la duda y el temor, y fue más allá de cualquier cosa que hubiera experimentado antes en este mundo. ¿Fue comunicación directa con Dios? No lo sé. Lo único que sé es que nunca había sentido algo así, y la experiencia solo duró unos segundos. En esos momentos hubo una certeza completa y el conocimiento de que todo estaba bien. Tal vez algunos de los que leáis estas palabras estéis familiarizados con este tipo de experiencia. En realidad, no puede ponerse en palabras, pero estoy intentándolo. Si el Reino de los Cielos es algo parecido a lo que experimenté, ¡tengo muchas ganas de pasar la eternidad en ese estado! Todos los indicadores apuntan a la idea de que la alegría y la paz del Cielo están más allá de cualquier cosa que podamos imaginar. No es de extrañar que, cuando la gente dice tener "experiencias cercanas a la muerte" y ver la luz, no quieren retornar al mundo. A menudo, estas experiencias se describen como pura e incondicionalmente amorosas y pacíficas. A continuación, se le dice a la persona que todavía no ha llegado su momento, y así parece volver durante un tiempo hasta haber completado su contrato. A algunos se les da la opción de quedarse.

¿Quién puede juzgar qué es lo correcto o lo mejor para otro? **La clave es que el amor dentro de nosotros es mucho más grande que cualquier prueba u obstáculo que afrontemos en este mundo.** Me gusta lo que dijo Gary con respecto al Cielo: "No puedes ver el Reino de los Cielos con los ojos del cuerpo, pero es la cosa más real que hay".

Nadie está nunca solo, incluso cuando el cuerpo parece estarlo. Tal vez esto sea tener fe. Independientemente de nuestra experiencia, hay fuerzas que no vemos y que están siempre con nosotros, dispuestas a ayudar, guiar y asistir. Cuando nos sentimos solos, no hay necesidad de sentirse culpable por ello. La mayoría de la gente ha tenido esta experiencia. Me gusta pensar en ella en estos términos: **Estar sola es creer que estoy separada de mi Creador, pero estar completa es estar llena del amor de Dios.** En tal caso, ¿cómo podemos sentir esta sensación de estar completos dentro de nosotros? Aquí hay una breve oración que me gustaría usar para cerrar este capítulo:

El Reino está perfectamente unido y protegido, y el ego no prevalecerá contra él. Amén.[17]

PÁGINA PARA NOTAS PERSONALES

CAPÍTULO 2

NO HAY DEDICACIÓN MEJOR QUE EL PERDÓN

Libera a tus hermanos de la esclavitud de sus ilusiones, perdonándolos por las ilusiones que percibes en ellos. [1]

Entre junio de 2020 y abril de 2022 ocurrieron una serie de sucesos que pusieron a prueba mi fe, y en último término me catapultaron a un proceso más profundo de perdón, meditación y reflexión interna. Pensé que, si usaba estas experiencias para el propósito de perdón del Espíritu Santo, me llevarían a avanzar por el sendero del despertar del sueño, y me acercaría a vivir realmente la idea de que el Reino de los Cielos está dentro. Pero durante parte del tiempo, mi fe fue puesta a prueba al experimentar inesperadamente que tenía dificultades con algunos de mis sentidos corporales.

Vuelvo un poco hacia atrás. Aquellos que habéis leído mi segundo libro, *El asunto del perdón*, sabéis que en junio de 2020 me di un golpe muy fuerte en la cabeza al chocar directamente con la puerta del baño en medio de la noche. Después de eso empecé a sentir mareos —una sensación de balanceo— dentro de la cabeza que continúa hasta el día de hoy, aunque con algunos ajustes craneales, meditación y perdón, los noto mucho menos, y parece que se van curando con el tiempo. Por fortuna, esto no arruina mi vida y, en general, puedo seguir con mis actividades diarias. Durante algún tiempo estuve dudando de si hacerme un escáner MRI. No soy muy aficionada a los espacios cerrados y por eso lo fui postergando. Seguí adelante con mi vida y las cosas iban bien.

Nota: en febrero de 2021 decidí hacerme el escáner para poder descartar algunas cosas y hacer mi parte en la decisión de estar bien. Por suerte, los resultados fueron totalmente normales, lo que me hizo pensar que los mareos quizá tendrían que ver con que los huesos craneales estaban un poco desalineados y causaban algo de presión en los oídos internos, que es lo que el Espíritu me había sugerido.

Por dar un poco más de información, en mayo de 2021 empecé a sentirme abrumada con las sesiones de terapia que ofrezco y quería reorganizar mi tiempo. El pensamiento de soltarlas, al menos durante algún tiempo, produjo en mí una profunda ansiedad, pues estaba muy acostumbrada a conectar con gente a diario. Me gustaba mucho dar nuestra clase en línea, que sigue adelante, y quería enfocarme más en eso, en otros talleres y en escribir libros. Todavía dudaba de qué hacer, pero sentía que reorganizar mi tiempo me aliviaría. Entonces, oí a Jesús decirme algo que me llegó como un pensamiento inspirado. La Voz dijo: "Pido maestros, no mártires". ¡Oh, Dios mío! Esto me llegó mucho, e indicaba que, si sientes que estás haciendo algo con sacrificio, o que te estás agotando, eso no es amoroso hacia ti ni hacia los demás. Esa fue mi respuesta. Me recordó algo que Jesús dijo a Helen Schucman en una ocasión, y que sale en el libro *Ausencia de felicidad*, de Ken Wapnick: "*Si no puedes decir 'no' a las peticiones de otros, todavía no has superado el egocentrismo*". Si me sentía culpable por soltar las sesiones de terapia, estaba cayendo en una trampa del ego.

Aunque entendí que estaba siendo guiada hacia esta decisión, ¡la ansiedad era terrible! Durante varias semanas tuve un profundo sentimiento de culpa y condena en la boca del estómago. Previamente ya había tenido tendencia a la ansiedad, de la cual habló Arten —uno de los maestros ascendidos de Gary, y mi yo futuro— al describir que Tadeo también la tenía, aunque en su caso tomó otra forma distinta.

Nota: Para quienes no conozcan la historia, mi yo "pasado" fue Tadeo, uno de los discípulos de Jesús hace 2.000 años. Tadeo era gay y experimentaba ansiedad por tener que esconder su identidad sexual. En aquellos días, te podían matar por no seguir las escrituras al pie de la letra. De modo que tenía que andar de puntillas simplemente para ser él mismo. Además de eso, un señor de la guerra cortó la cabeza a su mejor amigo, Tomás. Creo que este es un contexto estupendo para tener experiencias de ansiedad. Si esta lección no se perdona, en otra vida puede aparecer otra similar, pero con diferente forma, hasta que se aprenda. Esto no es un castigo, sino el simple operar de la ley general de causa y efecto. En realidad, esto es el karma: acciones que se despliegan basadas en nuestras elecciones de cada día.

De modo que sabía que la ansiedad de esta vida era una lección para que continuara trabajando el perdón. Si podía perdonarla, estaría completando esta lección y haciendo un gran progreso.

Aún me sentía incómoda, pero con el tiempo la ansiedad disminuyó al trabajar mi proceso con el Curso y hacer lo posible por enfocar mis energías en cosas que me daban alegría. Usar un poco de "magia" también fue de gran ayuda al mismo tiempo que practicaba el perdón. Y algo que no ayudó fue que, durante todo el verano de 2021, Gary y yo tuvimos que lidiar con otro asunto: nuestro coche. Golpeé a otro coche al dar marcha atrás cuando íbamos al masajista. Solo iba como a diez kilómetros por hora, pero el golpe fue suficiente para abollar nuestro coche y el parachoques de otra persona. Dejé una nota en su auto y me llamaron. No podían creer que fuera tan honesta y hubiera dejado la nota. Era lo correcto. Y sucedió que el pequeño golpe de nuestro parachoques llevó a que nuestra compañía de seguros nos dijera que nuestro coche estaba condenado... ¿Cómo? Fue algo que no esperábamos. Aquel verano ocurrieron una serie de cosas que retrasaron que reparáramos el coche, y la compañía de seguros no ayudó mucho. De modo que acabamos comprando un coche nuevo. Aunque el nuevo coche era agradable, todo este lío añadió más estrés al que ya venía sintiendo. En el fondo de mi mente, sabía que estas eran oportunidades preciosas para perdonar y que debía aprovecharlas.

Como si no fuera suficiente, decidí ir a ver a un quiropráctico especializado para que revisase mi lesión de la cabeza, simplemente por probar a alguien nuevo y ver si se remediaban mis mareos. Esta persona empezó a hacerme algunos ajustes que sentí muy agresivos y duros. Me pillaron con la guardia baja. Pensé que tal vez estaba haciendo algo bueno y que lo notaría más adelante. Nunca me había sentido tan mal. Estaba tan desalineada que eso alteró todo mi sistema. Tenía las emociones a flor de piel y no entendía lo que estaba ocurriendo ni por qué estaba tan desequilibrada. Por suerte, volví a mi quiropráctico original, que me reajustó, y empecé a sentirme mucho mejor. Esta es la parte buena. La parte extraña es que unos días después del nefasto ajuste, empecé a sentir tensión en los ojos y los notaba muy sensibles a la luz. No tenía ni idea de si aquello tenía que ver con el ajuste o era un efecto de haberme golpeado la cabeza. Pero era una sensación extraña. Ahora mis ojos están mucho mejor, pero todavía he de tener cuidado con cuánto tiempo dedico a mirar el móvil o internet, para no forzarlos. Ya no están tan sensibles a la luz y estoy bien mientras no los fuerzo leyendo y mirando pantallas.

Finalmente (sí, hay más), a comienzos de 2022 tuve un resfriado que no parecía gran cosa, y el resfriado en sí no lo fue. Sin embargo, cuando dejó de dolerme la garganta, me quedé muy ronca, y tuve que estar sin hablar durante varios meses. Perder la voz ya me era familiar, pues me había ocurrido en 2015 y 2016, cuando también me quedé ronca debido a un virus. A estas alturas, ya dominaba muy bien la práctica de la paciencia. Entonces, una querida amiga mía me recordó que el "silencio es oro", y compartió conmigo esta información: el poeta Thomas Carlyle enunció por primera vez esta frase en inglés, pero la frase en sí se remonta al Antiguo Egipto. Dijo: "El silencio es el elemento en el que se forjan las grades cosas, para que a largo plazo puedan emerger, plenamente formadas y majestuosas, a la luz del día y a la Vida, que a partir de ese momento regirán". Estas palabras son poderosas. Me sentí mucho mejor al leerlas y me inspiraron a apreciar el silencio. Entre tanto, mientras mis cuerdas vocales descansaban, este libro recibió toda mi atención. ¡En realidad, la situación era perfecta! El Espíritu también me explicó que esta experiencia ayudaría a fortalecer mi voz en general, beneficiando mi oratoria y mi escritura. De modo que siempre hay otra manera de mirar las cosas al nivel de la forma, al tiempo que mantenemos un estado mental de perdón. A veces elegimos —a otro nivel— pasar algunas dificultades para adquirir una nueva perspectiva de la vida y más empatía hacia las dificultades de los demás. Y esto nos puede llevar a examinar otras áreas de nuestra vida que requieran atención.

No obstante, tuve que reírme. Pensé: "Dios mío, ahora mismo varios de mis principales sentidos, como los ojos y los oídos, y más adelante la garganta, están en dificultades". Aunque era capaz de reírme de esto, en momentos sentía como si alguien a quien conocía muy bien hubiera muerto, y era muy deprimente. En lugar de perder un ser querido, estaba perdiendo el funcionamiento "normal" de algunos de mis cinco sentidos, y esto resultaba difícil. Aún podía realizar mi trabajo y mis actividades habituales básicas, pero sentir que ocurría una cosa tras otra llegó a ser abrumador por momentos. El simbolismo era asombroso. Me llevó a pensar que esto era un ejercicio para aprender a ver más con mi tercer ojo y a escuchar más con mi tercer oído. Parecía como si durante un tiempo estuviera siendo guiada a potenciar mis sentidos internos y familiarizarme con mi mundo interno. A veces, esta serie de sucesos pusieron a prueba mi fe, incluso después de haber practicado el Curso durante 17 años. Pero soy fuerte, y me acordé de mantenerme vigilante a favor de Dios, como dice el Curso. Tomaba baños, meditaba, practicaba la Verdadera Oración, hacía caminatas, buscaba apoyo cuando lo necesitaba y me acordaba de reír. Continué adelante, siguiendo mi intuición y guía, y enfocándome en lo que me daba alegría. También fue importante recordar que estaba soñando. Estoy agradecida porque todo esto me inspiró a aprovechar la ocasión y ponerme en marcha con este libro.

Para cualquiera que esté en dificultades ahora mismo, puede ser muy útil recordar que podemos ahondar en el cuestionamiento de cualquier creencia con respecto a nosotros mismos, a otros, o al mundo en general. La oportunidad perfecta de crecer y aprender de nuestras experiencias está aquí mismo si decidimos aprovecharla. Incluso si no nos gusta lo que nos ha ocurrido, podemos recordar que no tiene nada que ver con quienes somos en verdad. Es una historia inventada. Nosotros no somos nuestras historias, sino perfecto Espíritu, y eso no ha cambiado.

Quería compartir esta parte de mi viaje porque es importante saber que el objetivo del Curso es alcanzar la paz verdadera. No se trata de tener una vida perfecta, de manifestar cosas físicas, de tener el cuerpo ni la conducta perfectos. Se trata de perdonar. Esto es lo que te lleva a casa, lo que te despierta del sueño de la separación. Sabía que, si seguía practicando lo que decía el Curso, me llevaría a seguir ascendiendo por la escalera hacia la verdadera paz, y mi eventual iluminación. Empecé a meditar mucho más, haciendo lo posible por alcanzar el centro aquietado donde reside el Espíritu Santo. El Curso dice: *Mas este lugar de reposo, al que siempre puedes volver, siempre estará ahí. Y serás más consciente de este tranquilo centro de la tormenta, que de toda su rugiente actividad. Este tranquilo centro, en el que no haces nada, permanecerá contigo, bridándote descanso en medio del ajetreo de cualquier actividad a la que se te envíe. Pues desde este centro se te enseñará a utilizar el cuerpo impecablemente.*[2]

No siempre conseguía llegar a mi centro, pero a veces sí. Sigo practicando. La mente necesita entrenamiento. Para esto es el *Libro de ejercicios* del Curso, y tenemos que practicar a diario incluso después de haberlo completado.

De modo que quiero que la gente sepa que, incluso si las cosas se ponen difíciles, si damos lo mejor de nosotros por usarlas como oportunidades de perdonar, estamos usando el tiempo siguiendo la intención del Espíritu Santo de sanar a través del perdón. Cada vez que me uno con Jesús en la Verdadera Oración, o pongo al Espíritu Santo al cargo, me siento mejor. Asimismo, cuando me acuerdo realmente de reír, y recuerdo que este es mi sueño y puedo elegir cómo sentirme, es más fácil. En los momentos difíciles, como mínimo podemos ser amables con nosotros mismos, tener compasión y no juzgarnos.

El juicio nos enraíza en el pasado y nos mantiene atascados en la escalera. Estoy hablando de ese tipo de juicio en el que nos fustigamos a nosotros mismos en lugar de perdonarnos. El juicio del Espíritu Santo es que tú siempre eres un hijo de Dios pleno e inocente. Si argumentas un caso contra ti mismo, el Espíritu Santo lo descartará. Su juicio es que la Voluntad de Dios es UNA en alegría, paz y vida eterna. Tú eres parte de esa unidad. Por muchos errores que todos nosotros cometamos, solo son oportunidades de aprender y no una razón para castigarnos. Otro pensamiento a considerar es el siguiente: si el mundo es nuestra proyección, lo que significa que solo es un sueño, ¿importa realmente lo que ocurra en un sueño? Lo único que importa es lo que hagamos con lo que ocurre. El guion está escrito, entonces, ¿para qué preocuparse por él? Además, cuanto más perdonamos, más podemos cambiar las dimensiones temporales en las que se podría desplegar un escenario más amable, o podemos reaccionar a una situación similar con paz en lugar de con miedo. Y esto marca toda la diferencia.

Existe un error de percepción común de que, como somos estudiantes del Curso y practicamos el perdón, eso significa que no enfermaremos, o que no nos ocurrirá nada "malo"; tenemos la actitud de "esto no me pasará a mí". También es posible proyectar fácilmente en los maestros del Curso la idea de que ellos no deberían enfermar, bajo la suposición de que, puesto que son maestros, lo tienen todo resuelto. Esta es una idea tonta. Los cuerpos a veces enferman, tanto si practicas el perdón como si no. La clave del Curso es enseñarnos que podemos permanecer en la causa en lugar de ser un efecto del mundo. En otras palabras, nuestra única función es perdonar las cosas que surgen y que no nos gustan, y recordar que siempre tenemos elección con respecto a con quién observamos nuestros guiones, con el ego o con el Espíritu Santo. Estos dos sistemas de pensamiento son mutuamente excluyentes. Ocurra lo que ocurra, podemos elegir mirarlo desde *encima del campo de batalla*³ y recordar que estamos soñando. En realidad, lo que esté ocurriendo en la pantalla no nos está ocurriendo a nosotros. Simplemente estamos viendo una película que hicimos y ahora estamos reaccionando a ella. Si reaccionamos con el ego como maestro, nuestra experiencia lo reflejará. Si elegimos al Espíritu Santo, también experimentaremos su efecto, que será más pacífico.

El Curso dice que, en el deshacimiento del ego, se pasa por diversas etapas. Algunas de ellas pueden experimentarse como dolorosas, porque hemos invertido nuestra fe en la naturaleza impermanente de la vida. A veces, ocurren cosas en nuestros guiones que nos ayudan a ver con más claridad que nuestras elecciones no nos sirven. Es posible que hayamos evaluado erróneamente. Por ejemplo, en la etapa del "periodo de deshacimiento", Jesús dice: *Durante ese periodo parece como si nos estuviesen quitando cosas, y raramente se comprende en un principio que estamos simplemente reconociendo su falta de valor. ¿De qué otro modo se iba a poder percibir lo que no tiene valor, a no ser que el perceptor esté en una posición desde la que no puede sino ver las cosas de otra manera?*⁴ Cuando lees las seis etapas del deshacimiento del ego en el Manual para el maestro, es mejor no intentar averiguar en qué etapa estás, puesto que con frecuencia avanzamos y retrocedemos. Esto ocurre porque todavía vacilamos entre las distintas actitudes de aprendizaje, como el dualismo, el semi-dualismo, el no-dualismo y el no-dualismo puro. Mientras no estemos plenamente dedicados a la verdad, se producirán estos cambios. Es más útil aceptar dónde estamos y saber que desaprender lo que el ego nos enseñó es un proceso que requiere tiempo. Nuestro trabajo es no juzgar dónde nos encontramos en la escalera que lleva a la iluminación, y permitir que el Espíritu Santo sea nuestro guía y maestro a medida que le entregamos nuestros días. Él está al cargo.

Arten y Pursah —los maestros ascendidos que salen en los libros de Gary— han revelado a Gary que nosotros dos tenemos que vivir una vida más antes de nuestra aparente iluminación —a menos que practiquemos el suficiente perdón en esta vida para acabar con el ciclo de encarnaciones—. También dijeron que podría ocurrir en esta vida dependiendo de lo atentos que nos mantengamos hacia Dios y la práctica del perdón. De modo que es posible hacer el trabajo en esta vida y llegar hasta el final. Esto es válido para cualquiera, por eso estoy comentándolo. Cualquiera puede estar plenamente dedicado al sistema de pensamiento del Espíritu Santo, y usar cada dificultad como una oportunidad de perdonar, para así poder hacer un progreso tremendo en este camino. Esto me inspira a mantenerme atento y a vivir mi vida con un propósito, aprovechando cualquier reto como una oportunidad para perdonar. Esto no implica apresurar nuestra iluminación, sino permitirnos despertar con gracia. Muchos de nosotros, incluyéndome a mí misma, hemos tenido el pensamiento: "¡Simplemente quiero despertar e ir a casa!". Si bien este es un objetivo valioso, esta actitud todavía da realidad al sueño real en nuestra mente. La idea es que uno esté tan alegre y pacífico que no le importe el momento de iluminarse. Ocurrirá cuando ocurra. Además, en realidad no estamos aquí, aunque parecemos estar. En nuestra experiencia estamos aquí, pero no en la realidad. El Curso dice: *En Dios estás en tu hogar, soñando con el exilio, pero siendo perfectamente capaz de despertar a la realidad.*[5]

No he podido evitar pensar que las experiencias difíciles por las que aparentemente he pasado se han presentado todas de una vez, y han sido una lección de perdón de las que arden lentamente. Esto es similar a la lección que Pursah describió a Gary, cuando un alumno la acusó de conducta sexual inadecuada, aunque ella era inocente. Ella lo perdonó con el tiempo, pero dijo que había arruinado su carrera profesional, y tuvo que repetir el perdón durante bastante tiempo hasta perdonarlo completamente.

Finalmente encontró otro trabajo decente, pero no tan prestigioso como el que había tenido antes. Mis lecciones están tomando otra forma, pero el perdón es el mismo. No importa qué estemos perdonando; la forma podría parecer diferente, pero el contenido es el mismo. Siempre estamos perdonando nuestras propias proyecciones de separación, culpa, pecado y ataque, sobre nosotros mismos o sobre otros.

Como recordatorio para cualquiera que sea nuevo en la historia de Gary y mía, y de Arten y Pursah, Arten es mi yo futuro y Pursah es el yo futuro de Gary, y ellos —Arten y Pursah— se le aparecen a Gary con el aspecto que tendrán en su "última" vida, que ocurrirá dentro de unos cien años. En realidad, ellos son el Espíritu Santo apareciendo como Arten y Pursah con el propósito de enseñar.

Podrías preguntar: ¿Qué tiene esto que ver con el perdón? Tiene todo que ver con él, porque el verdadero perdón nos lleva a la experiencia de que el Cielo es *ahora*. El Reino de los Cielos está completamente fuera del tiempo y del espacio, brillando eternamente; una consciencia constante del amor perfecto. De modo que no tiene nada que ver con el mundo. Es una experiencia de unidad total que no puede cambiar. Esto significa que todo lo que estamos experimentando aquí, en el mundo de tiempo y espacio, es una ilusión. Es una invención. De hecho, el Curso dice:

¡El mundo no existe! Este es el pensamiento básico que este curso se propone enseñar. No todos están listos para aceptar esto, y cada cual irá tan lejos a lo largo del camino que conduce a la verdad como se permita a sí mismo ser guiado. Regresará e irá todavía más lejos o tal vez retroceda un poco para luego regresar de nuevo.

Mas la curación es el regalo que se les hace a aquellos que están listos para aprender que el mundo no existe y que pueden aceptar esta lección ahora. El hecho de que estén listos hará que la lección les llegue de una forma que ellos puedan entender y reconocer. Algunos la entienden de súbito al borde de la muerte y se levantan para enseñarla. Otros la encuentran en una experiencia que no es de este mundo, lo cual les demuestra que el mundo no existe porque lo que contemplan tiene que ser la verdad a pesar de que contradice claramente al mundo.[6]

CÓMO MIRAR AL DOLOR

De modo que el mundo es una proyección de la parte ego de la mente dividida, siendo la otra parte la "mente recta" del Espíritu Santo. Esto significa que, aunque nuestras vidas aquí parecen reales y reaccionamos a todo tipo de informaciones, por más dolorosas que sean, podemos saber que no tienen nada que ver con el Reino de los Cielos, donde no se conoce el dolor. El Curso dice: *El dolor es señal de que las ilusiones reinan en lugar de la verdad. Demuestra que Dios ha sido negado, confundido con el miedo, percibido como demente y considerado como un traidor a Sí Mismo. Si Dios es real, el dolor no existe. Mas si el dolor es real, entonces es Dios quien no existe. Pues la venganza no forma parte del amor. Y el miedo, negando el amor y valiéndose del dolor para probar que Dios está muerto, ha demostrado que la muerte ha triunfado sobre la vida y que el cuerpo es el Hijo de Dios, corruptible en la muerte y tan mortal como el Padre al que ha asesinado.*[7]

Esto no significa que debamos sentirnos culpables si experimentamos dolor físico o psicológico. En realidad, todo dolor es psicológico, puesto que el cuerpo solo es una proyección de la mente. Si el dolor está presente, podemos sentir compasión por nosotros mismos, y recordarnos amablemente que no somos el cuerpo, sino Espíritu perfecto. Es amoroso ser práctico y cuidar de uno mismo, del cuerpo, y hacer lo que haya que hacer para que esté más cómodo. El perdón se practica en la mente, y puede hacerse en combinación con cualquier clase de tratamiento que seas guiado a recibir al mismo tiempo. Pienso que es de ayuda entender la metafísica del Curso para poder aplicarlo igualmente a cualquier situación.

Una vez más, esto no tiene nada que ver con el comportamiento. Puedes ser normal, hacer lo que harías normalmente para aliviar el dolor y, al mismo tiempo, tener una comprensión más profunda de la relación entre causa y efecto. Esto significa reconocer que nada externo a nosotros nos está causando sufrimiento. No hay un fuera porque no hay mundo, solo la proyección de un mundo. Esto es una buena noticia porque significa que tienes poder sobre tu mente y sobre cómo interpretas las cosas. Si el mundo fuera la causa, no tendríamos el poder de hacer nada porque estaríamos intentando hacer que una fuente externa tenga el poder de curarnos. En eso no hay poder. Si te pones bien, es porque tu mente ha decidido estar bien, tal como la mente decide enfermar a otro nivel. La enfermedad quedó establecida al principio de la gran proyección de tiempo y espacio. Fue parte del plan de supervivencia del ego. No tiene nada que ver con Dios.

Encuentro que esta cita del Curso es muy útil cuando el ego me tienta con sus alocados juegos: Tú *eres* el Reino de los Cielos, pero permitiste que la creencia en la oscuridad se infiltrase en tu mente, por lo que *ahora necesitas una nueva luz*.[8] El ejercicio siguiente del *Libro de ejercicios* del Curso también es de gran ayuda para entrenar la mente a encontrar el aquietado centro interno:

En la última fase de cada sesión de práctica, trata de llegar muy hondo dentro de tu mente a un lugar de verdadera seguridad. Reconocerás que has llegado cuando sientas una profunda sensación de paz, por muy breve que sea. Despréndete de todas las trivialidades que bullen y burbujean en la superficie de tu mente, y sumérgete por debajo de ellas hasta llegar al Reino de los Cielos. Hay un lugar en ti donde hay perfecta paz. Hay un lugar en ti en el que nada es imposible. Hay un lugar en ti donde mora la Fortaleza de Dios.[9]

Con toda honestidad, cuando hago un esfuerzo para hacer este ejercicio, me ayuda mucho a apaciguar el parloteo del ego y a devolver la paz a mi mente. Si al principio no funciona, por favor sé amable y paciente contigo mismo, porque el ego no quiere que funcione. Si te mantienes alerta y sigues practicando, funcionará.

Para aligerar un poco las cosas, te voy a contar un chiste: dos viejos amigos, Ned y John, vivían para el béisbol. Un día John muere, y no hay manera de consolar a Ned. Unas semanas después, Ned oyó que alguien lo llamaba por su nombre. Miró hacia arriba. De pie, sobre una nube, estaba su viejo amigo.

—Ned —dijo John—, tengo buenas y malas noticias. ¡La buena nueva es que en el cielo se juega al béisbol!

—¡Genial! —dijo Ned—, ¿cuál es la mala noticia?

—Te toca ser lanzador este domingo.

NO HAY DEDICACIÓN MEJOR QUE EL PERDÓN

¿ERES UN CUERPO O ERES ESPÍRITU?

Volviendo al perdón, he oído a mucha gente decir —y también me he sentido así— que a veces parece imposible cambiar de mentalidad y elegir la realidad del Cielo en lugar de lo que estamos experimentando en el momento. Puedo decir honestamente que a veces hacer esto también me ha resultado duro. De modo que he descubierto que, cuando soltamos el juicio, hace falta un proceso, pensamiento a pensamiento, que nos lleve suavemente de vuelta a un lugar de paz. A veces, tu experiencia será que puedes cambiar de opinión muy rápido, y otras veces, no tanto. En este segundo caso, permite que tu mente recuerde que el simple hecho de que estés experimentando dificultades no significa que haya causa para sentir culpa. Después de todo, la clave del Curso es deshacer la creencia en la culpa para poder experimentar verdadera paz. Tú gobiernas el mundo que ves porque el mundo está en tu mente. Esta idea también puede ser útil. En realidad, todas las imágenes que ves son cuadros "inmóviles" hasta que los animas con tu mente. Das a todo lo que ves todo el significado que tiene para ti. En y por sí mismas las imágenes son neutrales. Tú decides cómo quieres interpretar todas las imágenes que te muestran los ojos del cuerpo. Esto te ayudará a mantenerte en una posición de poder.

No tenía ni idea de cuán identificada estaba con mi cuerpo hasta que empecé a tener problemas con él. Como he mencionado en mi historia anterior, tuve que soltar cualquier juicio con respecto a que el cuerpo es importante. Me di cuenta de que en cuanto surgía el miedo, siempre había un juicio relacionado con mi cuerpo acechando por debajo de la superficie. Por ejemplo, los pensamientos que empezaban a dominar mi mente, especialmente con relación a perder la voz durante tanto tiempo, eran de preocupación como: "¿Y si esto no se va?", "Tal vez dentro de una semana volveré a la 'normalidad'" o "No quiero que la gente piense que no estoy bien". Todos estos pensamientos eran lo que el Curso llama *pensamientos de ataque,* que le mantienen a uno enraizado en el sueño de miedo. Mi práctica se convirtió en entender que, mientras mi experiencia esté aquí en un cuerpo, tendré algunos pensamientos basados en el ego hasta que mi creencia en la culpa por la separación de Dios sea perdonada completamente.

A continuación, trataba de practicar el perdón según lo define el Curso, que revisaré en este capítulo. En cuanto me pillaba a mí misma pensando con el ego, me ponía a trabajar en cambiar mi percepción.

Recordemos juntos que en el Curso Jesús define el milagro como un cambio de percepción del pensamiento basado en el miedo —ego— al amor —el Espíritu Santo—. Además, si tenía miedo de que la gente pensase que yo no estaba bien, ¿qué era eso sino mi propio juicio de que no debía estar bien, identificada con este cuerpo, proyectando ese pensamiento sobre otras personas y olvidándome de mi realidad como plena y perfecta Creación de Dios? Esto fue un recordatorio ENORME para mí. Ahí fuera no hay nadie a quien juzgar, porque la gente no existe. El obstáculo para la paz es solo mi propio juicio sobre mí misma proyectado hacia fuera. Este mundo es muy convincente. Creo que nadie estará en desacuerdo con esta afirmación. Sin embargo, este es el truco del ego, la ilusión de tiempo y espacio que hace que parezca real.

Una de mis oportunidades de perdón ha sido practicar el soltar la idea de que tengo que ser perfecta porque enseño un documento iluminador llamado *Un curso de milagros*. Tal vez a algunos de vosotros también os suene esto. El Curso dice que enseñamos lo que aprendemos, y que aprendemos lo que enseñamos. Si es así, entonces el hecho de que enseñe el Curso solo significa que yo también estoy aprendiendo, como todos los demás. De hecho, me gusta recordarme que no debería asumir que lo he aprendido todo, pues mi aprendizaje se detendría. Sí, llegará el día en que todos nos convirtamos en la manifestación del Espíritu Santo, como hizo Jesús. Hasta que ese día llegue, tendremos aprendizaje y crecimiento, y abundantes oportunidades de perdón, que son las lecciones que ayudan a llevarnos a casa. Una vez más, si estamos usando nuestras lecciones para perdonar, ya estamos haciendo nuestra parte.

Mencioné antes que iba a definir el perdón tal como lo hace Jesús en el Curso. Jesús deja claro que el perdón —si se comprende adecuadamente— no tiene nada que ver con la conducta ni con el mundo, sino que es un cambio de percepción o reinterpretación de la relación causa/efecto. Aunque tienen buenas intenciones, la mayoría de la gente ve el perdón en un sentido más tradicional, como "que se les hizo" algo que de algún modo les causó daño o les hizo perder la paz, y ahora perdonan a esa persona por lo que les dijo o hizo. Con este tipo de perdón podríamos encontrarnos diciendo: "Ahora soy una víctima del comportamiento de esta persona, pero le perdonaré porque estoy por encima de ella y soy mejor que ella". Este tipo de perdón puede tomar muchas formas, pero el tema subyacente siempre es: "Perdono a esta persona, pero sigo siendo una víctima o he sido una víctima de ella". Esto es lo que se nos ha enseñado que significa perdonar. El Curso etiqueta esto como *perdón para destruir,*[10] porque no libera ni a la persona que se siente víctima ni al aparente perpetrador.

Esto se debe a que hemos puesto la causa del sufrimiento fuera de nosotros mismos, en lugar de ser una elección que realiza la mente del perceptor de sentirse herido o victimizado. Esto no significa que en la vida no haya experiencias en las que parecemos quedar en el extremo víctima del espectro. Solo significa que nadie externo a nosotros tiene el poder de arrebatarnos la paz de Dios que tenemos dentro a menos que le demos ese poder.

Jesús dice que queremos conservar nuestra inocencia mientras condenamos a otro para que sea él quien reciba el castigo. Esto significa que secretamente queremos que otros sean castigados y sean culpables para que Dios les castigue a ellos y no a nosotros. Esta es la retorcida versión del ego del significado de Dios. Dios se convierte en un castigador que ha de ser temido. A veces, nos castigamos inconscientemente para que Dios no nos castigue por nuestro "pecado", por haber elegido separarnos de Su amor. Jesús corrige amable y amorosamente nuestro pensamiento erróneo, y habla de lo que verdaderamente significa perdonar. Esto es lo que dice en el Prefacio del Curso:

El mundo que vemos refleja simplemente nuestro marco de referencia interno: las ideas predominantes, los deseos y las emociones que albergan nuestras mentes. "La proyección da lugar a la percepción" (Texto, capítulo 21). Primero miramos en nuestro interior y decidimos qué clase de mundo queremos ver; luego proyectamos ese mundo afuera y hacemos que sea real para nosotros, tal como lo vemos. Hacemos que sea real mediante las interpretaciones que hacemos de lo que estamos viendo. Si nos valemos de la percepción para justificar nuestros propios errores —nuestra ira, nuestros impulsos agresivos,

*nuestra falta de amor en cualquier forma en que se manifies-
te—, veremos un mundo lleno de maldad, destrucción, malicia,
envidia y desesperación. Tenemos que aprender a perdonar
todo esto, no porque al hacerlo seamos "buenos" o "caritati-
vos", sino porque lo que vemos no es real. Hemos distorsionado
el mundo con nuestras absurdas defensas y, por lo tanto, estamos viendo lo que no está ahí. A medida que aprendamos a
reconocer nuestros errores de percepción, aprenderemos también a pasarlos por alto, es decir, a "perdonarlos". Al mismo
tiempo nos perdonaremos al mirar más allá de los conceptos
distorsionados que tenemos de nosotros mismos, y ver el Ser
que Dios creó en nosotros, como nosotros.[11]*

Cuando dice que lo que estamos viendo no es verdad, está reforzando la idea de que Dios es la única realidad, y Dios, siendo
perfecto amor, no puede ser nada más. Esto es no-dualismo puro,
el sistema de pensamiento del Curso. Puede resumirse con solo
dos palabras: **Dios es.** Aquí viene otra clarificación de lo que significa estar en el Reino de los Cielos, o en el estado de Unidad con
tu Fuente o Dios:

*La unicidad es simplemente la idea de que Dios es. Y en Su Ser,
Él abarca todas las cosas. Ninguna mente contiene nada que
no sea Él. Decimos "Dios es" y luego guardamos silencio, pues
en ese conocimiento las palabras carecen de sentido. No hay
labios que las puedan pronunciar, y ninguna parte de la mente
es lo suficientemente diferente del resto como para sentir que
ahora es consciente de algo que no sea ella misma. Se ha unido
a su Fuente y, al igual que Esta, simplemente es.[12]*

Como podemos ver, para que el perdón esté justificado, tenemos que estar dispuestos a aceptar nuestra parte en la creación
de nuestras experiencias. El mundo y el cuerpo no son el tomador
de decisiones; nuestras mentes son las tomadoras de decisiones
en cualquier momento dado. Podemos decidir ver las cosas teniendo como maestro al ego o al Espíritu Santo. Esto es cierto independientemente de la forma de sufrimiento o ataque. Si solo
hay una mente soñando el sueño de la separación, cualquier cosa

que pensemos de la gente nos vuelve inmediatamente. Compartimos la misma mente porque todas las mentes están unidas. En Espíritu, esto sería evidente, pero en nuestra experiencia física no lo vemos así. Puedes aprender a verlo así y liberarte del sufrimiento, cualquiera que sea la forma que tome. ¡Esto es una noticia genial! Hace falta trabajo y mucha buena voluntad, pero puede hacerse y se hará, porque el resultado de la experiencia de estar en un mundo de tiempo y espacio es amor. Tiene que serlo, porque un mundo onírico no es un mundo real, solo un sueño. Solo el amor es real.

REPASO DEL PERDÓN

1. Identifica la causa —de tu disgusto— y recuerda que estás soñando. La causa es pensar con el ego, y no tiene nada que ver con algo externo a ti, sea una persona, un lugar o una cosa. Por tanto, puedes cambiar de mentalidad al respecto y recordar que la mente libre de culpa no puede sufrir.

2. Suelta la causa —o tu interpretación del problema tal como tú los has establecido— y perdona tus imágenes proyectadas, y a ti mismo por soñarlas.

3. Acepta la Voluntad de Dios en lugar de lo que hiciste. La Voluntad de Dios es que seas tal como Él te creó en alegría, paz, amor e inocencia. Cuando tú das los dos primeros pasos aquí descritos, este tercer paso es automático, y constituye la corrección feliz del Espíritu Santo. De modo que estás entregándoselo todo al Espíritu Santo y eligiendo Su Fuerza.

Los pasos anteriores son un ejemplo de cómo puedes practicar el arte del perdón y hacer de él un hábito feliz. Tal vez ahora tenga más sentido la siguiente declaración del Curso: *El perdón reconoce que lo que pensaste que tu hermano te había hecho en realidad nunca ocurrió. El perdón no perdona pecados, otorgándoles así realidad. Sencillamente ve que no se cometió pecado alguno. Y desde este punto de vista, todos tus pecados quedan perdonados. ¿Qué es el pecado sino una idea falsa acerca del Hijo de Dios? El perdón ve simplemente la falsedad de dicha idea y, por lo tanto, la descarta. Lo que entonces queda libre para ocupar su lugar es la Voluntad de Dios.*[13]

A la mayoría de la gente se la educa en la creencia de que el "pecado" es real. En un punto u otro, muchos de nosotros probablemente nos hemos hecho la siguiente pregunta: ¿Cómo es posible que un Dios de amor sea también un Dios de odio? Un padre que amase a sus hijos, ¿querría enseñarles que son seres culpables y pecaminosos? Por suerte, Dios es incondicionalmente amoroso y su amor no cambia por el hecho de que nosotros hayamos elegido olvidarnos de Él. Dios no se ha olvidado de nadie, ni deja fuera a nadie. Este es el perfecto Reino de los Cielos, el hogar al que todos estamos volviendo, aunque en realidad nunca nos hayamos ido. *El viaje a Dios es simplemente el redespertar del conocimiento de donde estás siempre y de lo que eres eternamente.*[14]

Este viaje no requiere que vayamos a ningún lugar externo, solo dentro de nosotros. Podemos usar las historias de nuestras vidas como viajes a la naturaleza de nuestro verdadero Ser y a despertar del sueño, siempre que las usemos con este propósito. Cuando vengan los tiempos duros y te sientas cansado con respecto al camino que tienes por delante, recuerda:

Si te sientes triste, todavía sigues siendo tal como Dios te creó en la alegría.

Si te sientes ansioso, todavía sigues siendo tal como Dios te creó en la paz.

Si te sientes lleno de incertidumbre, todavía sigues siendo tal como Dios te creó en Su certeza de lo que eres.

Si te sientes atemorizado, todavía sigues siendo tal como Dios te creó en amor perfecto.

Dios te conoce tal como en verdad eres. Su amor es perfecto, pleno y completo. Tú eres parte de Él, y por lo tanto tú también eres perfecto, pleno y completo.

A medida que reflexiono sobre lo que ha sido mi vida hasta ahora, con sus alegrías, sus penas y sus aventuras intrigantes, concluyo que ha sido un viaje interesante. Las comprensiones que me han llegado mientras he estado callada durante varios meses por tener la voz ronca han sido provocadoras, inspiradoras e iluminadoras. Han requerido bastante perdón de mi parte, porque no me daba cuenta de lo apegada que estaba al cuerpo hasta que las cosas empezaron a ir "mal" en él. En realidad, no hay nada que esté mal, pero estamos entrenados para juzgar inmediatamente que algo es malo, cuando desde nuestro punto de vista no podemos saber qué es lo mejor para nosotros.

Quiero decir a cualquiera que sienta incertidumbre con respecto a algo, o que se sienta temeroso o ansioso, que puede ser de gran ayuda recordar que el mundo acabó hace mucho y que el guion ya está escrito. Siendo así, lo único que tenemos que hacer es perdonar cualquier cosa que parezca surgir ante nosotros en cualquier momento dado. A veces puede surgir miedo al juicio de otros, pero recuerda, eso solo es nuestro juicio sobre nosotros proyectado en otras personas. De modo que también podemos perdonarlo. Esta puede ser la parte más dura. Nos importa mucho lo que otros piensen, y eso hace el mundo más real de lo que tiene que ser. He descubierto que, cuanto más ponemos nuestra fe en el Espíritu Santo —en lugar de confiar en nuestra propia fuerza— y dejamos que Dios sea la Fuente de nuestra fuerza y aprovisionamiento, vemos que la incertidumbre empieza a disolverse. Y en su lugar hay paz. Cuando confiamos en nuestra propia fuerza, en esencia estamos diciendo que sabemos qué es mejor para nosotros y que conocemos los resultados que más nos convienen. En realidad, no lo sabemos. Solo el Espíritu Santo sabe eso, y puedes confiar en su sabiduría.

Así, cualquiera que sea la situación en la que te encuentres, sé bueno, amable y paciente contigo mismo. En realidad, la paciencia solo es necesaria cuando no estamos en un estado inspirado. Cuando estamos verdaderamente en estado de inspiración, estamos en el ahora eterno y el tiempo no importa, simplemente desaparece. ¡El Espíritu Santo nos cubre las espaldas! Lo sé y lo he experimentado de muchas maneras, y sé que tú también. **Si está ocurriendo algo en tu vida que es un símbolo de miedo para ti, como problemas corporales, o preocupación por el estado del mundo, recuerda que el cuerpo no te hace libre... Es la *verdad* la que te hace libre.**

Me gustaría cerrar este capítulo con la siguiente cita sobre el perdón tomada del Curso:

¡Imagínate cuán hermosos te parecerán todos aquellos a quienes hayas perdonado! En ninguna fantasía habrás visto nunca nada tan bello. Nada de lo que ves aquí, ya sea en sueños o despierto, puede compararse con semejante belleza. Y no habrá nada que valores tanto como esto ni nada que tengas en tanta estima. Nada que recuerdes que en alguna ocasión hiciera cantar a tu corazón de alegría te brindó ni una mínima parte de la felicidad que esta visión ha de brindarte. Pues gracias a ella podrás ver al Hijo de Dios. Contemplarás la belleza que el Espíritu Santo adora contemplar y por la que le da gracias al Padre. Fue creado para ver esto por ti hasta que tú aprendas a verlo por ti mismo. Y todas sus enseñanzas te llevan a esa visión y a dar gracias con Él.

Esta belleza no es una fantasía. Es el mundo real, resplandeciente, puro y nuevo en el que todo refulge bajo la luz del sol. No hay nada oculto aquí, pues todo ha sido perdonado y ya no quedan fantasías que oculten la verdad. El puente entre ese mundo y este es tan corto y tan fácil de cruzar, que nunca te hubieras podido imaginar que fuese el punto de encuentro de mundos tan dispares. Mas este corto puente es la cosa más poderosa conectada a este mundo. Este ínfimo paso, tan pequeño que ni siquiera has reparado en él, es un salto que te lleva a través del tiempo hasta la eternidad, y te conduce más allá de toda fealdad hacia una belleza que te subyugará y que nunca cesará de maravillarte con su perfección.[15]

Te invito a que dediques un momento a meditar sobre el significado profundo de esto. Deja que penetre y que se marine en tu mente, que la impregne un rato, como si estuvieras preparando un té en una fría noche de invierno. El amor que sentimos por Dios brilla con fuerza dentro de nosotros, y queda demostrado cada vez que perdonamos verdaderamente a un hermano. Dios *no* nos ha olvidado... Su único Hijo. A través del perdón, nosotros Le recordamos *a Él*.

PÁGINA PARA NOTAS PERSONALES

_____

_____

_____

_____

_____

_____

_____

_____

_____

_____

_____

_____

_____

_____

_____

_____

_____

_____

_____

_____

CAPÍTULO 3

CUANDO EL EGO DEVUELVE EL GOLPE

Cuando alguna cosa te parezca ser una fuente de miedo, cuando una situación te llene de pavor y haga que tu cuerpo se estremezca y que el frío sudor del terror lo envuelva, recuerda que siempre es por la misma razón: el ego ha percibido la situación como un símbolo de miedo; como un signo de pecado y de muerte.[1]

Mientras escribo esto el dos de marzo de 2022, Rusia se ha apoderado de partes de Ucrania, iniciando una guerra. Un millón de personas ya han huido del país, y cientos ya han muerto. Muchos de nosotros queremos ayudar, pero nos sentimos impotentes desde la distancia, contemplando el despliegue de las atrocidades desde nuestras pantallas de televisión. Como he dicho antes, puedes ser un estudiante del Curso y practicar el perdón al nivel de la mente, y ser guiado en cuanto a si también puedes ser útil en el mundo. Mi intención no es analizar esta guerra, sino guiar y asistir, recordando a la gente que, cuando el ego se siente amenazado, siempre monta una buena pelea. Si una figura de nuestro sueño elige atacar otro país, esa persona tiene mucho miedo y está pidiendo amor. Esto puede resultar difícil de aceptar cuando el resultado puede ser la muerte de miles de personas. Es posible que conozcas personalmente a alguien que esté siendo afectado por esta guerra, o puedes tener familiares viviendo allí. Es normal hacer lo posible por ayudar. También está bien apenarte si lo necesitas, o echar una mano donde sea necesario si te sientes inspirado a hacerlo. A veces tenemos que pasar por nuestro propio proceso, que no siempre es parecido al de otros, y esto también está bien. Todo aquello que parece ocurrirnos y que nos resulta difícil siempre es para perdonar.

Al mismo tiempo, si en situaciones así todos nos acordamos de que solo hay uno de nosotros —una mente proyectando el sueño—, y que tal como veas al otro así te verás a ti mismo, esto tiene que aplicarse a todos, incluso a los que cometen el crimen más atroz que puedas imaginar. Además, como estudiantes del Curso, podemos recordar que lo estamos soñando todo, tanto las imágenes que aparecen en nuestros sueños nocturnos como en los sueños de vigilia. La guerra siempre es una representación de la guerra que el ego piensa que libra con Dios; a continuación, ese pensamiento se proyecta y se despliega como guerra en un mundo inventado. Todo ello es un truco del ego para hacer que nos olvidemos de la mente y de que somos tomadores de decisiones.

Asimismo, todos tenemos elección en cuanto a qué dejamos entrar en nuestra mente y qué imágenes elegimos ver en nuestras pantallas de televisión, o en la vida en general. Por tanto, si estás viendo algo que te altera y sientes una sensación horrible en la boca del estómago, siempre puedes considerar si te resulta útil seguir viendo esas imágenes. Yo misma llegué a ser muy buena en esto. Finalmente tuve que decir basta, volverme hacia dentro y perdonar. Esto resulta difícil de hacer en un mundo donde las imágenes están por doquier, y se retransmiten una y otra vez, como le gusta al ego. Se trata de mantener a la gente en un estado de miedo y conflicto perpetuos mediante el uso de imágenes y símbolos. Esto no significa que no puedas averiguar lo que está pasando en el mundo, pues podrías sentirte inspirado a hacer algo para ayudar, lo cual es una noble iniciativa. Con relación a los símbolos, la segunda parte de la cita que viene al principio del capítulo dice: *Recuerda entonces que ni el signo ni el símbolo se deben confundir con su fuente, pues deben representar algo distinto de ellos mismos. Su significado no puede residir en ellos, sino que se debe buscar en aquello que representan. Y así, puede que no signifiquen nada o que lo signifiquen todo, dependiendo de la verdad o falsedad de la idea que reflejan.*[2]

Esta cita dice que la mente siempre es la fuente o causa de cómo te sientes, independientemente de las imágenes que te muestren los ojos del cuerpo. El mundo es la pantalla sobre la que proyectamos nuestros pensamientos. Aunque sepamos esto, hace falta mucha práctica hasta que se convierta en nuestra experiencia, al menos para la mayoría de la gente. Sé tolerante, amable y paciente contigo mismo mientras deshaces los "viejos" sistemas de creencias y permites que sean reemplazados por otros nuevos. Nuestras antiguas creencias pueden haber *parecido* nuestras amigas durante un tiempo, pero eso es autoengaño. En cambio, soltarlas y dejar que sean reemplazadas por el sistema de pensamiento del Espíritu Santo es como tener un buen amigo con el que puedes contar y que está libre de cualquier tipo de juicio o ataque. Puedes confiar en el Espíritu Santo porque Él conoce la verdad con respecto a ti. Tú no puedes pecar, y sigues siendo tal como Dios te creó, una creación perfecta del amor.

Volviendo a los símbolos, no todos los medios de comunicación son negativos, y es sabio usar el discernimiento y encontrar aquellos canales o fuentes que te elevan e inspiran, en lugar de agotarte y reducir tu energía. A riesgo de sonar demasiado "Nueva Era", hay algo que se debe decir con respecto a estar en un estado de alta vibración. Cuando estás en un estado de alta vibración, en el que te encuentras cuando estás inspirado, elevas tu frecuencia. Cuando elevas tu frecuencia, es más probable que estés en un estado mejor de salud mental, lo que a veces puede afectar positivamente a tu salud física. Yo he tenido que renunciar a ver ciertas imágenes en televisión y, en lugar de verlas, perdonarlas. Simplemente me siento mejor. Una puede averiguar lo que está pasando en el mundo de muchas maneras, y muchas de ellas no agotan tu energía. No tenemos que desvincularnos del mundo; más bien, se trata de usar el discernimiento y tener en cuenta cómo te estás sintiendo. En cuanto a cómo vivir tu vida, no hay una talla universal.

CÓMO CONTEMPLAR LA GUERRA DESDE LA PERSPECTIVA DEL CURSO

Con respecto a la guerra, el Curso dice que el ego está inconscientemente en guerra con Dios. Dios no va a la guerra, Él solo ama. De modo que cualquiera que ataque a otro debe estar en un estado de miedo total y se está atacando a sí mismo. El Curso lo expresa así: *Cada vez que respondes a la llamada del ego estás haciendo un llamamiento a la guerra, y la guerra ciertamente te priva de la paz. Mas en esta guerra no hay adversario. Esta es la reinterpretación de la realidad que tienes que hacer para asegurar tu paz, y la única que necesitas hacer. Los que percibes como adversarios forman parte de tu paz, a la cual renuncias cuando los atacas. ¿Cómo se puede tener aquello a lo que se renuncia?*[3]

Este cambio de percepción no es fácil de practicar, y deberíamos ser amables y pacientes con nosotros mismos cuando nos tomamos muy personalmente algo que vemos en el mundo. Esto no significa que tengas que estar de acuerdo con alguien o con las decisiones que toma. Significa que puedes liberarte del sufrimiento viendo el acto cruel de esa persona como una petición de amor. Nuestro trabajo es perdonar lo que tengamos delante de nuestros ojos en cualquier momento dado, y a partir de ahí ser guiados a medida que soltamos el apego a resultados específicos.

Cuando uno está alineado con el Espíritu Santo ante una guerra, la inspiración puede llevarle a crear más programas de ayuda para las personas que sufren, y enseñarles algunas herramientas y técnicas para gestionar el miedo y las inseguridades en un entorno seguro y amoroso. Esto podría comenzar con los jóvenes en nuestras escuelas, y expandirse para incluir a la población adulta. Asimismo, sería bueno educar a la gente en cómo encontrar su centro. Según Arten y Pursah, los maestros de los libros de Gary, Platón tuvo una academia en Atenas que fue la primera institución para la enseñanza superior. Una de las ideas de la Academia era enseñar ética a la gente, y desarrollar el intelecto de los estudiantes de modo que hicieran un mundo mejor. Aunque el Curso se enfoca en el despertar *del* mundo, la mayor parte del mundo no practica el Curso, de modo que le convendría tener más centros de enseñanza así mientras las personas crean estar aquí. Este es un ejemplo de cómo el amor puede reflejarse en el mundo, junto con las enseñanzas del perdón.

También puedo decir desde la experiencia que el método del Curso de encontrar el centro aquietado y residir ahí durante un rato cada día ayuda mucho a aliviar el estrés y la ansiedad. El Curso dice: *Mas este lugar de reposo al que siempre puedes volver siempre estará ahí. Y serás más consciente de este tranquilo centro de la tormenta, que de toda su rugiente actividad. Este tranquilo centro, en el que no haces nada, permanecerá contigo, brindándote descanso en medio del ajetreo de cualquier actividad a la que se te envíe. Pues desde este centro se te enseñará a utilizar el cuerpo impecablemente. Este centro, del que el cuerpo está ausente, es lo que hará que también esté ausente de tu conciencia.*[4]

Cuando Jesús dice "no hagas nada", se refiere a no hacer nada con el ego como maestro. Encuentra ese lugar de descanso donde el ego se deja a un lado y no te enfoques en el cuerpo. Esto te abre a recibir la inspiración y guía del Espíritu Santo. Como siempre, cualquier forma de meditación o interiorización requiere práctica. Para mantener la disciplina de silencio, este tiene que ser totalmente deseado. No me daba cuenta de la cantidad de pensamientos intrusivos que tenía en mi mente hasta que perdí la voz durante largo tiempo. Como he mencionado antes, cuando tienes que estar callado, adquieres una perspectiva diferente de la mente y lo activa que está. Pasamos demasiado tiempo hablando, especialmente cuando vivimos con más gente. Suelo decir, a modo de chiste, que todos deberíamos dejar de hablar un rato y hacer un retiro de silencio en algún momento de nuestra vida. Para las personas podría ser un experimento interesante notar lo cómodas que se sienten consigo mismas en un espacio de serenidad y silencio. Siempre me ha ido muy bien cuando estoy en silencio porque soy más introvertida que extrovertida. Hablo cuando hay una buena razón para ello, como por ejemplo mi función docente. Me sentiría bien viviendo en un monasterio sin tener que hablar mucho. No obstante, también tengo un lado sociable, y si me pongo, puedo hablar por los codos.

No todo el mundo dispone de un sistema de pensamiento al que adherirse y que le ayude a superar circunstancias difíciles, o de un círculo de apoyo con amigos y familiares positivos. El mundo está en una crisis moral, y muchas personas se limitan a seguir las órdenes de sus líderes, incluso cuando eso significa matar a miles de personas. Algunos pueden temer por su vida si desobedecen a las autoridades, y por tanto hacen lo que sienten que necesitan para estar seguros y cuidar de sus familias. Otros pueden sentir que no hay otro modo de solventar el problema. Si más personas que están en posiciones de "poder" levantaran la voz para decir: "Esto no está bien y no mataremos a miles de inocentes", el mundo cambiaría radicalmente. Cuando incontables personas dicen "sí" al asesinato, esto favorece a líderes de pensamiento inestable y tendentes a ataques y asesinatos crueles. ¿Es este el tipo de líder al que uno quiere seguir? Si suficientes personas levantaran la voz y dijeran: "Nosotros no vamos a hacer eso", habría menos sufrimiento y menos muertes, y se promovería otra manera de resolver los problemas.

Esto no significa que las personas que ya están en una situación así deban sentirse culpables. Cuantas más personas se den cuenta de que las leyes del Espíritu anulan las leyes del mundo, mayor será el efecto de un mundo más amoroso. La gente del mundo seguirá luchando hasta que tenga paz interna. Esto no puede ocurrir sin una educación y un entrenamiento adecuados. El tipo de cambio del que estoy hablando no sucede de la noche a la mañana. Estoy hablando de iniciar un proceso de educar a la gente para encontrar soluciones pacíficas a los problemas, en lugar de violentas. Los estudiantes del Curso están entrenados para mirar al mundo ilusorio a través de los ojos del perdón. La mayor parte del mundo no tiene este tipo de entrenamiento, de modo que lo mejor que podemos hacer como estudiantes del Curso es demostrar otra manera de responder al ataque, es decir, de vivir sus principios en la vida cotidiana.

Hay algo con respecto a la idea de tiempo y a la naturaleza de las dimensiones de lo que me gustaría hablar aquí. En la ilusión hay muchas versiones distintas de la Tierra, todas ellas ocurriendo simultáneamente. Si algo parece haber cambiado en el mundo, puede ser que *tú* hayas cambiado a una versión diferente de la Tierra. La otra Tierra sigue adelante como siempre. En realidad, nunca cambiamos el mundo, cambiamos de mentalidad con respecto al mundo, y entonces podemos experimentar —literalmente— un mundo distinto. A veces, cambiamos de dimensión temporal sin darnos cuenta. En una versión de la tierra puede haber bombardeos y miles de personas mueren. En otra versión, se produce una solución pacífica al problema. Uno no debería usar esto para determinar dónde se encuentra en su crecimiento espiritual. Lo importante, veas las imágenes que veas, es: ¿estás perdonándolas? Incluso si has cambiado de dimensión, es posible que todavía "veas" imágenes horribles y asesinatos sangrientos, pero tu respuesta será más pacífica. Esas imágenes ya no afectarán a la paz de Dios dentro de ti. Esto no significa que no te importe nada o que no ayudes. Significa que tu mente se está volviendo más pacífica, y puedes estar en una posición mejor para ayudar de verdad a otros.

La mayoría de nosotros estamos entrenados para sentir el dolor de otras personas cuando estamos con ellas porque eso es lo que pasa por ser amoroso. Ser amoroso es tener empatía y apoyar a la gente, pero no cargar con su dolor. Esto puede hacerse de la manera más amorosa y grácil, y puede dar a la persona otra perspectiva sobre cómo puede elegir experimentar la situación. Debo reiterar que sanas a tu hermano percibiendo su plenitud, inocencia y su realidad amorosa tal como Dios lo creó. Entonces envías un mensaje directo a tu propia mente de que tú también eres valioso.

LA INSPIRACIÓN PRODUCE INTEMPORALIDAD

A veces, la vida puede parecer muy atemorizante, de esto no hay duda. Yo he tenido muchos momentos de miedo y ansiedad. A veces, el dolor psicológico puede sentirse con más intensidad que el físico. Todo es un proceso mental, aunque estés experimentando síntomas físicos. Si es un proceso mental, la buena nueva es que puede cambiar de mentalidad al respecto. Si la culpa por la creencia en la separación es la causa de todo temor, perdonar la culpa en nuestras mentes va directo a la fuente del problema. A veces, la culpa está profundamente enterrada en el inconsciente y, si es así, el Espíritu Santo desempeñará su parte en sanarla mientras nosotros hacemos nuestra parte y perdonamos. He descubierto que la cita siguiente es de gran ayuda en los momentos en que mi ego tiene miedo: *Aprender a aislar este segundo y a experimentarlo como algo eterno es empezar a experimentarte a ti mismo como no separado. No tengas miedo de que no se te vaya a ayudar en esto. El Maestro de Dios y su lección respaldarán tu fortaleza. Es solo tu debilidad la que se desprenderá de ti cuando comiences a practicar esto, pues al hacerlo experimentarás el Poder de Dios en ti.*[5]

El Espíritu Santo te ayudará cada vez que te esfuerces por hacer esto. **Una de las maneras de experimentar un momento intemporal es estar en un estado de inspiración.** Cuando estás en ese estado, el tiempo desaparece porque no te enfocas en él. ¿Te has concentrado alguna vez en algo que te gusta tanto que se te olvida todo lo que te rodea? El tiempo ni siquiera parece existir. Eso es estar en un estado inspirado. La alegría del momento pasa por alto cualquier otra cosa. En esos momentos tú eres intemporal. También te estás abriendo a recibir más inspiración del Espíritu Santo. Así también es como puedes conectar con tus seres queridos que hayan fallecido. Es más probable que seas capaz de oírlos y de comunicar con ellos si estás en un estado de alta vibración. Elegir el amor y la alegría del Espíritu Santo, en lugar del ego, tiene muchos beneficios. Tu estado de ánimo te dirá a qué maestro estás escuchando en cualquier momento dado; préstale atención.

Otra cosa que me resulta muy útil para cambiar mi percepción del ego al Espíritu Santo es pensar en este mundo como una experiencia de realidad virtual. Esto me recuerda cuando Gary y yo fuimos a un teatro de realidad virtual con mi hermana Jackie y su marido Mark. Elegimos el tema de los dinosaurios. Realmente fue una experiencia fascinante y parece tan real como cualquier otra cosa. Nos dijeron que nos pusiéramos unas gafas y que entráramos en una habitación. Cerraron las puertas detrás de nosotros y la película empezó. Se nos acercaban criaturas por todos lados; estábamos volando por el aire, y vimos todo tipo de paisajes y edificios. A veces, las criaturas venían directamente hacia nosotros y podíamos acercarnos y experimentar la ilusión de tocarlas, lo que se sentía *muy* real. En el fondo de mi mente no podía evitar pensar: "Oh, Dios mío, esto es exactamente lo que está pasando con la película que llamamos nuestras vidas o encarnaciones". Literalmente estamos teniendo una experiencia de realidad virtual. Vemos y oímos cosas que no están ahí, y estamos atrapados en las historias que vemos porque las sentimos muy reales. ¿Dónde estamos *en realidad?* Todavía estamos en casa en Dios, soñando que estamos viendo una película, como en el teatro de realidad virtual. En realidad, estás de pie en una plataforma con las gafas puestas, aunque sientas que eres un participante activo en las escenas de la película.

Esta analogía puede ayudarte a recordar la verdad cuando te sientas deprimido, solitario o atemorizado. Tendemos a interpretar el ir hacia dentro como un signo de debilidad, cuando en realidad es un signo de fuerza. El Curso nos explica que tenemos miedo de ir hacia dentro porque: *[El ego] Te pide imperiosamente que no mires dentro de ti, pues si lo haces tus ojos se posarán so-*

bre el pecado y Dios te cegará. Esto es lo que crees, por lo tanto, no miras.[6] Esto es inconsciente para nosotros. En la superficie, la mayoría de nosotros no tenemos ni idea de que, profundamente enterrado en la mente inconsciente, hay un sistema de pensamiento cruel y atemorizante. Una vez que reconocemos la idea, podemos recuperar nuestro poder perdonándonos a nosotros mismos por la creencia en el pecado.

He descubierto que, cuando tengo un problema y me tomo el tiempo de mirar muy honestamente con Jesús cuáles son mis miedos, esto ayuda a liberar parte de la carga que supone aferrarme a dichos miedos. También es de ayuda permitirte *sentir* esos miedos, pero sin identificarte con ellos. A continuación, practica mirarlos sin juicio. Podrías decirte a ti mismo la siguiente frase del *Libro de ejercicios* del Curso: *Podría ver paz en lugar de esto.*[7] La idea es pensar cada pensamiento temeroso que tengas en tu mente y reemplazarlo por la frase anterior. Puedes hacerlo hasta que sientas una sensación de alivio. Esta lección te dice amablemente que, si tus pensamientos te están causando algún tipo de molestia, puedes cambiar de mentalidad con respecto a ellos.

A veces, llegamos a una etapa de nuestro viaje en la que se nos da la oportunidad de ver las cosas bajo otra luz. Estas experiencias a menudo pueden darnos miedo porque toda nuestra identidad —quienes pensamos que somos— se pone en cuestión. Nuestros apegos al mundo y a nuestros cuerpos están siendo sacados a la superficie. En el *Manual para el maestro* del Curso hay una sección en la que Jesús habla de los Maestros de Dios y dice:

Un maestro de Dios es todo aquel que decide serlo. Sus atributos consisten únicamente en esto: de alguna manera y en algún lugar eligió deliberadamente no ver sus propios intereses como algo aparte de los intereses de los demás. Una vez que hizo esto, su camino quedó establecido y su dirección asegurada. Una luz penetró en las tinieblas. Tal vez haya sido una sola luz, pero con una basta. El maestro de Dios hizo un compromiso con Dios, aunque todavía no crea en Él. Se convirtió en un portador de salvación. Se convirtió en un maestro de Dios.[8]

Por tanto, como puedes ver, no hay un grupo "especial" de personas que estén llamadas a ser maestros. Todo el mundo tiene la misma oportunidad de elegir demostrar el amor en lugar del miedo. Una vez que empiezas a entender la idea de que eres uno con todos, y que *su* bienestar es *tu* bienestar, sigues pasando por las diferentes etapas del deshacimiento del ego como parte del desarrollo de la confianza en el Espíritu Santo. Todo el mundo pasa por estas etapas durante su camino hacia el despertar. Antes mencioné que algunas de estas etapas pueden experimentarse como temibles. En la segunda mitad de 2021 y el comienzo de 2022 sentí que estaba en una de esas etapas que Jesús comenta que pueden experimentarse como atemorizantes. Él se refiere al dolor mental, no al físico. Así se habla del maestro de Dios en el siguiente pasaje del Manual para el maestro:

> *En primer lugar, tienen que pasar por lo que podría calificarse como "un periodo de deshacimiento". Ello no tiene por qué ser doloroso, aunque normalmente lo es. Durante ese periodo parece como si nos estuvieran quitando cosas, y raramente se comprende en un principio que estamos simplemente reconociendo su falta de valor. ¿De qué otro modo se iba a poder percibir lo que no tiene valor, a no ser que el perceptor esté en una posición desde la que no puede sino ver las cosas de otra manera? Aún no ha llegado al punto en el que puede efectuar el cambio interno totalmente. Por eso, el plan a veces requiere que se efectúen cambios en lo que parecen ser las circunstancias externas. Estos cambios son siempre beneficiosos. Una vez que el maestro de Dios ha aprendido esto, pasa a la segunda fase.*[9]

Siempre me resulta refrescante que tengamos elección con respecto a *cómo* experimentamos algo. No obstante, Jesús menciona que esta etapa a menudo es dolorosa porque todavía estamos aprendiendo lo que es valioso y lo que no tiene valor. En realidad, no lo sabemos. Simplemente pensamos que sabemos lo que es bueno para nosotros y lo que nos hará felices. Y tampoco sabemos eso. No tenemos que intentar analizar en qué etapa estamos porque es probable que estemos yendo y viniendo entre etapas.

Cuando estaba experimentando que algunos de mis sentidos físicos tenían una funcionalidad reducida, esta fue mi sensación durante algún tiempo: sentí que me estaban quitando cosas. Sin embargo, a un nivel más profundo sabía que se me estaba dando una oportunidad de ver las cosas bajo otra luz; de soltar el apego a que mi cuerpo sea perfecto. La cuestión es que, cuando parece que te quitan los sentidos físicos, te quedas con tus pensamientos. Esto te permite ver en qué has estado poniendo tu atención y tu fe. A veces, puedes sentir como si el ego fuera una máquina que no para y tampoco se puede apagar. La voz del ego puede llegar ser muy ruidosa, y es el sistema de pensamiento al que nos aferramos por defecto hasta que aprendemos a cambiar de mentalidad para reflejar el sistema de pensamiento del Espíritu Santo. También puede ser de ayuda trabajar en la liberación de las emociones reprimidas, que pueden haber estado enterradas durante muchos años. Puedes saber si necesitas trabajo emocional por cómo te sientes. Si eres sensible a ciertos temas hasta el punto de reaccionar emocionalmente con algún tipo de miedo o molestia, esto es una señal clara de que hay emociones bloqueadas. O puedes tener una sensación incómoda en la boca del estómago que no se va; esta es otra señal. Una vez que despejas los bloqueos emocionales, puedes dejar descansar el pasado y enfocarte en perdonar *ahora*.

A veces necesitamos sentir el dolor y sacarlo a la superficie porque lo hemos hecho real. A continuación, podemos comenzar el proceso de mirar más allá de él. Los pensamientos vienen primero. Tenemos ciertos pensamientos y después reaccionamos emocionalmente. La mente es la directora de nuestros pensamientos. El Curso nos pregunta: ¿A qué sistema de pensamiento quieres serle fiel, al ego o al Espíritu Santo? Cuanto más entrenamos nuestra mente para que no deambule hacia el olvido, más capaces somos de gestionar nuestros pensamientos y, a continuación, nuestras emociones.

Si la dejo, mi mente es una gran experta en divagar, lo cual sería genial si me enfocara más en dejar que divague con convicción hacia la luz de la verdad. Esta es una parte dura: tener la convicción de que conseguiremos el éxito puede resultar difícil. Pero podemos lograrlo con paciencia y perseverancia. En cualquier caso, el éxito es algo que tenemos que desear totalmente.

De modo que no podemos esperar que el ego se deshaga sin luchar. El cuerpo, que forma parte de nuestra creencia con respecto a nosotros mismos, no es nada. Es como un muñeco que responde a los pensamientos de la mente. No podemos esperar que el ego acepte esta idea. Quiere que el cuerpo sea real e importante. Lo que verdaderamente importa es nuestro estado mental. ¿Estamos siendo amorosos e indulgentes con nosotros mismos y con otros? ¿Estamos aquí solo para ser de verdadera ayuda? Si la respuesta es sí, y lo decimos en serio, nuestro camino de avance nos parecerá menos tortuoso. Sin embargo, es muy importante señalar que esto no significa que no cuidemos del cuerpo. Descuidarlo no sería muy sabio ni amoroso. Mientras creamos en alguna medida que estamos en un cuerpo, necesitamos cuidar de él. Si fueras un Maestro como Jesús, podrías ser capaz de curarte a ti mismo con elegancia, pero, hasta que lleguemos a ese punto, nos conviene ser normales y cuidarnos.

Cuanto más te acercas a la verdad, más rápido devuelve el golpe el ego. Es como en la Guerra de las Galaxias. Están el lado luminoso y el lado oscuro, y el ego representa el lado oscuro de la fuerza. No quiere nada bueno. Recuerda: no debes tener miedo del ego, porque en realidad él no es tú. Es normal que pasemos por algunas fases de miedo durante el proceso de aprendizaje de lo que realmente somos. En realidad, no hay nada que temer, porque **solo el amor es real.** Sería agradable que todos pudiéramos aceptar siempre esta idea. Deshacer el ego es un proceso, y generalmente requiere muchas vidas ilusorias de aprendizaje. Hay algunas excepciones, como Jesús y Buda, que no compraron el sueño tanto como otros, de modo que tuvieron como unas 40 vidas cada uno, a diferencia de los cientos y miles que tenemos la mayoría. Esto no implica que debamos sentirnos mal por ello. Recuerda, en realidad no estamos aquí. Esto es un sueño. Todavía estamos en casa en Dios, perfectamente plenos, inocentes, seguros e incondicionalmente amados. Este es un pensamiento reconfortante que podemos tener en tiempos traicioneros: *Si el objetivo de autonomía del ego se pudiera lograr, el propósito de Dios podría ser truncado, y eso es imposible.*[10] Nuestra seguridad reside en el hecho de que seguimos siendo como Dios nos creó, independientemente de nuestros sueños. Además, nuestra estancia en la tierra tiene un propósito. Es recordar que fuimos creados en alegría, inocencia y paz. Somos seres eternos y no podemos morir. Alcanzamos esto mediante la práctica del verdadero perdón. Así es como el Espíritu Santo nos ayuda a sanar nuestros sueños de separación. Todos nuestros talentos, intereses y aficiones forman parte de un guion. Cuando nos sentimos animados con respecto a algo, esto es un símbolo positivo de que estamos en el buen camino, y sería de sentido común seguir a esos sentimientos de alegría. Son parte de tu camino de Expiación que te ayuda a recordar quién eres. Tal como lo ve el Espíritu Santo, el mundo puede ser usado para un propósito positivo. Si empiezas a apegarte a los resultados de cualquier objetivo que te propongas, procura ser consciente de ello. Esto es un montaje del ego. El Curso dice: *Por eso es por lo que el ego se ve obligado a cambiar incesantemente de un objetivo a otro, para que sigas abrigando la esperanza de que todavía te puede ofrecer algo.*[11] Lo importante aquí es que nada externo a nosotros puede darnos la paz de Dios. Por más dinero que tengamos, por más prestigioso que sea nuestro trabajo o por más que hayamos acumulado aquí, eso no significa nada en el mundo del Espíritu. Lo que importa es: ¿Te amaste a ti mismo y a los demás? ¿Perdonaste en lugar de juzgar? **En el Espíritu nadie lleva la puntuación, y no se condena a nadie. Lo único relevante es la capacidad del Alma de conocer su propia valía y de recordar quiénes somos.**

Si alguna vez te sientes triste porque el mundo es una ilusión, por favor, recuerda que eso no significa que no puedas disfrutarlo. Puedes tener experiencias de aprendizaje felices. Gary y yo siempre estamos recordándonos que podemos divertirnos más si sabemos que no tenemos que tomarnos las cosas tan en serio. ¡Somos seres eternos! No podemos morir y nunca seremos juzgados, ¡jamás! Si hay juicio, solo es un auto-juicio, que puede ser perdonado. Esto se debe a que solo hay uno de nosotros. En realidad, todo juicio solo es un auto-juicio proyectado afuera. Hace falta práctica para creer esto en un mundo donde parece que se juzgan unos a otros por algo. Asimismo, hay momentos en los que podríamos toparnos con un obstáculo, y sé que no siempre será fácil acordarse de reír. Podrías encontrarte alternando durante mucho tiempo entre un estado de miedo y otro de alegría y risa, y volviendo de nuevo al miedo.

A veces ocurren fases o periodos "clave" en los que sentimos que estamos en dificultades en todos los aspectos de la vida. Esto no ocurre por accidente. Si no ocurre accidentalmente, debe haber una razón. La "clave" está en cómo usamos las experiencias. He pasado algunos momentos muy duros, y cuando pensaba en ellos me preguntaba: "¿Cómo puede servirme esto?". Si está ocurriendo, más me vale usarlo para ayudarme a perdonar y a despertar del sueño. Tenemos esta opción. También nos conviene identificar cuáles son las creencias que te mantienen en un estado de miedo perpetuo. Hablaré más de las creencias y de cómo funcionan en un próximo capítulo. La cuestión es que a todos nos ocurren experiencias que no esperábamos. Si reconocemos que tenemos esta opción, dichas experiencias pueden abrirnos los ojos y acelerar nuestro aprendizaje.

El Curso dice que tenemos que mirar nuestras ilusiones y no protegerlas, pues eso las hace más reales. Yo era muy buena en el tema de proteger mis ilusiones hasta que empezaron a ocurrirme los problemas físicos. En realidad, no quería mirar y ser totalmente honesta con lo que sentía. Empecé a transformar completamente mi forma de hacer las cosas, lo cual sigue siendo un proceso. Hacen falta vidas enteras para deshacer algunas de las resistencias inconscientes a la verdad. Cuando tu ego sienta que estás empezando a cuestionarlo y soltando viejas creencias, te devolverá el golpe. Esto no tiene que ser doloroso, pero, según el Curso, generalmente duele. De modo que empecé a identificar y cuestionar mi sistema de creencias, y tomé la decisión de profundizar tanto como pudiera para sanar algunos de mis antiguos patrones. ¡Mi ego disfrutó mucho de eso! Creo que nunca había experimentado una resistencia tan grande en mi vida. Quiero que la gente sepa que incluso los maestros del Curso, como yo misma, podemos tener problemas en los que continuaremos trabajando hasta que la mente esté sanada.

MIRAR NUESTRAS ILUSIONES CONDUCE AL PERDÓN

Arten y Pursah, los yoes futuros de Gary y mío, explicaron que incluso en su última vida juntos, en la vida en que ambos se iluminaron, todavía tuvieron lecciones de perdón y pasaron por algunas fases muy difíciles. Descubrieron que tenían varias "grandes" lecciones que perdonar. Cuando se encontraron y se hicieron pareja, parecían estar en un camino de perdón más directo, usando todas las oportunidades disponibles para perdonar. Esto llevó a su iluminación en esa vida, que ocurrirá dentro de unos cien años. De modo que, por favor, no te sientas mal si no estás donde quieres estar. Todo se está desplegando exactamente como se supone que tiene que hacerlo. El guion está escrito. Incluso en la vida en que te ilumines tendrás lecciones que aprender. Entonces, ¿para qué preocuparse de ello? Sí, esto es fácil de decir y no siempre fácil de hacer, ¡pero definitivamente es posible!

Volviendo a las ilusiones, la manera de disiparlas es mirarlas honestamente con el Espíritu Santo, sin juicio. Esto es lo que el Curso dice sobre la ilusión:

Nadie puede escapar de las ilusiones a menos que las examine, pues no examinarlas es la manera de protegerlas. No hay necesidad de sentirse amedrentado por ellas, pues no son peligrosas. Estamos listos para examinar más detenidamente el sistema de pensamiento del ego porque juntos disponemos de la lámpara que lo desvanecerá, y puesto que te has dado cuenta de que no lo deseas, debes estar listo para ello. Mantengámonos en calma al hacerlo, pues lo único que estamos haciendo es buscar honestamente la verdad. La "dinámica" del ego será nuestra lección por algún tiempo, pues debemos primero examinarla para poder así ver más allá de ella, ya que le has otorgado realidad. Tranquilamente desvaneceremos juntos este error, y después miraremos más allá de él hacia la verdad. ¿Qué es la curación sino el acto de despejar todo lo que obstaculiza el Conocimiento? ¿Y de qué otra manera puede uno disipar las ilusiones, excepto examinándolas directamente y sin protegerlas? No tengas miedo, por lo tanto, pues lo que estarás viendo es la fuente del miedo, y estás comenzando a darte cuenta de que el miedo no es real. Te das cuenta también de que sus efectos se pueden desvanecer solo con que niegues su realidad. El siguiente paso es, obviamente, reconocer que lo que no tiene efectos no existe.[12]

Esto nos abre al Espíritu y a la guía superior. No hay nada iluminador ni espiritual en jugar a ser pequeño o en ocultar las emociones y no expresar el dolor que podrías estar sintiendo. Puedo decir esto porque yo lo hice durante muchos años. Oculté mis verdaderas emociones por temor a parecer débil. Esto no ayuda. Hizo falta un golpe en la cabeza, y otros problemas físicos, para que empezara a explorar más profundamente lo que estaba enterrado en mi mente inconsciente. Si nos hacemos daño no es un accidente. El guion está escrito. No obstante, una vez que reconocemos que estos cambios en nuestra vida siempre son útiles, podemos comenzar el proceso de curación. Es posible que inicialmente no queramos los cambios, porque no podemos ver el gran cuadro de sus beneficios a largo plazo. Nadie tiene que sentirse mal si está enfermo, o si le ocurre algo a su cuerpo que no esperaba. Como dice el Curso, la enfermedad fue establecida antes de tiempo, en el principio aparente de la separación, y se está desplegando como parte de un guion general planeado. Como seguiré repitiendo muchas veces, cualquiera que sea el aspecto de una dificultad en la forma, siempre es para perdonar.

Últimamente, si surge algo para perdonar, procuro hacerlo en el momento, en lugar de esperar a después. Está bien si no puedes hacerlo, pero si tienes tiempo, creo que es útil lidiar con ello de inmediato. Cuando perdonas, eso tiene un efecto en la *totalidad* del tiempo, de modo que seguirá teniendo el mismo efecto si lo perdonas más adelante. Lo mismo ocurre con cualquier suceso del "pasado". Puedes perdonar ahora mismo lo que pareció ocurrir en el pasado. Esto es cierto porque pasado, presente y futuro ocurren simultáneamente. El tiempo es una gran ilusión. Es un truco que el ego establece para mantenernos en un estado perpetuo de separación de Dios y también unos de otros. La buena nueva es que no necesitas usar el tiempo para ese propósito *ahora*. Puedes mirar más allá de esa ilusión y recordar tu realidad *ahora*. De esto trata la sección del Curso titulada *El recuerdo del presente*.[13] Esto es lo que dice:

La memoria, al igual que la percepción, es una facultad que tú inventaste para que ocupara el lugar de lo que Dios te dio en tu creación. Y al igual que todas las cosas que inventaste, se puede emplear para otros fines y como un medio para obtener algo distinto. Se puede usar para sanar y no para herir, si ese es tu deseo.[14]

El Espíritu Santo puede ciertamente hacer uso de la memoria, pues Dios Mismo se encuentra en ella. Mas no es esta una me-

moria de sucesos pasados, sino únicamente de un estado presente. Has estado acostumbrado durante tanto tiempo a creer que la memoria contiene solo el pasado, que te resulta difícil darte cuenta de que es una facultad que puede recordar el ahora. Las limitaciones que el mundo le impone a ese recordar son tan vastas como las que permites que el mundo te imponga a ti. No existe vínculo alguno entre la memoria y el pasado. Si quieres que haya un vínculo, lo habrá. Mas es solo tu deseo lo que lo establece y solo tú quien lo limita a una parte del tiempo donde la culpabilidad aún parece persistir.[15]

Un punto clave del pasaje anterior señala que es nuestro deseo de aferrarnos a algo lo que lo hace real en nuestra experiencia. Debe haber un motivo por el que el ego lo mantiene vivo en ti. Una pregunta útil podría ser: "¿Qué beneficio siento que estoy recibiendo al apegarme al pasado?". A veces, tenemos un bloqueo porque no podemos ver lo que está en el inconsciente. En este caso, puede ser útil hacer algún tipo de terapia tradicional, o incluso hipnosis, para descubrir alguna creencia profundamente enterrada a fin de poder traerla a la superficie. Una vez que sale a la luz, puedes trabajar en perdonarla y soltarla, y en reforzar una nueva interpretación. La terapia puede ser útil y necesaria. No es para todos, pero en algunos casos puede llevarte al importante paso de perdonar y seguir adelante. Y puedes seguir trabajando en perdonar las cosas conscientes que surgen cada día. Cuando lo haces, esto beneficia a la mente y la entrena a pensar de otra manera.

Como repaso, un componente clave del perdón es recordar que lo que estás viendo con los ojos del cuerpo no es verdad. Si no es verdad, estás perdonando lo que en realidad no ha ocurrido. No ha ocurrido porque la separación de Dios nunca ocurrió. El modo de reforzar esta verdad en tu mente es verlo todo de esta manera. Haz que todo sea lo mismo. Esto no significa que no te importe nada ni que no cuides de ti mismo. Solo significa que estás yendo a la fuente del problema (la mente), que es el único lugar donde el error de percepción puede deshacerse.

Hay una guerra interna desplegándose en las mentes de la humanidad. Es una batalla que el ego libra contra Dios o el amor. Dios no hace la guerra, de modo que no lucha con la gente. Dios no creó el mundo ni la gente; los creó el ego. Cuando cada persona despierte y aprenda a perdonar, trabajando en colaboración, las sangrientas guerras del mundo acabarán. Esto será el resultado de que más gente alcance el estado de paz interna. Mientras el ego esté al cargo, habrá conflicto. Si uno mira realmente de cerca cómo hacemos las cosas aquí en la tierra, se le abren los ojos. Tenemos fronteras, reglas y límites que impiden a la gente ser libre de expresarse y/o de explorar. Tenemos muros que dejan fuera a la gente, y todo tipo de barreras que nos mantienen a unos separados de otros. Por eso el Curso dice que la mente ego que proyectó el mundo es la idea de separación. En este mundo todo está basado en la separación. La buena nueva es que todo es una historia que estamos observando mientras estamos seguros en nuestro hogar. En realidad, no estás en esta película que estás viendo, sino que eres una mente observando. Si eres una mente observando, puedes cambiar de opinión sobre las cosas. Puedes decidir verlo todo a través de la mente correcta, para que no se convierta en tu identidad. Eres una mente observante que está soñando que eres un cuerpo y estás dentro de un cuerpo. El cuerpo que eres también es una proyección que viene de la mente.

¡Esto es lo que puede liberarnos! Vivimos momentos difíciles porque todavía tenemos que deshacer el ego y la culpa resultante de creer en él. Por favor, date cuenta de que esto forma parte de lo normal cuando estás viviendo en un cuerpo. A menudo nos sentimos heridos, atemorizados y solos. Tal vez no nos sintamos reconocidos o creamos que no importamos. Todas estas creencias están ahí por una razón; sirven al propósito de supervivencia del ego. Cuando nos pillamos a nosotros mismos creyendo estas interpretaciones, podemos empezar a cuestionarlas. Entonces, cuando el ego devuelva el golpe, simplemente te reirás porque sabrás que no es verdad. Solo es un sueño. El Espíritu Santo te cubre las espaldas. Solo necesitas acudir a Él en busca de ayuda.

Me gustaría cerrar este capítulo con una oración que escribí para unir nuestras mentes con el propósito de sanar. Puedes usarla para cualquier fin o para cualquier persona con la que te quieras unir para fortalecer la verdad de nuestra unidad. Puedes personalizarla o usarla tal como está escrita a continuación:

ORACIÓN PARA LA CURACIÓN

Espíritu Santo, nos damos cuenta de que este es un tiempo de cambio, tanto físico como psicológico, así como un tiempo para el crecimiento espiritual. Por fortuna, el verdadero Espíritu nunca cambia puesto que es constante. Es una gran bendición haber sido creados por un Creador cuyo amor absoluto es una certeza.

Por favor, ayúdanos a confiar en nuestros hermanos, en TODOS los hermanos, porque ellos son uno con nosotros, de modo que aceptemos la Voluntad de Dios para nosotros, y recordemos nuestro verdadero estado de alegría, paz y amor, y permanezcamos tal como Él nos creó, en abundancia total de estas cosas. Unimos nuestras mentes contigo y rezamos para que esto sea reconocido, para que sepamos dónde estamos realmente en la certeza de que nunca abandonamos a Dios.

Por favor, ayúdanos a unirnos y a visualizar y mantener la Luz para TODOS nuestros hermanos y hermanas que sienten dolor y están heridos, que están pidiendo amor. Respondamos a esta llamada con amor, de la forma que sea necesaria.

Espíritu Santo, extiéndete a través de nosotros de modo que tu amor, sabiduría, compasión y bondad sean oídos, sentidos y recibidos por quienes los necesitan. Te entregamos esta situación y confiamos en que permaneceremos encima del campo de batalla, y así podremos ver todas las cosas desde un punto de vista distinto, siempre con paz, armonía, amor y confort. Tu amor es todo lo que queremos. El amor de Dios es todo lo que verdaderamente somos, y nadie queda excluido.

Espíritu Santo, confiamos en que, a medida que nos unimos contigo, tu amor nos guiará en todas las cosas. Que recordemos que no necesitamos preocuparnos de qué decir o hacer, porque tú nos dirigirás del modo que sea más amoroso y sanador. Con esta conciencia descansamos en paz, descansamos en Dios, y estamos agradecidos de que solo el amor es real. Amén.

PÁGINA PARA NOTAS PERSONALES

CAPÍTULO 4

TU VIDA COMO UN AULA ESCOLAR: HERRAMIENTAS PARA DESPERTAR DEL SUEÑO

La Expiación se instituyó dentro de la creencia en el tiempo y en el espacio para fijar un límite a la necesidad de la creencia misma y, en última instancia, para completar el aprendizaje. La Expiación es la lección final. El aprendizaje en sí, al igual que las aulas donde tiene lugar, es temporal.[1]

A menudo me digo en broma "incluso para venir a la tierra, ya necesitamos medicación". "Por favor, ¿puedo tomar Xanax antes de encarnar?". Cuando las cosas van fatal, es difícil poner una cara amable. Eso está bien. En mi opinión, es mejor ser honesto con uno mismo y lidiar con las creencias limitantes y las emociones a medida que surgen. Llegué a ser muy buena en el tema de reprimir emociones durante mucho tiempo, pero el resultado no fue bueno. En un momento dado, salió a la superficie una avalancha inesperada de problemas, y tuve que examinarla. Como he mencionado, el año 2021 y el comienzo de 2022 fue mi momento de ir más a fondo y de liberarme de los bloqueos que me mantenían alejada de la presencia del amor. Todavía sigue siendo un trabajo en marcha para mí. Y así es para todos nosotros hasta que el ego quede verdaderamente deshecho.

Deshacer el ego es como tratar de desenredar un collar anudado. El collar tiene tantos nudos que cuando tratamos de deshacerlos, es un proceso enrevesado que puede apretarlos todavía más. Pero, si sigues en ello, si sigues intentándolo sin rendirte, finalmente empiezas a desenredarlo. Vas soltando un poco las cadenas y empiezas a ver cómo desanudarlo. Cuanto más te enfocas en él, más se suelta. Esto requiere perseverancia, especialmente cuando llegamos a un punto del guion que nos resulta difícil. Podríamos pensar que conocemos el Curso bien y que lo tenemos dominado, y entonces surge algo que nos hace reaccionar. No nos dábamos cuenta de que todavía quedaba algo de culpa sin sanar.

Llegué a un punto de mi guion en el que se me dio una oportunidad increíble de sanar parte de mi culpa profundamente enterrada. Aunque resultaba incómodo, sabía que mi salvación dependía de hacer el trabajo de perdón necesario para librarme de la culpa, tanto si se manifestaba como síntomas corporales, o como la idea general de que cualquier cosa del mundo podía afectar a mi paz. Gary y yo hicimos el pacto de recordarnos mutuamente la verdad cuando las cosas se pusieran difíciles en el mundo; recordarnos mutuamente la verdad si uno de nosotros entraba en reacción con respecto a algo. Nos prometimos recordarnos que solo es un sueño, y que no hay mundo ni gente ni nada que verdaderamente pueda dañarnos. Desarrollar este hábito nos permite superar circunstancias muy difíciles. Si recordamos que nuestro fundamento siempre es el amor, y eso no cambia, podemos empezar a pelar las capas de culpa que nos impiden experimentar el amor de Dios en nuestro interior.

A menudo leía la siguiente cita del Curso para recordarme que solo quiero la paz de Dios, y que nada más importa: *No creas que sabes nada hasta que pases la prueba de la paz perfecta, pues la paz y el entendimiento van de la mano y nunca se les puede encontrar aparte.*[2] Esta cita nos recuerda que hasta que el ego esté deshecho, en realidad no entendemos nada de lo que vemos, de lo que hacemos, ni de cómo mirar las cosas con la percepción correcta. ¿Puedes imaginar un tiempo, que nos llegará a todos, en el que en nuestra vida cotidiana no nos afectará nada ni nadie? En otras palabras, es posible estar libre de temor, ansiedad y preocupaciones de cualquier tipo, y estar en paz *todo* el tiempo. Esto no significa que no nos importe nada, ni que no sintamos compasión por los demás o por el estado del mundo. Solo significa que, si verdaderamente estás en paz, te conviertes en un sanador sanado. Puedes ser más eficaz en la ayuda a otros uniéndote a su mente y haciendo brillar la luz de la verdad dondequiera que vayas. Puedes hacer esto simplemente estando presente con la gente en un estado de paz. Cuando leí por primera vez esta cita del Curso, dije: "¡Yo quiero eso!". El proceso comienza cuando tenemos la inspiración y la humildad de decir: "Dios, solo te quiero a ti".

POR QUÉ TEMEMOS EL CAMBIO

Mi madre me ha recordado recientemente que a comienzos de los 90, cuando yo tenía poco más de veinte años, fui adonde ella estaba, llamé a la puerta y le dije bruscamente:

—¡Mamá, yo soy Dios!

Esto la descentró un poco, como admitió más adelante. Todavía no estábamos haciendo el Curso, de modo que no parecía haber una razón válida para que yo dijera algo así. ¿Tenía su hija (yo) algún complejo egoico? Creo que mi alma sabía que en realidad todos somos parte de Dios. Nosotros no somos la primera causa, que debe reservarse para Dios, pero fuimos creados para ser exactamente lo mismo que Dios, no para estar aparte de Él, de modo que en este sentido somos Dios. Aun así, fue muy divertido oír su explicación de cómo le llegó mi declaración. Aquí es relevante el famoso dicho: "Conócete a ti mismo". Todos estamos en el camino de recordar quiénes somos y de dónde hemos venido. Normalmente este es un proceso difícil, porque deshacer el ego es doloroso. Sus cimientos se estremecen ante cualquier susurro de cambio. La siguiente cita del Curso podría ayudarte a entender por qué los seres humanos tenemos tanto miedo al cambio:

Muchos montan guardia en torno a sus ideas porque quieren conservar sus sistemas de pensamiento intactos, y aprender significa cambiar. Los que creen estar separados siempre temen cambiar porque no pueden concebir que los cambios sean un paso hacia adelante en el proceso de subsanar la separación. Siempre los perciben como un paso hacia una mayor separación debido a que la separación fue su primera experiencia de cambio. Crees que si no permites ningún cambio en tu ego alcanzarás la paz. Esta marcada confusión solo puede tener lugar si sostienes que un mismo sistema de pensamiento puede erigirse sobre dos cimientos distintos.[3]

Raras veces reconocemos que tenemos miedo de cambiar porque la separación fue nuestra primera experiencia de cambio. Esto es inconsciente para nosotros. Sin embargo, cuanto más empezamos a cuestionar nuestros pensamientos y creencias, y avanzamos en el camino espiritual, más claro queda que practicar la idea de la unidad refuerza nuestra plenitud, mientras que la idea de la separación nos arraiga más en el sueño de que estamos separados. El mundo no es malo en y por sí mismo. Es neutral. Cada imagen que vemos es como un fotograma de una película, totalmente neutral hasta que nosotros lo animamos cuando nuestras mentes deciden con quién lo interpretamos, con el ego o con el Espíritu. Aquel que elijamos define nuestra experiencia.

Quiero reiterar que resulta fácil entender esto intelectualmente, pero es mucho más difícil ponerlo en práctica, especialmente si estás pasando por momentos difíciles. Pero puede hacerse. Simplemente requiere una devoción total a un objetivo, el objetivo de la paz. No podemos tener un resentimiento y, al mismo tiempo, ser paz. Tenemos que elegir. Cuando el amor se convierte en nuestro guía, actuamos de la manera más apropiada, y no tenemos que preocuparnos de la forma que tome. De hecho, cuando elegimos al Espíritu Santo como maestro, lo mejor que podemos hacer es soltar cualquier suposición sobre cuál debería ser el resultado. Esto también es verdad para el perdón. Cuando perdonamos, si estamos constantemente intentando gestionar el resultado de nuestro perdón y esperamos que otras personas o situaciones cambien, todavía estamos en el *perdón para destruir*.[4] Cuando ya no tenemos apego a los resultados podemos estar seguros de que algo ha sido perdonado. Sigue siendo sabio prestar atención y escuchar a tu guía con respecto a si deberías hacer el seguimiento de una situación. Sé fiel a ti mismo. Hónrate. Sé consciente de cuándo juegas a ser pequeño y a descuidarte a ti mismo para que otros se sientan mejor. Yo fui muy buena en esto durante mucho tiempo, por eso puedo escribir sobre ello ahora. He estado aprendiendo que no es espiritual permitirte estar en situaciones en las que estás sacrificando tu propia felicidad, e incluso sintiendo dolor, en nombre de otro. Eso es simplemente deshonesto.

Es una lección difícil aprender a amarte a ti mismo lo suficiente como para decir: "No, eso no está alineado con mi verdadero Ser. No quiero elegir eso ahora mismo". Con frecuencia nos metemos en situaciones complicadas porque no honramos nuestro verdadero guía. El Espíritu Santo nos habla constantemente. Puede llegarnos como una intuición, como un leve codazo en cierta dirección, como un pensamiento inspirado y de muchas otras maneras. Presta mucha atención. Cualquier sentimiento de excitación o pasión también es señal de que el Espíritu Santo te está hablando y diciendo: "¡Sí, ese es el camino por el que tienes que ir!". A veces saboteamos esta oportunidad porque no estamos seguros de que realmente sea el Espíritu Santo, o simplemente porque dudamos de nosotros mismos. Un gran ejercicio es empezar a practicar la escucha de esos sentimientos de alegría y animación, y las sincronicidades que te dicen que estás siguiendo una dirección inspirada. Sigue el flujo.

HERRAMIENTAS PARA DESPERTAR

Nuestras vidas son aulas escolares en las que aprendemos nuestras lecciones de perdón, que nos ayudan a despertar del sueño de separación. Hay muchas herramientas maravillosas para ayudarnos a despertar suavemente y sin miedo. La principal herramienta del Curso es el perdón. Expliqué lo que significa el verdadero perdón en un capítulo anterior, pero, según el Curso, esta es la herramienta número uno para deshacer el ego y ser verdaderamente libres.

Algunas otras herramientas o ejercicios que pueden ayudarnos son:

1. **La verdadera oración.** Es cuando te unes a Dios no para pedir algo, sino para recordar agradecido que Él te creó para ser exactamente como Él. Con esta conciencia, simplemente báñate en su amor y en su luz. Acepta y abraza Su Voluntad para ti, que es alegría, paz y una actitud de amor incondicional.

2. **Poner al Espíritu Santo a cargo de tu día (cada día).** Hazlo a tu manera. Podrías decir algo así: "Espíritu Santo, por favor estate hoy a cargo de mi día y de mis pensamientos y acciones, pues quiero seguirte porque estoy seguro de que tu dirección me da paz".

3. **Practicar el aprender a diferenciar entre la voz del ego y la del Espíritu Santo.** La voz del ego siempre trata de mantenernos en un estado sin mente, a fin de que olvidemos que somos mentes tomadoras de decisiones. Tu estado de ánimo te dirá si estás en la mente del ego o en la del Espíritu Santo. Préstale atención. Si estás sintiendo alguna forma de miedo o resistencia, eso es el ego. El Espíritu Santo es la Voz de la inspiración. Te sentirás alegre, pacífico, ligero de corazón y dispuesto a perdonar. El Espíritu Santo nos habla de muchas maneras. La inspiración puede venir a través de un sueño, de pensamientos/ideas inspirados, de una canción, de un libro, o de algo que alguien te diga. Puede venir a través de la naturaleza, de los animales, ¡de cualquier cosa! Si estás sintonizado y eres consciente a lo largo del día, a menudo sentirás el susurro del Espíritu Santo guiándote e inspirándote.

4. **Recuerda que estás soñando, solo estás revisando mentalmente un guion.** Las imágenes que vemos son proyecciones del pensamiento y proceden de la mente que está soñándolas. Piensa en las imágenes como una larga tira de cinta cinematográfica. Las imágenes mismas están quietas, y no se mueven hasta que el pensamiento las anima. Tienes poder de elección para decidir qué interpretación darles. Según el Curso, puedes interpretar las imágenes tomando como maestro al ego o al Espíritu Santo. Aquel que elijas determinará cómo experimentas un suceso. El guion de tiempo y espacio está escrito. Incluso cuando cambiamos de dimensión temporal, las líneas temporales ya están allí. Por eso el Curso dice: *No trates, por lo tanto, de cambiar el mundo, sino elige más bien cambiar de parecer acerca de él.*[5] Cuando elegimos el milagro, lo que en el Curso implica un cambio de percepción desde la interpretación del ego a la del Espíritu Santo, nuestra experiencia del mundo es más pacífica y está libre de esfuerzo. No es que el mundo cambie, pero tú puedes cambiar a otra dimensión temporal donde se esté desplegando una versión del mundo distinta, una realidad paralela. Podrías cambiar a una que esté más alineada con tu estado de ser. Gene-

EL CIELO ES AHORA

ralmente todas las figuras que conociste antes siguen allí, y probablemente no notarás la diferencia. No importa si te das cuenta de que has cambiado de dimensión temporal o no. Lo único que importa es cómo piensas e interpretas los sucesos. Todos somos responsables de cómo elegimos ver a las personas y al mundo. Somos amados y totalmente dignos de amor, y cuando empezamos a darnos cuenta de ello, nos tratamos a nosotros y a otros con bondad y amor. La parte previa de la cita anterior es importante, de modo que la recitaré aquí: *La proyección da lugar a la percepción. El mundo que ves se compone de aquello con lo que tú lo dotaste. Nada más. Pero si bien no es nada más, tampoco es menos. Por ende, es importante para ti. Es el testimonio de tu estado mental, la imagen externa de una condición interna. Tal como el hombre piense, así percibirá.*[6] Esta declaración reitera el hecho de que todo ocurre en la mente. Nosotros decidimos, en la mente, qué tipo de mundo queremos ver, y a continuación ese pensamiento es proyectado afuera. Por eso es tan importante que seas consciente de tus pensamientos. Ahí es donde todo empieza.

5. **Practica el ser consciente del pensamiento a lo largo del día, mirando lo que te pasa en cualquier momento que te sientas en conflicto o agitado; a continuación, vuelve a elegir qué pensamientos están alineados con el Espíritu Santo. De este modo puedes evitar que la mente divague hacia el olvido.** Cuando el miedo y el conflicto entran en tu mente, es muy importante mirarlos y darte cuenta de que están allí. Después de todo, no puedes cambiar de mentalidad a menos que mires esa primera elección que has hecho con el ego. Todos caemos en la trampa de dejar que nuestra mente divague y de albergar creencias basadas en el temor. Es inevitable cuando estás en un cuerpo. Si te ves atrapado en el miedo por haber dejado que tu mente divague, considera esta ofrenda del Curso:

Deshacer el miedo es tu responsabilidad. Cuando pides que se te libere del miedo, estás implicando que no lo es. En lugar de ello, deberías pedir ayuda para cambiar las con-

diciones que lo suscitaron. Esas condiciones siempre entrañan el estar dispuesto a permanecer separado. A ese nivel tú puedes evitarlo. Eres demasiado tolerante con las divagaciones de tu mente y condonas pasivamente sus creaciones falsas. El resultado particular no importa; lo que importa es el error fundamental. La corrección es siempre la misma. Antes de decidir hacer algo, pregúntame si tu elección está de acuerdo con la mía. Si estás seguro de que lo está, no tendrás miedo.[7]

Hace falta práctica hasta para acordarse de pedir ayuda a Jesús. Cuando pedimos ayuda, estamos declarando que no asumimos que sabemos qué es mejor o cuál es el resultado óptimo. Esta es una actitud de humildad. Cuando tenemos miedo y asumimos que sabemos lo que algo significa, dejamos de aprender. Siempre es una buena idea consultar con el Espíritu Santo. Confía en que, cuando preguntas, se te responde. A continuación, suelta el apego a los resultados.

6. **Pide lo que más quieres en cualquier situación (paz mental, unión con otros, inspiración, alegría, etc.) y el sentimiento que quieres derivar de ello.** Ejemplo: elijo soltar mi creencia sobre _____ y no tener miedo. Imagina cómo sería no tener miedo. A continuación, suelta la situación y aférrate al sentimiento de no tener miedo. Podrías empezar a sentir una sensación de alivio. También puedes practicar este ejercicio como un ritual de alegría. Piensa en algo que te produzca una gran alegría. Aférrate a ello hasta que vuelvas a sentir alegría. A continuación, suelta la situación y conserva la alegría.

7. **Haz el *Libro de ejercicios* del Curso al menos una vez.** Como estudiante del Curso, es imperativo que hagas las lecciones del *Libro de ejercicios* al menos una vez. Con el tiempo, la aplicación práctica de los principios del Curso deshace el ego. No hay ninguna regla con respecto a cuántas veces hacer el *Libro de ejercicios*. A algunas personas les gusta hacerlo varias veces y a otras solo una. Es una elección individual. La única regla que hay en todo el Libro

es la de no hacer más de una lección al día. Puedes pasar más de un día en una lección si te sientes guiado a ello. La mayoría de la gente no sigue el *Libro de ejercicios* a la perfección, de modo que perdónate si te sientes frustrado y quieres dejarlo. Sentirte así puede ser algo para trabajarlo en alguna de las lecciones. Además, cualquier cosa que surja en un momento dado que altere tu paz es motivo de trabajo, cualquiera que sea la lección del día.

8. **Reforzar el sistema de pensamiento del Espíritu Santo en tu mente leyendo pasajes del Curso, o eligiendo alguna cita para reflexionar sobre ella durante el día.** ¡Después de haber hecho el *Libro de ejercicios* es cuando comienza el verdadero trabajo! A medida que vives tu existencia cotidiana, es muy útil e importante seguir reforzando lo aprendido. La repetición es necesaria. Esto puede tomar la forma de abrir el Curso en una sección al azar, o de encontrar un pasaje específico que te inspire y releerlo. O podrías recitar cada día una cita que te guste particularmente. A mí me gusta abrir el Curso al azar y ver en qué página aterrizo. Por supuesto, nada ocurre al azar ni por casualidad. Solo se siente así. Jesús y Buda se convirtieron en Mentes Magistrales debido a todas las repeticiones, a la práctica dedicada, y a que se mantuvieron vigilantes a favor de la verdad. Ellos tuvieron sus propias lecciones, como todo el mundo, pero su punto de partida era saber que el mundo no es la realidad. Así, pareció que despertaban más rápido. La cuestión es: "¿Queremos seguir dormidos o despertar del sueño?".

9. **Practica, practica, practica en cualquier oportunidad que tengas. En otras palabras, usa todas las dificultades como oportunidades de perdonar y de liberarte del miedo.** Hace falta conciencia para ver las dificultades como oportunidades de aprender y crecer. En este mundo, todo gira en torno al cuerpo. *El cuerpo es el personaje central en el sueño del mundo. Sin él no hay sueño ni él existe sin el sueño en el que actúa como una persona digna de ser vista y creída.*[8] Merece la pena revisar toda la sección de *El héroe*

del sueño,[9] de la que forma parte la cita anterior. Describe el papel del ego, y cómo hace que el sueño y los cuerpos sean reales.

Estas nueve herramientas asegurarán que te mantengas en la senda de la mente correcta. Es fácil distraerse en el mundo. Hay muchas cosas que pueden alejar tu atención de la verdad. No tienes que estar obsesionado con nada, basta con ser consciente. A veces, te encuentras en cierta fase de tu vida en la que te sientes atascado o experimentas un miedo y ansiedad tan intensos que te resulta difícil enfocarte. Eso está bien. La clave es tomárselo paso a paso y pensamiento a pensamiento. Es posible que quieras obtener apoyo de otras personas que hayan pasado por donde tú estás; escucha sus historias y cómo superaron sus dificultades. Tu camino podría requerir un poco de magia y algo de terapia, dependiendo de la situación. Cada cual tiene su programa de estudios y lo que mejor funciona para él. El fundamento subyacente siempre puede ser el de estar anclado en el perdón, independientemente de lo que elijas hacer.

En el Curso —parafraseo—, el término "magia" se define como cualquier agente externo que se usa para ofrecer la creencia en la curación a cualquiera que sienta dolor —mental o físico—. Generalmente esto toma la forma de algún tipo de medicina, pero puede ser cualquier cosa que uno use para sentirse más cómodo y relajado. Por ejemplo, Gary y yo probamos la Cámara de Taquiones para ayudarnos a curar algunos problemas corporales que estábamos experimentando. El uso de este tipo de magia no es el agente curativo en sí, pero ciertos aparatos y herramientas pueden ayudarte a aceptar la curación en el nivel de la mente. Cuando Gary y yo consultamos qué es una Cámara de Taquiones, esto es lo que encontramos:

En términos simples, "La Cámara de Taquiones es un lugar único donde se abre de manera permanente un portal para emitir unas partículas llamadas taquiones a niveles de energía muy elevados. Estos intensos campos de taquiones son como estar debajo de una cascada de energía. Los taquiones viajan más rápido que las partículas de luz y trabajan a nivel subatómico. Tienen un profundo efecto en el cuerpo humano, en el campo de energía y en las emociones, así como en la constitución mental y espiritual de la persona. Los taquiones trabajan directamente con nuestro ADN para iniciar la reparación y la actualización de la maqueta corporal".

Algunos dicen que esta herramienta ha sido inspirada por los pleyadianos, un grupo de extraterrestres muy avanzados. Sea verdad o no, la cuestión es: ¿funciona? Gary y yo tomamos tres sesiones cada uno. Queríamos ver cómo funcionaba. Cuando llegamos a casa del terapeuta, nos sorprendió ver que el entorno no era muy sofisticado. Te tumbas en una pequeña cama en el suelo, rodeado por un objeto con forma de pirámide, y también hay algunos cristales colocados estratégicamente alrededor de la habitación. Te tumbas durante unos treinta minutos y simplemente recibes la energía. Aunque es posible que Gary y yo recibiéramos la bendición de una gran energía, no pudimos distinguir con seguridad si se había producido alguna curación a algún nivel. Esto no significa que no ocurriera, simplemente que no tuvimos ninguna comprensión notable mientras la recibimos. Algunas personas afirman que viven curaciones y tienen todo tipo de experiencias y visiones interesantes. Depende de la persona.

Ciertamente hay algunos aparatos que pueden ayudar a aceptar la curación sin temor. Se ha hablado mucho de las camas médicas Med Beds y de su potencial sanador, aunque yo no he explorado estos aparatos con detalle. He oído que se informará públicamente de los resultados de estas camas curativas a medida que transcurra el tiempo. Es importante recordar que es la mente la que decide si estás enfermo o sano. No decidimos esto conscientemente, pues nadie elegiría estar enfermo. Además, nadie debería sentirse culpable por estar enfermo, pues la enfermedad forma parte de un guion que se estableció en el aparente principio de la separación. Si enfermas, sigues teniendo la capacidad de elegir cómo piensas al respecto.

El Curso no está en contra de la magia —su término para la medicación y otros agentes curativos "externos"— si entendemos su propósito y que los dispositivos mismos en realidad no son la cura. Siempre se debe abordar la causa fundamental de la enfermedad, que según el Curso es la culpa por la separación de Dios. Esto no significa que no tengamos desencadenantes en nuestra vida que pueden aparecer como la causa aparente de un problema. Los símbolos que asociamos con el miedo a menudo tienen cierta influencia, pero no tienen por qué tenerla. Con la práctica y con enfoque podemos entrenar la mente para ver las cosas bajo una luz distinta. El tiempo que lleva trabajar con las creencias varía según las personas. Trabajar las creencias limitantes profundamente enterradas puede requerir varios días, unas pocas semanas, meses o toda una vida. La buena nueva es que es posible cambiarlas.

CREENCIAS LIMITANTES

Mencioné en un capítulo anterior que iba a entrar más detenidamente en la naturaleza de los sistemas de creencias y en cómo iniciar el proceso de cuestionarlas. Trabajar con las creencias es otra herramienta que se puede usar para liberarse de la carga de sentirse prisionero de ellas. La manera de trabajar con las creencias es reconocer que solo tienen el poder que les damos. En sí mismas no tienen poder porque no son la realidad. Para creer en algo tiene que haber un pasado asociado con ello, porque creer es no saber. Formamos las creencias basándonos en las experiencias del pasado. Si el pasado ya acabó, cualquier creencia a la que te aferres y que de algún modo te esté perjudicando se perpetúa a sí misma para mantenerte fijado en ese pasado. Una vez más, también he sido muy buena a la hora de retener creencias que no me servían. Para mí sigue siendo un proceso en marcha, tal como suele serlo para todos. El conocimiento es de Dios, y Dios es una certeza absoluta, no una creencia.

A veces, nuestras creencias limitantes están tan arraigadas que puede hacer falta un apoyo extra o la ayuda de una terapia para llevar la mente hacia otros caminos que favorezcan otro punto de vista. Un planteamiento combinado de usar el Curso junto con alguna forma de terapia puede resultar útil, pero no es para todos. Está bien usar cualquier cosa que sientas que funciona para ti. Algunos estudiantes del Curso tienen miedo de ir a un terapeuta tradicional y prefieren a uno que esté basado en el Curso. Mi opinión es: haz aquello que sientas que te ayuda de verdad. Si asumes demasiado rápido que un terapeuta tradicional no te va a ayudar, podrías perderte algunas cosas que él podría ayudarte a trabajar. Un buen terapeuta puede ayudarte a sacar los asuntos a la luz para tener algo concreto que perdonar. Una vez más, depende de la persona y cada situación es diferente.

Si estás trabajando en la sanación de viejas creencias que siguen perpetuándose a sí mismas, hay algunas preguntas poderosas que te puedes plantear. Es posible que tardes algún tiempo antes de empezar a notar que estás cambiando de mentalidad. La clave está en no apegarse a los resultados y limitarse a hacer las prácticas, confiando en que a medida que deshaces la culpa a través del perdón y entrenas la mente, esta se va sanando.

A continuación, propongo dos preguntas que puedes plantearte cuando quieras descubrir a qué creencias podrías estar aferrándote que hacen que sigas sintiéndote prisionero de este mundo. Una de ellas puede resonar contigo más que la otra y aportarte más claridad:

1. ¿Qué creo con respecto a mí mismo que me impide confiar en que soy tal como Dios me creó: pleno, inocente y alegre?
2. ¿Qué temo que me podría ocurrir si soltara y me aceptara completamente tal como Dios me creó?

Estas son dos maneras de plantear una pregunta similar. Si sientes que no tienes control sobre cómo piensas, recuerda que estás controlando tu manera de pensar *ahora*. Si puedes controlar el sentirte molesto, ansioso o atemorizado, entonces se trata simplemente de cambiar de enfoque para ver las cosas de otra manera. Esto requiere práctica, especialmente si la mente está atemorizada. Es una buena noticia que tengas control sobre tu propia mente. Nadie puede arrebatarte eso sin tu permiso. Si temes que te falta confianza, ese sentimiento de falta de confianza también lo controlas tú, y, por tanto, estás confiando en la carencia en lugar de en tu plenitud y abundancia. De modo que, una vez más, es una cuestión de dónde pones tu fe.

A la mayoría de las personas no se les enseña a pensar que son una mente. Se nos enseña que somos cuerpos, y el cuerpo dicta cómo nos sentimos. He pasado por suficientes problemas corporales como para darme cuenta de lo astuto que es el ego al hacer que demos realidad al cuerpo. A menudo me recuerdo a mí misma que mi identidad no es el cuerpo. Me encanta recitar casi cada día la siguiente cita de *Libro de ejercicios: No soy un cuerpo. Soy libre. Pues aún soy tal como Dios me creó.*[10] Recitar diariamente citas del Curso es otra gran herramienta para mantener la mente enfocada en un único objetivo.

Con relación al cuerpo, recuerdo que un día fui al médico para una revisión regular. Estaba sentada en la sala de espera y, de repente, me invadió un sentimiento abrumador de que estaba soñando que estaba en la sala de espera, esperando a que alguien llamado doctor atendiera a mi cuerpo. ¡Lo sentí muy extraño, y sin embargo liberador! En ese momento me desidentifiqué completamente de mi cuerpo, y me vi a mí misma como si estuviera viendo una película en la que yo era un personaje. A continuación, me llamaron por mi nombre y floté oníricamente hacia la consulta del doctor sabiendo que no era real. Esto cambió completamente mi experiencia.

Esto ocurre con más frecuencia cuanto más deshacemos el ego. Puedes tener vislumbres de la realidad, o solo una sensación general de ligereza y facilidad conforme se vuelve aparente el hecho de que el mundo es un sueño. A veces, puedes sentir el cuerpo tan ligero que es como si te deslizaras por la habitación.

Participar en conversaciones con otras personas sobre la naturaleza del sueño también ayuda a reforzarla en tu mente. A menudo, tengo conversaciones muy profundas sobre el Curso con los miembros de mi familia, así como sobre diversos temas ajenos al mundo que parecen ponernos a todos en estado de trance. Con frecuencia bromeamos diciendo que deberíamos grabar nuestras conversaciones familiares y hacer un libro con ellas. Si estás en una posición en la que crees que no tienes a nadie con quien hablar del Curso, te animo a encontrar gente. Procura llamar a los grupos del Curso locales. Pregunta si alguien está abierto a mantener conversaciones telefónicas regulares, aunque sea una vez al mes. Los grupos no son necesarios para aprender el Curso, puesto que es un documento de autoestudio, pero puede ser agradable conectar con alguien de un grupo y compartir tus experiencias.

La vida no siempre nos trae lo que creemos que queremos, y a veces nosotros mismos podemos ser nuestra propia casa de los horrores. Nos perseguimos a nosotros mismos al aferrarnos a pensamientos que no perdonan, y después los proyectamos afuera. Sin embargo, cuando continúas creciendo en tu relación con Dios, empiezas a realizar elecciones más amorosas que reflejan quién eres en verdad. Entonces puedes experimentarte como un Santo Hijo de Dios que dice —con toda intención—: *Mi santidad bendice al mundo.*[11] Reconocer tu santidad te cura. Cuando ocurre algo en tu vida que no te gusta, como un problema corporal, o relacional, o una tensión económica, por nombrar algunos, puede ser útil recordar que dicho problema puede acabar volviéndose a tu favor.

No hay manera de juzgar cuál es el resultado óptimo en cualquier situación. Recordar esto siempre me ayuda a mantenerme enfocada y alineada. Por ejemplo, ahora mismo, mientras escribo esto —a comienzos de 2022— todavía tengo la voz muy ronca, y apenas he hablado durante los últimos tres meses. Preferiría no estar en esta situación, ¡y sin embargo es lo que ha hecho que empiece a escribir este libro! Tal vez sea más importante que me enfoque en el libro ahora mismo, teniendo en cuenta el actual estado del mundo. Hay una guerra entre Rusia y Ucrania. Tal vez sea necesario recordar que "El cielo es ahora" para mantener la mente enfocada en la realidad. Si no hubiera tenido el problema con la voz, no creo que hubiera empezado este libro hasta 2023. También es posible que en el panorama general haya otras razones que no puedo ver y que me estén llevando a la libertad.

Nota: He vuelto a este capítulo para escribir lo siguiente: ahora es junio de 2022 y he recuperado la voz. Voy a hacer algunas sesiones de terapia vocal para fortalecerla, pero la buena noticia es que puedo cantar y dar charlas con regularidad. Sin embargo, a partir de ahora voy a cuidar cómo uso mi voz en general.

Esta experiencia con la voz me ha permitido entrar más profundamente en mi mundo interno y cuestionar algunas de las cosas que requerían atención, así como tomar un muy necesario descanso de dar charlas. Es interesante que la mente quiera juzgar inmediatamente que algo va mal cuando está "claro" que hay un problema corporal. Tal vez nada vaya mal. ¡Tal vez todo esté yendo perfectamente! El guion está escrito. Si es así, podemos confiar en que las cosas se están desplegando en el momento perfecto y de un modo que nos permite crecer espiritualmente.

Mencioné antes que durante este año pasado he estado teniendo visiones y sueños muy vívidos. A veces, en periodos de grandes cambios, estamos más abiertos y receptivos a recibir inspiración. Recientemente soñé que iba andando por el camino que llevaba a la casa donde crecí en Toledo, Ohio. Mientras caminaba, Superman —vestido como tal— estaba al final del camino mirándome directamente con uno de sus brazos en el aire, con el puño en alto, como el personaje de la película. Es un verdadero símbolo de poder. Al acercarme a él, yo también levanté el brazo en el aire, cerrando el puño, y continuamos con el contacto ocular. Al despertar traté de averiguar el simbolismo. Sabía que ver a Superman es una buena señal, pues representa la fuerza heroica y el poder. Pregunté al Espíritu qué significaba este sueño, y la respuesta que obtuve supuso una gran inspiración. El Espíritu me dijo: "Ver a Superman simboliza la idea de que no necesitas ser salvada. Tú no eres Lois Lane*, sino más bien como la prima de Superman". Fue muy inspirador y exactamente lo que necesitaba oír en aquel momento. Me había sentido un poco dubitativa con respecto a ciertas experiencias de mi vida, y ver esta imagen fue un gran recordatorio de que todo estaba bien.

Siempre he sentido que el actor Christopher Reeve, que hizo el papel de Superman en las películas, se convirtió en un superhombre en su propia vida. Un día se cayó montando a caballo y acabó con parálisis del cuello hacia abajo. Demostró mucha fuerza, perseverancia y sabiduría, e incluso hizo lo posible por recaudar dinero para investigar las enfermedades de la médula espinal. Fue verdaderamente humanitario. Falleció como una década después de la lesión. Desde entonces, a menudo pienso en él como una verdadera inspiración. Ver a otras personas atravesar grandes dificultades con tanta fuerza nos recuerda todo el poder del amor que está dentro de nosotros. Realmente somos seres todopoderosos y tenemos incorporada una fuerza que solo necesita ser activada. La activamos eligiendo la alegría y perdonando de manera continuada, y no conformándonos con menos de lo que realmente somos. Doy las gracias a Christopher Reeve por enseñarnos lo que significa ser un verdadero superhéroe.

* La mujer de Superman en los cómics. (N. del t.)

Brian Wilson, de los Beach Boys, es otra inspiración para mí porque ha pasado por grandes adversidades —aunque toda adversidad puede verse como una oportunidad de aprender y crecer—. La cuestión es que, aunque todavía tiene problemas mentales, sale al escenario a actuar, escribe canciones y ha vuelto para hacer lo que más le gusta después de mucho tiempo de estar apartado de los focos. Estoy de acuerdo con lo que dijo Elton John sobre él en un documental reciente sobre su vida. Dijo —parafraseando—: "Brian merece elogios tanto por su vida personal como por la profesional". Lo que hace que una vida sea grande no es que sea perfecta, sino nuestra actitud hacia ella. Usar las circunstancias de tu vida de modos que te ayuden a aprender y crecer, y también a perdonar.

ACTIVAR TU MENTE TOMADORA DE DECISIONES

Otra herramienta del Curso que me resulta útil para entrenar la mente a pensar con el Espíritu Santo son las siguientes declaraciones, que puedes repetir cuando te sientas mal o desalineado; dilas con tanta sinceridad como puedas.

Debo haber decidido equivocadamente porque no estoy en paz.
Yo mismo tomé esa decisión, por lo tanto, puedo tomar otra.
Quiero tomar otra decisión porque deseo estar en paz.
No me siento culpable porque el Espíritu Santo, si se lo permito,
anulará todas las consecuencias de mi decisión equivocada.
Elijo permitírselo, al dejar que Él decida a favor de Dios por mí.[12]

Estas declaraciones nos recuerdan que tenemos la capacidad de decidir. Si podemos decidir con el ego, también podemos hacer otra elección y elegir al Espíritu Santo. Ten el convencimiento de que tendrás éxito en esto. El Curso dice lo siguiente: [...] *el proceso de deshacimiento, que no procede de ti, se encuentra no obstante en ti porque Dios lo puso ahí. Tu papel consiste simplemente en hacer que tu pensamiento retorne al punto en que se cometió el error (la mente) y en entregárselo allí a la Expiación en paz.*[13] El deshacimiento hace referencia a deshacer el error de pensar con el ego y aceptar la Expiación. Para poder reparar el error, tenemos que reconocer que donde ocurre es en la mente. La mente es la causa. Si se lo permitimos, el Espíritu Santo realiza el deshacimiento a través de nosotros.

EL PROCESO DE ACEPTACIÓN

A veces, en la vida ocurren cosas que no esperamos, y a continuación se convierten en esas oportunidades de perdón que "arden despacio". En otras palabras, parece que tenemos que seguir perdonando la misma cosa una y otra vez hasta que llegamos a aceptar la situación. La aceptación de una persona o situación requiere tiempo si estás tratando de reemplazar un resentimiento. Una parte clave de la aceptación es recordar que queremos cambiar nuestra *mente*, no el mundo ni la gente.

En realidad, no es asunto nuestro juzgar ni cambiar a la gente. ¿Cómo vas a saber qué es mejor para otro? Ni siquiera sabemos qué es mejor para nosotros mismos. Una vez que aceptas a las personas como son, aún puedes decidir si una persona es relevante en tu vida. Digo esto con la intención más bondadosa.

La aceptación no significa que tengas que permanecer en situaciones que no te sirven, ni intentar mantener una relación, aunque sea abusiva. Solo significa que te estás liberando de ser un prisionero de algo externo a ti. El perdón es parte de la aceptación. Si perdonamos de verdad, también aceptamos. Recuerda: el verdadero perdón no hace excepciones y no está basado en condiciones. Recientemente he escuchado un podcast de un personaje muy conocido. Esta persona hablaba sobre alguien que aparentemente estaba haciendo cosas horribles a la gente detrás del escenario. A continuación, pronunció su nombre como si le estuviera hablando y dijo: "Si haces esto, te perdonaré". Se refería a que si haces lo que yo digo que deberías hacer, entonces merecerás mi perdón. Esto no es verdadero perdón, pues sigue haciendo que la separación sea real, es decir, sigue haciendo que el pecado, la culpa y el miedo sean reales en la mente. **Lo que queremos hacer es aceptar a las personas donde están, pero eso no significa que tengas que estar de acuerdo con ellas ni que tengas que cultivar su compañía. Si estás comprando un coche, comprarás el coche que prefieras, pero no dirás al vendedor que los demás** coches no deberían estar ahí. Aceptarás que los demás coches están ahí, y elegirás el que sea adecuado para ti. Con la gente, el proceso es el mismo. Podrías preferir a ciertas personas en tu vida, pero no tienes que descartar a las demás como si no merecieran estar allí.

La aceptación es libertad. Es respetar que *todos* los seres son dignos de Dios. El Curso también nos anima a aceptarnos tal como Dios nos creó: perfectos, plenos e inocentes. Hacemos esto al aceptar la Expiación para nosotros mismos, lo que nos ayuda a recordar que en realidad nuestros errores nunca ocurrieron. Deja que esto cale. Cualquier cosa por la que te puedas sentir culpable, lo cual es un error, ¡en realidad nunca ocurrió! Este es un pensamiento reconfortante. El amor es incondicional. Tú fuiste creado en el amor, de modo que eres amado incondicionalmente, siempre. La persona a la que podrías juzgar como la más asesina de la tierra también es amada incondicionalmente. Nuestro amor tiene que ser pleno e incluir a todos para ser real. Si dejamos tan solo a una persona fuera, también estamos dejándonos fuera del amor a nosotros mismos. *Cuando te encuentras con alguien, recuerda que se trata de un encuentro santo. Tal como lo consideres a él, así te considerarás a ti mismo. Tal como lo trates, así te tratarás a ti mismo. Tal como pienses de él, así pensarás de ti mismo. Nunca te olvides de esto, pues en tus semejantes o bien te encuentras a ti mismo o bien te pierdes a ti mismo. Cada vez que dos Hijos de Dios se encuentran, se les proporciona una nueva oportunidad para salvarse.*[14] Esto es cierto tanto si te encuentras con alguien en persona como si no. Puedes tener un encuentro santo con alguien en tu mente en función de cómo elijas pensar sobre esa persona. Todas las mentes están unidas.

Si se practica, el no-dualismo puro es una pista rápida para llegar a nuestro hogar en Dios. Este camino también nos ayuda a aceptarnos y a aceptar a otros tal como Dios nos creó. El gran poeta Ralph Waldo Emerson dijo en su ensayo *El círculo*: "Nuestra vida es un aprendizaje de la verdad [...] en torno a cada círculo se puede dibujar otro [...] en la naturaleza no hay final, pues cada final es un principio". Estaba hablando de la fluidez del universo y de la naturaleza. En la realidad o Cielo no hay principio ni fin, solo el pensamiento continuo de que Dios es. *Decimos "Dios es" y luego guardamos silencio, pues en ese conocimiento las palabras carecen de sentido. No hay labios que las puedan pronunciar, y ninguna parte de la mente es lo suficientemente diferente del resto como para poder sentir que ahora es consciente de algo que no sea ella misma. Se ha unido a su Fuente y, al igual que Esta, simplemente es.*[15]

Tal como voy aprendiendo, no hay necesidad de apresurar el proceso de despertar, pero tampoco hay necesidad de sufrir. Puedes tener una experiencia feliz en el sueño, y eso es lo que necesitamos antes de poder despertar plenamente con Gracia. En el mundo real todo queda perdonado y liberado, y ves el rostro de Cristo en cada uno. Caminarás por el mundo sin ser *del* mundo. Esta será tu mentalidad. No te engañarán las imágenes que veas ni los numerosos símbolos de separación. Mirarás más allá de todo error en lugar de darles realidad en tu mente. Mirar más allá de los errores es perdonar. Si quieres otro repaso del perdón, por favor, remítete al Capítulo 2.

A medida que este capítulo llega a su fin, recuerda esto cada vez que cuestiones tu valía. Dite a ti mismo: *Dios mismo está incompleto sin mí. Recuerda esto cuando el ego te hable y no le oirás. La verdad acerca de ti es tan sublime que nada que sea indigno de Dios puede ser digno de ti. Decide, pues, lo que deseas desde este punto de vista y no aceptes nada que no sea digno de ser ofrecido a Dios. No deseas nada más.*[16] Tu mereces el esfuerzo consistente que hace falta para recordar que eres un hijo de Dios alegre y supremamente amoroso. El Curso habla consistentemente de nuestra inocencia y de que no hay causa *real* para la culpa. ¿Dónde está la culpa cuando su causa ha desaparecido? Cuando todos despertemos del sueño, no habrá recuerdo de la culpa, porque nunca existió. Donde no hay culpa, no hay mundo. El Cielo es nuestro hogar permanente, ahora y en la eternidad, donde todo es uno.

PÁGINA PARA NOTAS PERSONALES

CAPÍTULO 5

NUESTRA FAMILIA GALÁCTICA

Dado que tú y tu prójimo sois hijos de una misma familia en la que gozáis de igual rango, tal como te percibas a ti mismo y tal como lo percibas a él, así te comportarás contigo y con él. Debes mirar desde la percepción de tu propia santidad a la santidad de los demás.[1]

A lo largo de mi vida, a menudo he notado que por la noche miraba hacia arriba, hacia el cielo y el espacio exterior, sintiendo una gran curiosidad con respecto a otras posibilidades de vida. Aunque estaba en mi guion interesarme por todo lo que tiene que ver con el espacio y con las inteligencias de otros mundos, mucho antes de empezar el Curso ya tenía la sensación de que no estamos solos en el universo ilusorio. En otras palabras, tal vez el ego fabricó muchos tipos de civilizaciones y seres distintos, de los que la mayoría de nosotros no somos conscientes.

Empecé a leer libros sobre extraterrestres a mediados de los años 90 y estaba muy abierta a la idea de que estaban a nuestro alrededor y visitando nuestro planeta. Empecé a sospechar que podría haber vivido vidas en otros planetas, y así continué mi búsqueda. Entonces aprendí que mis primeras encarnaciones ilusorias no fueron en la Tierra sino fuera del planeta. Esto demostró ser verdad y fue confirmado por el Espíritu. Entonces empecé a tener experiencias muy vívidas e inusuales con ovnis y otros tipos de seres en el estado astral.

Quiero escribir sobre algunas de mis experiencias místicas más recientes con inteligencias externas a este mundo, porque en realidad todos somos una familia galáctica, y en último término todos somos un Hijo de Dios. Podrías preguntarte qué tiene esto que ver con el Curso. En mi opinión, puesto que nos estamos experimentando como cuerpos, eso incluye a *todos* los cuerpos, tanto de este planeta como de otro. Nuestro trabajo sigue siendo el mismo. Si algo nos hace reaccionar con negatividad, podemos perdonar a cualquier persona con quien entremos en contacto. Cuando el Curso dice que todos somos el único Hijo de Dios, significa todos, incluso los extraterrestres, las plantas, los insectos, los árboles, las rocas, etc. Todo sigue siendo parte del sueño, pero como nuestra experiencia es que estamos aquí, podríamos querer empezar a contemplar la idea de que los extraterrestres caminan entre nosotros y acabarán viviendo en el planeta con nosotros. Según Bashar, un extraterrestre canalizado por el médium Darryl Anka, la Tierra está preparada para albergar la sexta raza híbrida. Esto significa que más hijos híbridos de otros planetas encarnarán en la tierra en los próximos años. Algunos ya están aquí, y con el tiempo habrá más integración.

Si no podemos abrazar a todos los seres como parte de la Filiación, también nos estamos dejando fuera a nosotros mismos. Hay muchos tipos de razas extraterrestres distintas, y las más avanzadas espiritualmente entienden la idea de que somos uno. Ellos quieren que recordemos a nuestra familia galáctica y nuestra unidad con ellos. Ven lo que le estamos haciendo al planeta y quieren ayudarnos. No pueden interferir con nuestras elecciones personales, pero sí pueden interferir en nuestro mundo si se trata de algo que podría impactar en la galaxia, como una explosión nuclear que afectaría al cosmos. Sin embargo, no podrían intervenir ante una pequeña explosión nuclear que estallara en una ciudad, por ejemplo. Nosotros tenemos que responsabilizarnos de esas elecciones. Se sabe que los extraterrestres han desactivado códigos nucleares, que han alterado misiles y cosas de esa naturaleza para detener la ocurrencia de la catástrofe galáctica total. Esto son buenas nuevas, pero, una vez más, no significa que no vaya a ocurrir algo a una escala menor, aunque nosotros no la sentiríamos pequeña. Es bueno señalar que, aunque afrontar un estallido nuclear sería difícil, la respuesta es el perdón. Junto con eso haríamos lo posible para ser de ayuda en la forma, si el Espíritu Santo nos guía a ello. Hacer el Curso no implica permanecer pasivos ante lo que ocurre en el mundo. Significa que podemos permanecer pasivos hacia el ego y escuchar activamente la guía del Espíritu Santo.

MENTALIDAD ABIERTA

A fin de abrazar igualmente a toda la filiación, es sabio mantener una mentalidad abierta, y ver a todos y cada uno de los seres como lo mismo: una perfecta creación de amor. Puesto que en el futuro próximo más gente tendrá experiencias de contacto, quería introducir concisamente la idea para los que tal vez no estéis acostumbrados a pensar en esto. Si hablar de extraterrestres o leer este capítulo te produce miedo, esa no es mi intención. No voy a compartir nada atemorizante sobre los extraterrestres, solo experiencias interesantes que llevan a abrir la mente. No hay nada que temer con respecto a los extraterrestres. Son nuestros hermanos y hermanas del espacio. La mayoría de ellos no se aparecen a las personas que no están preparadas, o si eso no forma parte de su guion. Algunos podrían no tener nunca un contacto consciente con ellos. Otros podrían ver naves espaciales, pero no encontrarse con ellos cara a cara. Muchas personas, entre las que me incluyo, están empezando a soñar vívidamente con ellos. Esta es una manera de informarnos de que están con nosotros. Para ellos, el sueño es una manera poderosa de juntarse con nosotros, puesto que tenemos bajas las defensas y estamos más abiertos y receptivos.

Mis experiencias son más como visiones y vivencias en tiempo real cuando estoy dormida por la noche. Parecen ocurrir en mi estado astral, donde soy plenamente consciente de lo que ocurre a mi alrededor. Aunque todas las vidas son un sueño —tanto de día como de noche—, mis visiones son más como un sueño despierto, en el que siento que realmente estoy viviendo la experiencia. Nunca pensé que tendría el tipo de experiencias que he tenido recientemente, aunque siempre he estado abierta a la idea. Compartiré algunas de ellas en este capítulo para mostrar que el tiempo y el espacio son ilusiones, como lo son todas las aventuras que uno puede tener mientras parece estar en un cuerpo. El Espíritu también me dijo que formé parte de un programa de entrenamiento en el que me aclimaté a los extraterrestres y a sus modos de comunicar, en parte porque iba a escribir sobre ello. Bien, esto ya está ocurriendo ahora, tal como vi en una de mis visiones. El Curso dice que el guion está escrito. Esto incluye todas las experiencias que tenemos, por más extrañas y extraordinarias que puedan parecer. Creo que parte de mi cometido con el Curso es animarnos a todos a ser de mentalidad abierta, que es una de las características del maestro de Dios, como dice el *Manual para el maestro*. En otras palabras, dejamos de juzgar todas las cosas y nos mantenemos abiertos a cómo se despliega nuestro camino de Expiación. Las cosas ocurren por una razón. Nada ocurre por casualidad. Como podría parecer que el mundo va a seguir adelante otro millón de años, habrá sociedades más integradas de extraterrestres y humanos viviendo juntos, y surgirán todo tipo de nuevas tecnologías. Podríamos aceptar de buen grado que esta va a ser nuestra experiencia y empezar a practicar ahora, acostumbrarnos a la idea. Esto no significa que todos los que están leyendo este libro seguirán por aquí durante otro millón de años. Cada uno de nosotros ya tenemos establecido el momento de nuestra iluminación, en el que habremos aprendido la última lección de la Expiación.

El Curso lo expresa así: *Tal vez parezca que estamos contradiciendo nuestra afirmación de que el momento en que la revelación de que el Padre y el Hijo son uno ya se ha fijado. Pero hemos dicho también que la mente es la que determina cuándo ha de ocurrir ese momento, y que ya lo ha hecho.*[2] La mente que está fuera del tiempo y del espacio decide cuándo reexperimentar la aceptación de la Expiación, aunque ya ha ocurrido. Extraña paradoja, pero en realidad no es contradictorio cuando entiendes los dos niveles de los que habla el Curso. Está el nivel metafísico, donde la decisión de la mente a favor de la Expiación a través del Espíritu Santo ya ha ocurrido. El mundo acabó hace mucho, y nosotros estamos viendo una película que ya ha sido grabada. Después está el nivel del mundo: aquí las decisiones todavía tienen que tomarse, o eso parece. No tenemos que intentar entender esto porque solo puede ser experimentado. Cuando la Revelación alcance a todas las mentes, lo entenderemos.

Aquí hay otra declaración que habla de lo mismo: *Todo aprendizaje ya se encontraba en Su Mente, consumado y completo. Él reconoció todo lo que el tiempo encierra y se lo dio a todas las mentes para que cada una de ellas pudiera determinar, desde una perspectiva en la que el tiempo ha terminado, cuándo ha de ser liberada para la revelación y la eternidad. Hemos repetido en varias ocasiones que no haces sino emprender una jornada que ya concluyó.*[3] La declaración anterior vuelve a decir que el momento de nuestra iluminación ya ha ocurrido, entonces, ¿por qué preocuparse por el tiempo que pueda tomar? Tanto la Expiación —la corrección del pensamiento de separación— como el error de la separación —el pensamiento de pecado, culpa y miedo— ocurrieron simultáneamente. Por tanto, el pensamiento de separación, que solo fue un error, ya fue corregido. Nuestro trabajo consiste en aceptar la Expiación que ya está ahí. En nuestra experiencia puede parecer que nos lleva mucho tiempo hacer esto. Una vez que despertamos en Dios, sentimos que no ha pasado tiempo, porque el tiempo es una ilusión. ¡Qué pensamiento tan feliz! Cuando despertemos, no quedará ningún recuerdo del estado separado, lleno de dolor y sufrimiento. Todo será uno en alegría total, paz completa y amor Divino.

VISIONES MÍSTICAS Y EXPERIENCIAS FUERA DEL PLANETA

Me gustaría compartir con vosotros algunas visiones fascinantes que tuve mientras mi cuerpo parecía estar dormido. Recuerda, en realidad es la mente la que está viendo, oyendo y sintiendo cosas, incluso cuando parecemos estar despiertos. Durante todas mis experiencias, en las que sentía que estaba viajando físicamente, en realidad estaba viajando en mi mente, mientras estaba segura en mi cama; sin embargo, sentí visceralmente la sensación de ir a alguna parte. Gary estaba durmiendo a mi lado durante todas estas experiencias, y no tenía ni idea de que yo estaba dando paseos desenfrenados por otros planetas y conociendo a seres interesantes. Cuando despertaba de estas experiencias, mi corazón estaba acelerado y respiraba tan fuerte que sentía mis pulmones a punto de estallar. Al despertar me decía a mí misma: "Oh, Dios mío, he vuelto a tener una experiencia que no entiendo del todo, ¡pero son interesantes!". Nunca tenía miedo excepto cuando no podía ver adónde iba y me daba miedo abrir los ojos. Espero que os guste hacer este viaje conmigo.

Aunque he tenido sueños con extraterrestres antes, mi primera experiencia de un contacto evidente ocurrió hacia finales de 2020, cuando en estado astral vi a algunos seres de aspecto diferente montados en un vehículo espacial. Uno de ellos se me presentó como Mabin. Describí esta experiencia con detalle en mi segundo libro, *El asunto del perdón,* de modo que no la repetiré aquí. Empezaré por la segunda experiencia. Como un año después, en torno a junio de 2021, estaba durmiendo en mi cama y fui muy consciente —en una visión— de estar rodeada de seres que no eran de este planeta. No podía verlos, pero ciertamente podía sentirlos y notar su intensa energía. Mientras estaba tratando de dar sentido a lo que estaba experimentando, de repente pareció que estaba viajando a mucha velocidad, más rápido de lo que cualquier vehículo podría viajar en la tierra. Parecía que estaba en algún tipo de nave espacial, pero no podía ver nada porque tenía los ojos cerrados. Como esta experiencia era nueva para mí, me sentía un poco renuente a abrir los ojos, de modo que los mantuve cerrados, aunque tenía mucha curiosidad y deseaba abrirlos. Seguí viajando muy rápido, todavía consciente de que había otros seres conmigo. Mi respiración se hizo muy pesada porque la sensación era muy intensa: no negativa, solo energía muy intensa. Traté de abrir los ojos solo un poco, pero no los abrí lo suficiente como para realmente poder echar un buen vistazo a lo que me rodeaba. Pero sentí que estaba viajando por el espacio. Dije en mi mente: "¿Quiénes sois?". No hubo respuesta. Quería conocer a quienquiera que estuviese conmigo, pero probablemente esto no estaba destinado a ser así en aquel momento. Entonces parecí aterrizar en alguna parte. Y abrí los ojos.

Me encontré en una habitación o estructura redonda que parecía estar vacía, pero, a continuación, vi una puerta delante de mí, con una luz brillante que emanaba de la puerta. Enfrente de la puerta había un soporte sobre el que descansaba mi segundo libro, *El asunto del perdón.* "¡Qué extraño!", pensé. Oí voces más allá de la puerta, hablando en lo que parecía ser inglés, pero no podía oír lo que decían. Me pareció divertido que mi libro estuviese allí. Entonces desperté, pero no recuerdo haber viajado de vuelta a mi cama. Esto se debía a que había estado en mi cama en todo momento, y lo más probable era que hubiera estado viajando en el cuerpo astral. Con frecuencia los extraterrestres usan el viaje astral para conectar con la gente, en lugar de mover el cuerpo físico, aunque mucha gente siente como si abandonara su cama y entrara en naves espaciales.

Más adelante, cuando pregunté al espíritu por esta experiencia particular, se me dijo que había entrado en una de las llamadas cámaras de realidad perceptual, lo cual es como entrar en un holograma donde podía experimentar que estaba en ciertas situaciones como si realmente estuvieran ocurriendo; también se me dijo que es como un vídeo universal de entrenamiento y que era parte de mi formación. Se me dijo que tendría más de estas experiencias con el tiempo. Aprendería más sobre las formas de comunicar de los extraterrestres. Probablemente ver mi libro allí era una pista de que iba a escribir públicamente sobre estas experiencias. Tal vez esto me estuviera preparando para el comienzo de la ventana de contacto abierto, que comienza en la primera parte de 2023 y va hasta 2035-2040. Durante este tiempo me llegará más información sobre los extraterrestres, y más personas tendrán sus propias experiencias.

No hace falta añadir que cuando desperté estaba muy emocionada, pero no tenía miedo. Gary estaba tumbado allí, durmiendo plácidamente. Sabía que los seres no querían hacerme ningún daño. Simplemente había sentido su intensa energía; tal vez me estaba aclimatando a ella y entrenándome para responder sin miedo. A continuación, como unos tres meses después, tuve otra experiencia muy similar, pero entré un poco más en ella.

En esta otra experiencia, una vez más desperté —en una visión— en un lugar que no reconocía, pero parecía California. Gary estaba conmigo, y vimos que había mucha gente mirando al cielo. Miramos hacia arriba y vimos docenas de naves espaciales moviéndose por encima de nosotros. Había luces por todas partes, y todo tipo de símbolos y patrones geométricos en el cielo. En realidad, era un espectáculo impresionante y muy hermoso de ver. A continuación, Gary y yo estábamos en un campo con otras pocas personas, y había más ovnis girando a nuestro alrededor. Empecé a ver que uno de ellos venía hacia mí, junto con unos pocos orbes con forma de estrellas. Un hombre que estaba a mi lado dijo:

—Si ves uno de estos, es que estás a punto de que te lleven.

Estaba claro, miré delante de mí y vi un ovni más grande y de forma redonda venir hacia mí, y lo siguiente que supe es que había sido elevada del suelo y proyectada dentro de la nave. Sentí que estaba en el mismo tipo de vehículo, con forma de vaina, en el que había viajado antes. Tuve la misma sensación de ir rápido por el espacio, más rápido que cualquier cosa que pudiese imaginar. Volvía a tener los ojos cerrados y me resistía a abrirlos. Durante el vuelo seguía diciendo: "¿Quién eres? Quiero verte". Esta vez empecé a abrir los ojos un poco más y parecía que había estrellas a mi alrededor. Entonces aterrizamos. Abrí los ojos del todo y estaba en un lugar que parecía una sala de conferencias, pero muy moderna. El edificio parecía tener una estructura redonda. Creo que estaba dentro de una nave espacial. Miré a mi izquierda y me sorprendió ver a una mujer muy alta y hermosa de pie allí, mirando por la ventana. Por su posición, no podía ver su rostro. Aunque tenía rasgos humanos, no era humana. Era alta, tal vez como dos metros y medio, tenía largo pelo oscuro que le llegaba hasta la cadera y era muy escultural. La miré fijamente, pero no hubo comunicación. Lo siguiente que supe fue que estaba de vuelta en mi cama, y me desperté. Esta vez estaba contenta de al menos haber visto a uno de los seres. Más adelante me enteré de que la mujer era una pleyadiana. Los pleyadianos son seres muy avanzados, tanto tecnológica como espiritualmente. No hay nada que temer con respecto a ellos. A menudo, toman formas humanas, pero esta no siempre es la forma en la que eligen aparecer. De modo que creo que estoy haciendo contacto con este grupo particular, y no tengo ni idea de cuánto durará esto ni de si mantendré conversaciones con ellos. Es posible. Por ahora, acepto que hay una razón para todo ello.

Hay una experiencia más que me gustaría compartir, aunque también he tenido alguna otra más corta. Este fue un encuentro breve, pero también muy profundo, y en él hubo cierto reconocimiento de comunicación, aunque sin mediar palabra. Una vez más, mientras estaba durmiendo, parecí despertar en una visión o en forma astral, y estaba caminando por un espacio abierto al aire libre con Gary —la localización no me era familiar—. Un ovni salió de la nada ante nosotros, como a cien metros de distancia. Tenía forma oval y era de color blanco, no demasiado grande y con un agujero en el centro, como un donut. Estaba suspendido delante de nosotros, como si quisiera que le viéramos. Como siempre, me emocioné mucho y le dije a Gary: "Oh, Dios mío, ¡mira eso!".

Entonces voló sobre nuestras cabezas y más allá, y un poco por encima. Envié un mensaje telepático a la nave de que quería que volviera para ver quién estaba dentro. Empecé a saludarles con la mano, reconociéndoles muy apasionadamente. Entonces apareció otra nave más grande —después de que yo hubiera dicho eso mentalmente—, que tenía forma cónica, similar a las imágenes de los ovnis Vimana que se pueden encontrar en internet. Volví a enviarles un mensaje de que quería entrar en la nave y verlos. De repente, se revelaron unas ventanas en la nave y pude ver todos los rostros de los extraterrestres. Eran como una docena de seres de color blanco-gris, con cabezas grandes, ojos oscuros y cuerpos delgados, y había un par de ellos de aspecto más humano y con rasgos peculiares, similares a humanos, pero no eran de este mundo. Estaba diciendo a Gary: "¡Mira, ¿los ves?!". Él no quería abrir los ojos. Volví a saludarles con la mano y ellos me saludaron a su vez, y todos parecían estar sonriendo y felices de haber establecido contacto. Imitaban mis gestos, de modo que, si yo saludaba con la mano, ellos también; a continuación, me puse la mano sobre el corazón porque me sentía agradecida y ellos también se la pusieron. También parecían estar haciendo otros gestos, como imitando los que hacemos los humanos. En mi mente les dije que quería subir a bordo de la nave, y de repente la nave se acercó mucho y de nuevo volví a sentir que estaba siendo llevada. Como siempre, fue muy intenso, y pude sentir que la energía se intensificaba cuando noté que estaba a punto de ocurrir algo.

Estaba un poco reacia y nerviosa, pero no tanto como antes. La energía era tan poderosa que creo que estaba reaccionando a ella. Gary estaba de pie allí, neutral como siempre, y un poco renuente. Sentí que era llevada hacia la nave. No podía ver nada excepto una textura o luz blanca, pero en esta ocasión la experiencia acabó antes de que pudiera recordar haber estado dentro. Cuando desperté, tuve la misma sensación de que había ocurrido algo asombroso y era tan real como las cosas que me ocurren cuando estoy despierta durante el día. Esta vez sentí que se me estaba entrenando para que me acostumbrase a la energía y a estar cerca de la nave y de los seres.

Lo creas o no, puede resultar un poco intimidante ver una enorme nave espacial delante de ti suspendida en el aire. Creemos que estamos preparados para ver estas cosas, pero es muy distinto cuando realmente las experimentas. La energía es intensa y hace falta tiempo para acostumbrarse a ella. También es muy distinto a ver un ovni a lo lejos, donde no sientes que sea algo personal. Cuando está cerca, justo delante de ti, nuestra mente tiene que entender y dar sentido a algo con lo que no estamos familiarizados, algo que literalmente no es de este mundo. Millones de personas tienen experiencias, pero se resisten a hablar de ellas. Eso está bien, porque vivimos en una sociedad donde la gente juzga inmediatamente dichas experiencias y las condena. Es comprensible que quienes las viven no quieran compartirlas. Mis experiencias parecen formar parte de un camino en el que ayudo a la gente a ser más consciente de ellas. Mabin, el ser que conocí en una visión anterior, no ha vuelto a aparecer en mis visiones, y no sé si lo hará. Pero fui consciente de él en otra visión mucho más breve.

Como he dicho, ha habido algunas otras experiencias, pero quería compartir algunas de las más intensas que me han llevado a realizar un recorrido muy singular. Para aquellos de vosotros que estáis leyendo esto y que podéis estar abiertos al contacto, un modo de iniciar el proceso es familiarizarse con el aspecto que tienen muchos de estos seres. Hay numerosas razas de extraterrestres, y puedes encontrar algunas imágenes muy buenas en internet, pero yo recomiendo el libro *The Extraterrestrial Species Almanac*, de Craig Campobasso. Esta es una buena práctica para ver cómo reaccionas al ver sus caras. ¿Eres capaz de mirar sin encogerte ni juzgar? Si puedes estar en una actitud libre de juicio ante los extraterrestres, ciertamente eres capaz de no juzgar a los humanos. El Curso dice que todos somos hijos de Dios, y eso incluye a los extraterrestres. *Dios es imparcial. Todos sus hijos disponen de todo Su Amor, y Él da todos Sus dones libremente a todos por igual.*[4]

Otra cita que es relevante aquí es la siguiente:

No puedes entablar ninguna relación real con ninguno de los Hijos de Dios a menos que los ames a todos, y que los ames por igual. El amor no hace excepciones. Si otorgas tu amor a una sola parte de la Filiación exclusivamente, estarás sembrando culpabilidad en todas tus relaciones y haciendo que sean irrea-

les. Solo puedes amar tal como Dios ama. No intentes amar de forma diferente de cómo Él lo hace, pues no hay amor aparte del Suyo. Hasta que no reconozcas que esto es verdad, no tendrás idea de lo que es el amor. Nadie que condena a un hermano puede considerarse inocente o que mora en la paz de Dios. Si es inocente y está en paz, pero no lo ve, se está engañando, y ello significa que no se ha contemplado a sí mismo. A él le digo:

Contempla al Hijo de Dios, observa su pureza y permanece muy quedo. Contempla serenamente su santidad, y dale gracias al Padre por el hecho de que la culpabilidad jamás haya dejado huella alguna en él.[5]

Nuestro amor tiene que incluirlo todo para ser real. Si estás leyendo esto y te sientes incómodo al hablar de extraterrestres, por favor no te sientas mal ni te juzgues a ti mismo. O tal vez simplemente no te lo creas. Eso está bien. *Nada* de esto es real. Todas las dimensiones del tiempo y todos los tipos de seres que parecen existir siguen siendo parte del sueño. Sin embargo, como nuestra experiencia es que estamos aquí, y la mayoría de nosotros creemos que estamos aquí, tenemos trabajo que hacer. Es necesario ver a todos como perfecto espíritu, pleno e inocente, antes de poder retornar al Reino de los Cielos en paz. Para algunos, el camino podría no incluir experiencias con extraterrestres, de modo que puedes enfocarte en perdonar a la gente de tu vida. Si ves la imagen de un extraterrestre en televisión, o en algún otro lugar y te encojes, lo único que eso significa es que esa imagen particular se ha vuelto real para ti, y puedes perdonar eso también, tal como se nos pide que perdonemos *cualquier* imagen que hagamos real, incluyendo nuestros propios cuerpos. Realmente todo es lo mismo. Una imagen no es Dios. Dios está más allá de cualquier tipo de imagen.

Aunque el mundo y el universo entero son una ilusión, muchos de los que leéis este libro parece que habéis vivido en otros planetas antes de encarnar en la Tierra. Algunos podéis haber tenido vuestras propias experiencias con inteligencias de otros mundos y no habéis hablado de ellas. Es comprensible teniendo en cuenta que la mayoría de la población no habla de ello. O, si lo hacen, es detrás de puertas cerradas. El Pentágono ya ha reconocido a los ovnis, o lo que ellos llaman UAP (Fenómenos Aéreos No Identificados). Las cosas ya no se mantienen tan en secreto como antes, porque más gente está saliendo a la luz con grabaciones y experiencias innegables. Los extraterrestres no se aparecerán delante de las masas en el jardín de la Casa Blanca. Como he mencionado antes, prefieren conectar en nuestro estado onírico, cuando tenemos menos defensas. Su intención no es atemorizarnos. Quien esté teniendo experiencias de contacto acordó tenerlas antes de nacer. En este sentido, en realidad no hay nada que temer. Todo está ocurriendo tal como se supone que debe hacerlo.

Como algunos tienen miedo de que se les haga daño o de ser poseídos por otra entidad, sea un extraterrestre o un fantasma, quiero recordar que ningún ser en todo el universo puede hacerte daño ni adueñarse de tu mente sin tu permiso. Incluso si fueras dañado en algún sentido, lo acordaste a otro nivel. Ninguna entidad de ningún tipo puede hacerte daño ni tener poder sobre ti a menos que tú le des ese poder. Esto también es cierto en la vida de cada día. Otras personas simplemente no tienen el poder de controlarnos. Si ocurre algo que no es tu preferencia, puedes reconocer que ocurre por una razón, y pensar en cómo puede servirte. Puedes cambiar de mentalidad con respecto a su propósito. El Curso dice: *Soy responsable de lo que veo. Elijo los sentimientos que experimento y decido el objetivo que quiero alcanzar. Y todo lo que parece sucederme yo mismo lo he pedido y se me concede tal como lo pedí.*[6]

TODO OCURRE POR UNA RAZÓN

Es duro aceptar que pedimos cosas que pensamos que preferiríamos no tener, pero esto no ocurre conscientemente, sino a nivel inconsciente. Asimismo, todo ocurre por una razón. El propósito del ego es mantenernos enraizados en el sueño y creyendo que somos cuerpos. Esto nos mantiene alejados de la mente y del reconocimiento de que podemos cambiarla. Después de todo, si somos mentes y no cuerpos, los cimientos del ego se ven amenazados. Y este hará cualquier cosa por sobrevivir. A menudo bromeo con Gary diciendo que intentamos con demasiado ahínco que las cosas funcionen aquí, en el mundo. Todo es para el cuerpo. Necesitamos comer, dormir, comprar, darnos un baño, trabajar y la lista sigue. En algún momento, todo el mundo empezará a cuestionar todo lo que invertimos en un mundo que finalmente desaparecerá. A lo que me refiero con inversión es que llegamos a estar tan apegados al mundo que invertimos en obtener ciertos resultados. Nuestra felicidad depende de si conseguimos ese trabajo, de si tenemos la relación perfecta y un cuerpo perfectamente funcional, por nombrar solo unas pocas cosas. No es que no podamos tener estas cosas, pero no son lo que nos hace felices. Jesús dice: *Te pedí una vez que vendieras todo cuanto tuvieses, que se lo dieras a los pobres y que me siguieras. Esto es lo que quise decir: si no tienes interés alguno en las cosas de este mundo, puedes enseñarles a los pobres dónde está su tesoro. Los pobres son sencillamente los que han invertido mal, ¡y vaya si son pobres!*[7]

Jesús está hablando del Espíritu. Invierte tu fe en el Espíritu y en la guía que Dios te da. Estos son unos cimientos firmes que nunca cambiarán. El mundo siempre cambia y está establecido para decepcionarte. Esto se debe a que no es permanente. No es real. Solo Dios es real. Esto no significa que no deberías perseguir tus objetivos aquí, especialmente si son tu pasión. Hay una razón por la que ciertas cosas te emocionan. Forman parte de tu guion. Lo que el Curso sugiere es que no nos aferremos tanto a que las cosas ocurran de cierta manera como para perder la paz si no llega a suceder así. El mundo no merece que perdamos nuestra paz por él. La paradoja es que todavía podemos disfrutar de nuestras vidas aquí, y está bien hacer dinero y tener cosas hermosas, pero eso no es lo que cuenta en el Cielo. Lo que importa es: "¿Somos amorosos con nosotros mismos y con otros? ¿Nos juzgamos con dureza o nos perdonamos? ¿Nos vemos como hijos de Dios valiosos o como seres sin valor que merecen ser castigados? ¿Reconocemos nuestra inocencia o jugamos a ser pequeños reforzando la culpa?". Además, lo que importa es la calidad de nuestra vida, no la cantidad. En otras palabras, un niño puede fallecer a los diez años y haber realizado un enorme progreso espiritual. Un adulto puede fallecer a los noventa, pero no haber tenido una vida alegre. En ese caso, esa Alma probablemente reencarnará y tendrá la oportunidad de volver a hacerlo todo de nuevo.

Dentro del panorama mayor, ¿importa realmente si parece que volvemos aquí muchas veces? ¡Somos seres eternos! ¡Nunca

NUESTRA FAMILIA GALÁCTICA

dejaremos de existir! Al final despertaremos completamente y seremos uno con Dios, pero no como cuerpos. No habrá nada que echar de menos, porque todos aquellos a los que has conocido alguna vez estarán ahí contigo en la experiencia de unidad. El Cielo es la conciencia del amor perfecto. No hay historias ni imágenes de ningún tipo; no hay pasado ni futuro, solo el eterno ahora. No tenemos que intentar entender este estado, pero es agradable pensar en él. Para aquellos a los que les podría dar miedo esta idea de no tener cuerpos ni personalidades, no temáis. No podemos comparar nuestra vida aquí con lo que está más allá de este mundo. Son estados mutuamente excluyentes. La principal cosa de la que habla la gente que ha tenido experiencias cercanas a la muerte es de la increíble luz amorosa que les acoge. Ni siquiera quieren volver porque el amor es total. No tienen la sensación de ser juzgados por la luz, que solo ofrece amor. Si hay juicio, solo es debido al juicio sobre uno mismo y a la culpa. Por eso parece que volvemos, para trabajar en perdonar la culpa a través de los diversos temas que desplegamos en nuestras vidas. Estos temas pueden incluir, aunque no están limitados a: adicciones, problemas de salud, problemas económicos, problemas relacionales, ansiedad, depresión, abuso, etc. El alma sabe previamente en qué situación va a nacer. Por eso no hay accidentes. Hay una lección en el *Libro de ejercicios* del Curso que dice: *Todas las cosas son lecciones que Dios quiere que yo aprenda.*[8] Estamos aprendiendo que la Voluntad de Dios para nosotros es que seamos felices; que nos abracemos plenamente a nosotros mismos tal como Él nos creó, y que extendamos este amor y alegría por la Filiación, porque eso es lo único real.

Habrá momentos en los que nos sentiremos derrotados y agotados, y un poco cansados para continuar el viaje. En ocasiones así, repítete esto: *Dios Mismo está incompleto sin mí.*[9] Por eso eres tan digno de Su amor. Interiorízalo, marínate en ello y refuérzalo en cada ocasión que tengas. Repito esta línea por una razón. Si te la crees completamente, conocerás tu valor real. Tienes algo con lo que contribuir o no habrías aparecido aquí. Eres valioso porque existes como parte de Dios. No tienes que ganarte esta valía, y no importa el trabajo que hagas, o incluso que no tengas trabajo, o cuál sea tu estatus en el mundo. Todo eso es irrelevante para tu valía.

De vuelta a los extraterrestres, hay muchos seres espiritualmente avanzados que entienden muy bien la idea de unidad. Por
eso quieren conectar con nosotros. ¡Somos una gran familia galáctica! Desde la perspectiva del Curso, en realidad todos somos
el único Hijo de Dios, sin forma de ningún tipo. No obstante, la
manera de empezar a entender la idea de que no hay separación
es viéndonos como uno con nuestros hermanos. La unidad no
deja a nadie fuera, pues de otro modo no sería perfecta unidad.

Cuando escribo sobre mis experiencias con los extraterrestres y
sobre mi vida en general, solo es para destacar ciertos puntos del
Curso sobre ser amoroso y perdonador, sea cual sea tu programa
de estudios en la vida. Como estudiante del Curso, el fundamento
siempre es el no-dualismo puro. Siempre podemos remitirnos a la
idea de que solo Dios es verdad. Nada más es verdadero. Y cada
uno lo aprende a través de su programa de estudios personal.

Ceñirse al no-dualismo puro significa que, sean cuales sean los
retos que afrontemos, o lo que parezcan ser nuestras historias personales, siempre podemos recordar lo que realmente somos y lo
que es real. Al final, a medida que asciendes por la escalera, reconoces a Dios como la única autoridad, y sueltas los apegos a cualquier
cosa que no sea Dios. Esto no implica que no vivas una vida normal.
Solo implica que la vives siendo consciente de la realidad. *En Dios
estás en tu hogar, soñando con el exilio, pero siendo perfectamente capaz de despertar a la realidad.*[10] Como recordatorio diré que,
antes de que cualquiera de nosotros se ciña al no-dualismo puro
de manera consistente, generalmente vamos y venimos entre el
dualismo, el semi-dualismo, el no-dualismo y el no-dualismo puro.
A medida que practicamos el perdón y permitimos que el Espíritu
Santo corrija nuestra mentalidad errada, empieza a desarrollarse
un impulso. Cuanto más deshacemos el ego, más alegría sentimos
en nuestra vida diaria. No tienes que intentar deshacerte de tu ego.
Todo el mundo necesita un poco de ego para funcionar aquí. Cuando hagamos nuestra parte, el ego se deshará gradualmente en un
proceso natural. No hay necesidad de apresurarse. No estaríamos
dispuestos a aceptar la realidad de no estar preparados para ella.
De modo que podemos hacer el máximo por disfrutar de nuestras
vidas y no pensar demasiado en ello.

Cuando en nuestra vida ocurre algo que nos hace reaccionar
negativamente, a veces no es fácil olvidar la seriedad. Esto es muy

129

comprensible. A veces, los problemas corporales hacen muy difícil que nos demos cuenta de que no son reales. Por eso la persistencia compensa y también compensa mantener la convicción de que conseguiremos el éxito. El Curso lo expresa así: *Con todo, habrá tentaciones a lo largo del camino que al maestro de Dios aún le queda por recorrer, y tendrá necesidad de recordarse a sí mismo durante el transcurso del día que está protegido. ¿Cómo puede hacer eso, especialmente en aquellos momentos en que su mente esté ocupada con cosas externas? Lo único que puede hacer es intentarlo, y su éxito dependerá de la convicción que tenga de que va a triunfar.*[11] **Debemos entender que no es en *nosotros mismos* en quienes confiamos, sino que permitimos que el Espíritu Santo alcance el éxito a través de nosotros. Lo único que tenemos que hacer es pedir. Invitar al Espíritu Santo a que dirija nuestras mentes.**

Es interesante señalar que la mayoría de las culturas pacíficas de la historia de la Tierra, como Lemuria, la cultura del Valle del Indo y los antiguos minoicos y egipcios, todos estaban en contacto con extraterrestres y tenían una mentalidad abierta al respecto. Hemos perdido la conexión con la naturaleza y con el cosmos, aunque ya hay señales de reconexión con él. Cada vez más gente se está dando cuenta de que están pasando muchas más cosas de las que nos muestran los ojos del cuerpo. En último término, cuando recordamos que estamos soñándolo *todo*, podemos disfrutar más de nuestra vida y no tomarnos las cosas tan en serio. La mentalidad del ego es que tenemos que trabajar duro para sentirnos valiosos. Cuando estás en estado de inspiración, haciendo lo que más te gusta y siendo guiado en el viaje de vuelta al hogar, realmente no lo sientes como un trabajo. Es divertido. **Creo que merece la pena repetir que estar en un estado de inspiración es experimentarte a ti mismo como intemporal. No hay necesidad de contar las horas, ni de preocuparte de cuándo vas a completar todos tus proyectos. Por debajo de nuestro miedo a no completar las cosas, y también cuando tenemos la necesidad de acelerarlas, está el miedo a la muerte.** Prácticamente nadie está en contacto con este miedo. Superficialmente puede parecer que estamos bien con respecto a la muerte, pero inconscientemente el ego siente la necesidad de hacer cosas debido al miedo a su aniquilación eventual. Esta es la historia que nos ha contado el ego desde el aparente principio: somos seres pecaminosos y culpables que merecemos ser castigados. ¿Quién nos va a castigar? Dios Mismo. No es de extrañar que caminemos por ahí en estado de alerta y llenos de miedo. Pero Dios no es miedo, sino amor. ¡La buena nueva es que el sistema de pensamiento del ego y todas sus mentiras no son verdad! En un próximo capítulo, titulado *Fe o Ficción*, hablaré más sobre cómo girar las tornas al guion del ego y cambiar al guion de perdón del Espíritu Santo. También hablaré más de cómo mantenerse fiel al no-dualismo puro, reconociendo que los pensamientos que tenemos con el ego no son reales, y por lo tanto no son de Dios. Si el ego no es real, tampoco lo es el mundo de la multiplicidad y todas las formas que esta ilusión asume. Solo hay un Hijo de Dios, todos nosotros somos como *una* sola mente que es plena. Así es como cada uno debe pensar sobre sí mismo para empezar a soltar la ilusión de separación. En el *Manual para el maestro* del Curso hay una sección llamada, ¿Cuántos maestros de *Dios se necesitan para salvar al mundo?*[12] Aquí hay un extracto de esa sección:

La respuesta a esta pregunta es... uno solo. Un maestro absolutamente perfecto que haya completado su aprendizaje es suficiente. Este maestro, santificado y redimido, se convierte en el Ser que es el Hijo de Dios. Quien siempre fue únicamente Espíritu ya no se ve a sí mismo como un cuerpo y ni siquiera como en un cuerpo. Por lo tanto, es ilimitado. Y al no tener límites, sus pensamientos están unidos eternamente a los de Dios. La percepción que tiene de sí mismo está basada en el Juicio de Dios, no en el suyo propio. De esta manera, comparte la Voluntad de Dios y lleva Sus pensamientos a las mentes que todavía están engañadas. Es por siempre uno porque es tal como Dios lo creó. Ha aceptado a Cristo y se ha salvado.[13]

Esta sección del *Manual para el maestro* es tan poderosa que volveré a ella más adelante. El pasaje anterior explica que solo hay uno de nosotros, y por eso solo hace falta un maestro completamente dedicado para salvar al mundo. El cuerpo ya no es su identidad, porque Dios es su única fuente de fuerza y sustento, y también su realidad. Usa el cuerpo para llevar la Palabra de Dios a los que no saben que son Espíritu. Así, el cuerpo se vuelve santo porque sirve a un propósito santo. ¿No te parece apasionante? ¡Qué maravilloso saber que puedes permitir que tu cuerpo sirva al propósito de llevar luz y amor a otras mentes!

Creo que es importante señalar que, sin importar la religión o filosofía que practiques, Cristo o la idea de aceptar a Cristo no es una idea religiosa. Cristo se define como el Hijo de Dios, pero *todos* nosotros somos Su hijo. En el Curso, Jesús corrige la idea de que Él fue el único Hijo de Dios. En realidad, él enseñaba que *todos* lo somos. Asimismo, él usa intencionalmente la terminología cristiana para hacer otras correcciones que el cristianismo entendió mal. Una buena regla orientativa con respecto a cualquier religión es tomar las cosas que representan la unidad, la bondad y el amor, y descartar las que hablan de Dios como un asesino iracundo y cruel. Dios no puede ser ambas cosas, pues de otro modo no sería amor perfecto. No hay nada malo con respecto a la religión, ya que puede ser utilizada como una manera maravillosa de sentirse conectado con un poder superior, y como un modo de unirse a otros en el objetivo común de mejorarnos a nosotros mismos y de ser buenos y amorosos unos con otros. Jesús, en Su amor total, solo quiere que sepamos quiénes somos para que no suframos.

Como cierre, podemos recordar que todos somos una familia galáctica que toma la forma de muchos tipos de seres distintos. No tenemos que dejar que las múltiples formas nos engañen llevándonos a creer que estamos separados. Podemos atravesar la ilusión de separación y mirar más allá a la realidad de cada ser. Deberíamos pensar en cada ser, sea de la Tierra o no, como perfecto Espíritu, pleno e inocente, nada menos que Dios. *Tal como le consideres a él, así te considerarás a ti mismo. Tal como lo trates, así te tratarás a ti mismo. Tal como pienses de él, así pensarás de ti mismo. Nunca te olvides de esto, pues en tus semejantes, o bien te encuentras a ti mismo o bien te pierdes a ti mismo.*[14] A veces, nos sentimos un poco perdidos antes de poder encontrarnos. Eso está bien. Todos los sueños que hemos creado y atesorado durante algún tiempo solo tienen un resultado, que es el siguiente: el amor sigue siendo él mismo a pesar de las apariencias y de las extrañas ocurrencias. Es verdad por siempre, porque es lo único real.

PÁGINA PARA NOTAS PERSONALES

CAPÍTULO 6

LIBERTAD EMOCIONAL

Solo puedes experimentar dos emociones. Una la inventaste tú y la otra se te dio. Cada una de ellas representa una forma diferente de ver las cosas, y de sus correspondientes perspectivas emanan dos mundos distintos.[1]

Decidí que quería incluir un capítulo sobre las emociones, puesto que mucha gente pregunta dónde encajan dentro del contexto del Curso. Asimismo, durante algunos de mis días más difíciles en la segunda parte de 2021 y principios de 2022, surgieron en mí muchas emociones que sabía que formaban parte de mi proceso de curación. Se estaban produciendo muchos cambios tanto a nivel físico como mental, que me catapultaron a lo que llamé un campo de entrenamiento para la mente. A veces, puede parecer que necesitamos una actualización del sistema operativo, ¡y tal vez la necesitemos! Siento que este fue un tiempo importante para que afinara mi actitud y practicara el Curso con tanta vigilancia como pudiera. Según el Espíritu Santo, este es el propósito del mundo; sanar nuestras percepciones a través del perdón.

Lo que la mayoría de la gente no sabe es que solo hay dos emociones: el amor y el miedo. El ego fabricó el miedo, pero el amor nos fue dado por Dios en Su creación. Estas dos emociones producen experiencias completamente opuestas, porque son mutuamente excluyentes. El amor simplemente es él mismo, porque es pleno, pero el miedo tiene derivados, entre los que se incluyen la depresión, la ansiedad, la duda, la preocupación, la envidia, la ira y la incertidumbre, por nombrar algunos. Sin importar cuál de estos experimentemos, sigue siendo un subproducto del miedo. Si entendemos de dónde viene el miedo, podemos empezar a perdonar la causa. El Curso explica con claridad de dónde viene el miedo, y dice:

*¿Cuán dispuesto estás a escaparte de los efectos de todos los sueños que el mundo haya tenido? ¿Es tu deseo impedir que ningún sueño parezca ser la causa de lo que haces? Examinemos pues el comienzo del sueño, ya que la parte que ves no es sino la segunda, cuya causa se encuentra en la primera. Nadie que esté dormido y soñando en el mundo recuerda el ataque que se infligió a sí mismo. Nadie cree que realmente hubo un tiempo en el que no sabía nada de cuerpos y en el que no habría podido concebir que este mundo fuese real. De otro modo, se habría dado cuenta de inmediato de que estas ideas son una mera ilusión, tan ridículas que no sirven para nada, excepto para reírse de ellas. ¡Cuán serias parecen ahora! Y nadie puede recordar aquel entonces cuando habrían sido motivo de risa e incredulidad. Pero lo podemos recordar solo con que contemplemos su causa directamente. Y al hacerlo, veremos que, en efecto, son motivo de risa y no de temor.*²

El miedo, en cualquiera de sus formas, viene de la creencia de que estamos separados de Dios y de que Él ahora va a castigarnos por el "pecado" que creemos haber cometido. Estos son los pensamientos de los que podemos reírnos. Dios es amor, no miedo. Cualquier emoción que venga del miedo es una gran señal de aviso, y nos permite perdonarnos a nosotros mismos por no confiar en que somos poderosos más allá de toda medida. Cuando sentimos que nos falta confianza en el proceso, se debe a que estamos confiando en nuestra propia fuerza en lugar de poner nuestra fe en el Espíritu Santo. Esto también puede tomar la forma de poner nuestra confianza en la carencia en lugar de confiar en la realidad, o en la totalidad de cada cual como el único Hijo de Dios. Perdonar a otros no significa que necesites que el otro cambie como resultado de tu perdón. Significa que te ves libre de las cadenas que te pones a ti mismo cuando asumes o esperas que los demás sean diferentes. Cuando algo se perdona verdaderamente, no queda apego emocional a ello. Cuando el perdón se da verdaderamente, la emoción de miedo cambia de inmediato al amor.

En las relaciones existe el estereotipo de que los hombres no saben expresar sus emociones. Esto no es cierto. ¡Conozco a hombres que aman tanto a sus mujeres que casi se lo dicen! A veces es bueno poner un poco de humor. Hombres, perdonadme. Necesitamos el humor. Un día mi madre y yo estábamos teniendo una conversación sobre las relaciones y ella entendió mal algo que yo había dicho, pero ambas nos pudimos reír a gusto. Estábamos hablando del libro sobre las relaciones que estoy escribiendo con Gary, y yo comenté que ella podría corregirlo. Ella lo entendió mal y dijo:

—¿Quieres que corrija vuestra relación?

Me hizo mucha gracia. Me llevó a pensar: "¿Qué podría corregir de Gary si tuviera la oportunidad?". Tuve que reírme de este pensamiento. Y me hizo darme cuenta de que no cambiaría nada, porque todo ocurre por alguna razón. Soy una persona mucho más fuerte, sabia y pacífica de lo que era antes de conocer a Gary. Todas nuestras experiencias, y también algunas dificultades, me han ayudado en mi proceso de perdón. Creo que Gary también estaría de acuerdo desde su lado. La gente se junta para trabajar sus cosas, y a lo largo del camino hay muchas sorpresas bellas y agradables. Las relaciones, cuando se usan para el propósito de perdón del Espíritu Santo, se convierten en relaciones santas, que es el objetivo de mantenerlas.

INTELIGENCIA EMOCIONAL

Una de las claves para cultivar un yo emocional equilibrado, en el que seas capaz de controlar tus emociones sin proyectarlas en otros, es poder expresarte en un entorno seguro y que te apoye. Expresarte desde ti podría significar que ya no edulcoras tu vida, fingiendo que las cosas están bien cuando no lo están. Ser honesto con tus emociones y sentimientos sin proyectarlos en los demás es otra actividad saludable. El Curso dice que necesitamos mirar con honestidad a nuestros disgustos o al ego, porque lo hemos hecho real. Cuando podemos empezar a mirar sin juicio, ese es un gran comienzo. El Espíritu Santo, cuando le preguntemos, nos ayudará a ver nuestros errores de pensamiento, que se producen en el nivel de la mente. El deshacimiento de los errores también ocurre en la mente al elegir el milagro; un cambio de percepción que nos permite ver con verdadera visión. *La visión espiritual literalmente no puede ver el error y busca simplemente la Expiación.*[3] Tener esta mentalidad requiere mucha práctica.

137

Cuando nos damos cuenta de que aferrarnos a los resentimientos —un error— nos produce dolor, la respuesta natural es dejarlos ir para que sean reemplazados por la visión.

LOS NIÑOS Y EL CURSO

Algunos preguntan: "¿Puedo enseñar el Curso a mis hijos?". La respuesta depende del niño. En general, el Curso no fue escrito para niños. Si está claro que el niño no hace preguntas sobre Dios o la naturaleza de la existencia, y es demasiado joven para asimilar las enseñanzas, lo mejor es no forzarle. Sin embargo, si un niño exhibe una conciencia espiritual muy avanzada y parece verdaderamente interesado en la información, está bien explorar las ideas con él. Si sientes que surge alguna incomodidad o miedo en el niño, detente. No está preparado. De modo que únete al Espíritu Santo y pídele ayuda para encontrar la manera más amorosa de comunicar con tu hijo.

Hay modos de enseñar a los niños a expresarse sin miedo a la condena ni al juicio de otros. Puedes crear un espacio seguro para que tu hijo libere emociones y enseñarle que no necesita proyectarlas en los demás para conseguir lo que quiere. Son poderosos seres espirituales que tienen la capacidad de conseguir lo que necesitan de manera equilibrada y saludable. Tu demostración de las enseñanzas del Curso les ayudará. No tienes que enseñarles con palabras, sino con tus acciones. El Curso dice: *Enseñar es demostrar. Existen solamente dos sistemas de pensamiento, y tú demuestras constantemente tu creencia de que uno u otro es cierto. De tu demostración otros aprenden, al igual que tú.*[4] Los dos sistemas de pensamiento son el ego, que enseña miedo, o el Espíritu Santo, que enseña amor. Los niños recordarán cómo los trataste, y no tanto las palabras que les dijiste. Ser incondicionalmente amoroso y usar refuerzos positivos para que se porten bien les ayudará a convertirse en adultos saludables. Esto no significa que retires tu amor cuando se porten mal. Viniendo desde el amor, hay ciertas acciones apropiadas que puedes emprender para gestionar los comportamientos que no prefieres. El amor te guiará. Deja que él sea la luz que te guíe en cuanto a cómo educar a tu hijo.

Cuando tengas que lidiar con emociones de miedo, asumir plena responsabilidad por ellas te mantiene en la causa en lugar de en el efecto. Es bueno estar en la causa, porque entonces puedes hacer algo al respecto. Si fueras un efecto de otras personas y del mundo, ciertamente serías una víctima. Tu mente puede estar fundamentada en la verdad: no ocurrió nada. Sin embargo, a veces tenemos que honrar nuestras emociones sin taparlas y apropiarnos de ellas, lo cual puede formar parte de nuestro proceso de curación, de modo que ellas puedan sacarlo todo a la superficie para perdonarlo por igual. En la forma, el camino de expiación de uno puede parecer diferente del de otro, pero siempre consiste en perdonarte a ti mismo por creer que no vales nada y mereces castigo. No cuidar de uno mismo emocionalmente, así como físicamente, es una forma de autocastigo surgida de la culpa. No hay causa para la culpa. Solo hay aprendizaje y crecimiento.

Aprender a amarte cuando no te sientes bien contigo mismo es un proceso. Parte de él consiste en aprender a amarte completamente, incluso cuando cometes errores. Eso es lo que hace el amor. *Tu eres la obra de Dios y Su obra es totalmente digna de amor y totalmente amorosa. Así es como el hombre debiera pensar de sí mismo en su corazón, pues eso es lo que realmente es.*[5] Aunque es bien intencionado, muchas personas se tensan cuando oyen que no son diferentes de Dios. Esto se debe a que el ego nos ha evaluado a todos como no amorosos. Así es como piensa el ego:

El ego se engaña con respecto a todo lo que haces, especialmente cuando respondes al Espíritu Santo, ya que en esos momentos su confusión aumenta. Es muy probable, pues, que el ego te ataque cuando reaccionas amorosamente, puesto que te ha evaluado como incapaz de ser amoroso y estás contradiciendo su juicio. El ego atacará tus motivos tan pronto como estos dejen de estar claramente de acuerdo con la percepción que tiene de ti. En ese caso es cuando pasa súbitamente de la sospecha a la perversidad, ya que su incertidumbre habrá aumentado. Es evidente, no obstante, que no tiene objeto devolverle el ataque, pues ¿qué podría significar eso sino que estás de acuerdo con su evaluación acerca de lo que eres?[6]

Queremos adquirir el hábito de reconocer cuando estamos desalineados de nuestro verdadero Ser. Tu estado de ánimo te dirá qué maestro has elegido en cualquier momento dado, el ego o el Espíritu Santo. Cuanto antes permitas que la corrección del Espíritu Santo entre en tu mente, antes volverá la paz. A veces, la paz no viene inmediatamente. Se ha acumulado tal impulso que hace falta algún tiempo para trabajar tu camino de vuelta a la paz. Tómalo paso a paso y pensamiento a pensamiento mientras trabajas el camino de vuelta al sentimiento de paz. Me gusta decirme a mí misma: "Este sentimiento incómodo pasará, como pasan todas las cosas". Generalmente, el proceso de deshacer el ego incluye cierta dificultad y dolor interno, porque el ego tiene miedo de perderse a sí mismo. Recuerda, no sueltas el ego todo de una vez. Esto ocurre gradualmente a lo largo del tiempo. Puedes tener la sensación interna de la desaparición del ego como una pérdida, algo similar a perder a un ser querido. Tenemos que admitir que nos hemos hecho amigos del ego por un tiempo, aunque en verdad él no es tu amigo. Va en contra de la realidad en todos los sentidos. Por eso es un proceso. Hemos sido entrenados a creer que el ego/cuerpo/mundo es la realidad, pero no tienes que reforzar este pensamiento. El siguiente pasaje del Curso es muy importante para ayudarnos a entender cómo opera el ego, pero también que somos mentes poderosas que pueden elegir. Dice:

Todo lo que aceptas en tu mente se vuelve real para ti. Es tu aceptación lo que le confiere realidad. El permitirle la entrada al ego en tu mente y entronarlo allí es lo que lo convierte en tu realidad. Eso se debe a que la mente es capaz de crear realidad o de fabricar ilusiones. Dije anteriormente que tienes que aprender a pensar con Dios. Pensar con Él es pensar como Él, lo cual produce dicha y no culpabilidad porque es algo natural. La culpabilidad es un signo inequívoco de que tu pensamiento no es natural. El pensamiento que no es natural va siempre acompañado de culpa porque es la creencia en el pecado. El ego no percibe el pecado como una falta de amor, sino como un decidido acto de agresión. Esto es necesario para su supervivencia porque, tan pronto como consideres que el pecado es una insuficiencia, tratarás automáticamente de remediar la situación.

Y lo lograrás. Para el ego eso es la perdición, pero tú tienes que aprender a verlo como tu emancipación.[7]

Jesús nos anima a darnos cuenta de lo que está haciendo el ego, y a intentar corregirlo —con la ayuda del Espíritu Santo—, ¡y así tendremos éxito en el proceso de deshacimiento! Él no está diciendo que este proceso sea siempre fácil, ¡pero confía en nuestro éxito! ¿No te parece alentador?

Hace poco fui a las colinas de Hollywood con Gary. Nos gusta dar paseos en coche por la tarde y disfrutar de la vista de la ciudad desde allí. Encontré un sitio genial, en lo alto de las colinas. Ambos nos dimos cuenta de lo tranquilo que se está allí, porque no hay sonidos del tráfico, ni sirenas ni coches tocando el claxon, solo quietud. Ambos lo comentamos y nos sentimos muy en paz. A continuación, miré hacia lo alto, al cielo claro, en el que no se divisaba ni una nube. Y pensé para mí: "Este sería un gran ejercicio". Cuando surja algo que altere mi paz, puedo usar el símbolo del cielo azul despejado, sin ningún tipo de imágenes en él, y pensar en la quietud. Me recordó al centro sereno del que habla el Curso —y del que yo también he hablado antes—, en el que el cuerpo parece desaparecer en la quietud. El Curso lo dice así: *Mas este lugar de reposo al que siempre puedes volver siempre estará ahí. Y serás más consciente de este tranquilo centro de la tormenta, que de toda su rugiente actividad. Este tranquilo centro, en el que no haces nada, permanecerá contigo, brindándote descanso en medio del ajetreo de cualquier actividad a la que se te envíe. Pues desde este centro se te enseñará a utilizar el cuerpo impecablemente. Este centro, del que el cuerpo está ausente, es lo que hará que también esté ausente de tu conciencia.*[8]

En nuestro estado natural, no hay imágenes de ningún tipo imprimiendo en nosotros pensamientos, ideas y creencias. Permanecemos aquietados en la serena belleza de la Creación. Mirar el cielo azul despejado me recordó mi realidad cuando no hay historia. No hay pasado ni futuro, ni deseo de que pase nada. Solo está presente la aceptación de la Voluntad de Dios. Algunos de vosotros podéis tener vuestros propios símbolos o imágenes que usáis para recordaros la verdad. Está bien usar como recordatorio cualquier cosa que sea de verdadera ayuda. La música es otra herramienta preciosa para ayudarle a uno a sentirse inspirado y estar en contacto con la realidad. Lo único que se necesita es un cambio de mentalidad, pero el ego es complicado e imprevisible. Nuestras mentes no siempre cambian de inmediato, de modo que los símbolos pueden ser útiles. Permítete usar símbolos cuando los necesites.

El Espíritu Santo está al cargo y hay una razón para todas las cosas. Nada ocurre por casualidad. El guion está escrito. Con relación a curar la emoción de miedo, que puede manifestarse como síntomas corporales, quiero animar a todos los que puedan estar pasando un momento difícil que se permitan la dignidad de su proceso. Nadie puede juzgar qué es mejor para ti. Cuando hallamos la oportunidad de perdonar en cualquier dificultad, nos curamos. La curación no significa necesariamente que el cuerpo esté libre de síntomas, aunque ciertamente eso es posible. Significa que curamos nuestras percepciones erróneas con respecto a nosotros mismos y al mundo, pero el cuerpo es irrelevante para este proceso. Si el guion está escrito y el mundo acabó hace mucho, el trabajo real es pedir ayuda a Jesús o al Espíritu Santo para ver con verdadera visión. Esto significa que hacemos todo lo posible por mirar más allá de nuestras ilusiones o para perdonarlas.

Nunca sabemos qué bendiciones podríamos estar disfrutando, incluso en medio de una enfermedad o de un gran reto, especialmente si lo usamos para el propósito del Espíritu Santo. Hace falta mucha buena voluntad y una mente madura para ver una gran dificultad como una oportunidad de estar más cerca de Dios y realizar tu verdadera naturaleza. Cuando hacemos esto, podemos aceptar las bendiciones que nos ofrece la experiencia. Si en tu vida está ocurriendo algo que preferirías evitar, por favor, sé bueno y paciente contigo mismo. Encuentra lo que te inspira y trata de permanecer en ese estado de inspiración. Cuando estamos en ese estado, no hay tiempo. Todo está ocurriendo en un orden perfecto. Me encanta la siguiente cita del Curso sobre la mente:

La mente que está libre de culpa no puede sufrir. Al estar sana, sana a su vez al cuerpo, porque ella misma ha sanado. Las enfermedades son inconcebibles para la mente sana, ya que no puede concebir atacar a nada ni a nadie. Dije antes que la enfermedad es una forma de magia. Quizá sería mejor decir que es una forma de solución mágica. El ego cree que castigándose a sí mismo mitigará el castigo de Dios. Mas incluso en esto es arrogante. Le atribuye a Dios la intención de castigar, y luego adopta esa intención como su propia prerrogativa. El ego trata de usurpar todas las funciones de Dios tal como las percibe porque reconoce que solo se puede confiar en una lealtad absoluta.[9]

Este pensamiento nos mueve a sentir humildad. A lo largo de todo el Curso se nos recuerda que, como hijos de Dios, somos poderosos y tenemos la capacidad de cambiar de mentalidad con respecto a nosotros mismos. Este Curso empoderador trata de enseñarnos de una manera única. Nos enseña a deshacer los obstáculos que nos impiden tomar conciencia de que el amor siempre está presente dentro de nosotros. En este sentido, el amor no es algo que se enseña, sino una comprensión que viene a cada mente cuando se deshacen los obstáculos.

RELACIONES Y EQUILIBRAR LAS EMOCIONES

Como las relaciones son una parte importante del proceso de aprender a equilibrar nuestras emociones, hablaré un poco de ellas. El objetivo es hacer que el amor sea nuestro principio guía en todas nuestras interacciones con la gente. Es posible que tengamos que pasar muchas veces por las emociones derivadas del miedo hasta llegar a gestionarlas realmente bien. Puede ser útil adquirir el hábito de expresarte con tu pareja o con cualquiera con quien estés en relación no desde una posición de culpar, sino desde la responsabilidad. Reconoce cuando estás irritado, y coméntalo desde la perspectiva de compartirlo como una manera de honrarte a ti mismo, pero no desde la necesidad de tener razón.

Cuando haces el intento sincero de comunicar a otras personas cómo te sientes sin proyectar sobre ellas, los resultados podrían sorprenderte. No obstante, por más sincero y amoroso que seas, el ego puede seguir sintiéndose atacado. Lo importante es honrarte a ti mismo y a la relación expresando lo que necesita ser expresado de la manera más amorosa posible. A veces no te sentirás muy amoroso, y tu sinceridad puede convertirse abruptamente en enfado. Si la otra persona comienza a ponerse a la defensiva, es muy fácil distraerse y ser absorbido en una discusión. Está bien sentir enfado o cualquier emoción procedente del miedo, y darte permiso para sentirla sin juzgarte. En algún momento, es bueno reconocer que en realidad no quieres estar enfadado, y puedes iniciar el proceso de volver a la paz. Las cosas aparentemente pequeñas que tienes en mente, y que podrían estar irritándote, son tan importantes como las cosas aparentemente grandes. En otras palabras, como dice el Curso, todas son igualmente un asalto a tu paz mental. Si practicas con lo que consideras cosas pequeñas, tal vez las grandes no serán tan difíciles de confrontar. Lo mismo pasa con el perdón. Cuando practicamos perdonar las pequeñas cosas, adquirimos el hábito de perdonar cualquier cosa, de modo que cuando surjan las más grandes o más duras, puede ser más probable que perdonemos automáticamente en lugar de juzgar. Finalmente aprendemos que siempre estamos perdonando lo mismo, porque todas las ilusiones representan la ilusión de separación. Por lo tanto, no hay grados de dificultad entre ellas a menos que definamos algunos problemas como más importantes, difíciles o grandes que otros.

Otra indicación útil es practicar el darse cuenta de la diferencia entre ser quisquilloso y la expresión auténtica y genuina de un problema. Un ejemplo de ser quisquilloso es quejarse de cómo alguien pone el rollo de papel higiénico en el soporte. ¿De qué lado sale el papel? ¡Sé que sabes a qué me refiero! ¿Hay algún producto que ha sido colocado fuera de su lugar habitual en el frigorífico? ¿Hay algún sonido que emite tu pareja que te irrita, como el ruido que hace al comer o al sorber el café? Aunque estas cosas pueden ser molestas, ¿merece la pena discutir por ellas? Siempre es bueno ser tú mismo, pero mostrarse quisquilloso no añade nada valioso a una relación y a menudo empeora las cosas.

La auténtica autoexpresión tiene más que ver con las cosas que requieren atención —como una gracia salvadora para tu relación—, pero también con honrarte a ti mismo y la relación compartiendo tus preocupaciones si realmente hay algo que te sientes guiado a compartir para favorecer el crecimiento de esta. Hay un pasaje en el Curso que confunde a mucha gente, y aquí me gustaría arrojar luz sobre él. El pasaje es:

Reconoce lo que no importa, y si tus hermanos piden algo "descabellado", hazlo precisamente porque no importa. Niégate y tu oposición demuestra que sí te importa. Eres únicamente tú, por lo tanto, el que determina si la petición es descabellada o no, y toda petición de un hermano es tu propia petición. ¿Por qué te empeñas en negarle lo que pide? Pues negárselo es negártelo a ti mismo, y empobrecerte a ti y a él. Él está pidiendo la salvación, al igual que tú. La pobreza es siempre cosa del ego; nunca de Dios. Ninguna petición es "descabellada" para el que reconoce lo que es valioso y no acepta nada más.[10]

Este pasaje no dice que debamos hacer por alguien algo que podría ser dañino para él o ella. Se trata de examinar nuestras reacciones de cerca. Si experimentamos una oposición abrupta o una respuesta negativa a la petición descabellada de alguien, estamos tan envueltos en el ego como la persona que está haciendo la petición descabellada. Creemos que nuestra salvación reside en que esa persona no obtenga la respuesta que pide, tal como esa persona piensa que su salvación reside en obtenerla. Esto es lo que está diciendo el pasaje. De ningún modo deberíamos hacer algo por alguien que pudiera ser dañino o peligroso.

Por otra parte, cada vez que nos encontramos con alguien, tenemos la oportunidad de tener un encuentro santo. Esto es cierto incluso si nos encontramos con alguien en el ascensor. Si eres amable y amoroso con esa persona, aunque sea por un instante, se convierte en una relación santa. En último término, cuando vemos a los demás plenos e inocentes, perfectas creaciones del amor, nos estamos encontrando con nuestro Ser real a través del otro. Esto es aceptarte tal como Dios te creó. Cada vez que te tratas a ti mismo con amor, también es una ocasión santa. Compartir la decisión de Jesús de mantenerse atento solo a favor de Dios la fortalece para toda la Filiación, y permite que los verdaderos regalos de Dios, que son la alegría, el amor incondicional y la paz, se conviertan en nuestra experiencia.

Como este material parece un poco serio, aquí va otro chiste: Un día, un chico joven expresa su deseo de llegar a ser un gran escritor.

—Quiero escribir cosas que lean personas de todo el mundo, algo a lo que la gente reaccione con mucha emoción, que les hará gritar, llorar, enfadarse y que les hará sufrir —dijo. Ahora trabaja en Microsoft y escribe los mensajes de error.

Cuando me pillo a mí misma en modo ego o en una situación emocionalmente molesta, lo cual puede tomar muchas formas, lo que me ayuda a hacer el cambio al Espíritu Santo es recordar el suceso definitivo de la retransmisión en vivo, que es el amor de Dios atravesándome en el presente eterno. Dios está vivo en nosotros *ahora*, no en un pasado o futuro, que en realidad no están ahí. Si te abres a él sinceramente, el Espíritu Santo ayudará a guiarte de vuelta a la paz. El Espíritu Santo habla en el lenguaje del pensamiento o la energía inspirados para que podamos oírle. Esto puede tomar la forma de sentirse realmente apasionado o animado con respecto a algo, o con la suficiente curiosidad para seguir explorándolo. Puedes sentirte atraído naturalmente hacia alguien o algo, o sentir una sensación de amor. Si ocurre esto, puedes iniciar una acción inspirada, una acción guiada. Si ignoramos estos pensamientos y sensaciones, estamos diciendo básicamente que no confiamos en ellos o, con más precisión, que no confiamos en nuestra guía superior o intuición. Desarrollar la capacidad de oír al Espíritu Santo requiere mucha práctica. No oímos necesariamente una voz audible, aunque eso puede ocurrir. Estate abierto a las múltiples maneras de comunicar que tiene el Espíritu Santo. Si algo es verdaderamente inspirado lo sabrás por cómo te sientes. No habrá duda y te sentirás animado.

Me gustaría compartir contigo un mensaje canalizado de Jesús que colgó en YouTube un hombre llamado Alan Watts. Watts era un escritor y orador inglés, conocido por interpretar y popularizar las tradiciones indias y chinas de la filosofía budista, taoísta e hindú para el público occidental. Este mensaje habla del verdadero papel del maestro, y te podría ayudar a entender el amor incondicional que el Espíritu Santo tiene por todos nosotros. Permite que este mensaje sea un mecanismo guía para entender la cualidad de un mensaje procedente del Espíritu Santo. Puede ayudarte a discriminar entre la voz del ego —un mal profesor para un Hijo de Dios— y la Voz del Espíritu Santo —un maestro verdaderamente inspirado—.

JESÚS, SOBRE LA CANALIZACIÓN

Canalizar es una manera de llegar a estar más cerca de ti mismo con la ayuda de otro ser que no es físico. Este ser desempeña temporalmente el papel de un maestro. La energía del maestro te ayuda a llegar a un nivel más profundo de ti mismo. Esta energía del maestro te eleva por encima de los miedos que mantienen velada tu luz.

Un maestro te muestra tu propia luz. El maestro es más consciente que tú de tu luz. En cuanto esta luz, tu conocimiento interno, te es accesible, el maestro se vuelve superfluo. Entonces eres capaz de canalizar tu propia luz. El maestro ya no tiene que actuar como un puente entre tu yo superior y tú.

Yo te recuerdo por un tiempo tu propia luz. Yo reflejo tu grandeza en la forma de Jeshua ben Joseph. En mí te ves a ti mismo, tu yo en Cristo, pero todavía no te das plena cuenta de esto. Yo soy como un marco de referencia para ti, mi energía sirve de faro. Yo te ayudo a familiarizarte más con tu propio yo en Cristo. Lentamente saldrá al primer plano, y yo pasaré al trasfondo. Eso está bien. Así es como debe ser. No olvides que, en esta relación, yo estoy ahí para ti, tú no estás ahí para mí. Yo no soy el objetivo, sino el medio. El renacimiento de Cristo es el despertar de tu yo en Cristo, no del mío.

Yo actúo de acuerdo con lo que sirve a tu Yo superior. Mi objetivo es hacerme superfluo. Cuando me canalices, no trates de hacerte pequeño ni invisible. Yo quiero que te hagas más grande, que sientas tu verdadera fuerza fluir desde ti y brillar sobre el mundo.

Un maestro apunta al camino, pero eres tú quien lo camina. Después de un tiempo, te descubres caminando solo, habiendo dejado al maestro atrás. Este es un gran momento sagrado. El maestro seguirá contigo, y yo seguiré viviendo en tu corazón como una presencia interna, pero la figura separada desaparecerá.

Nos mantenemos conectados, pero, a medida que crezcas, me verás o querrás llamarme cada vez menos como ser separado.

Lentamente me convertiré en parte de tu propia energía. Y en algún momento, ya no me conocerás como separado de ti. Esto mostrará que realmente me has visto y oído.

-Jesús, verano de 2006
(canal de Alan Watts en YouTube)

El mensaje anterior nos inspira a convertirnos en nuestros propios maestros. Hasta que lo logremos, necesitamos la ayuda del Espíritu Santo. No obstante, el papel de un verdadero maestro es activar la confianza del alumno en su propia capacidad para ser Cristo. Finalmente, todo el mundo estará realizado y el mundo dejará de ser necesario como herramienta de aprendizaje. Una de las maneras de saber si estamos emocionalmente preparados para soltar nuestra identidad como yoes especiales e individuales es plantearnos las preguntas siguientes: ¿Quién sería yo sin cierto trabajo, relación, o problema de salud? Pero la verdadera pregunta es: ¿Quién sería yo sin un cuerpo, o sin un yo físico o psicológico? Cuando sopeses honestamente estas cuestiones, es probable que sientas cierta renuencia, tal vez incomodidad, o quizá directamente miedo. Recuerda, no tenemos que soltar nuestras identidades de una vez. El proceso nunca se despliega así. Estamos definitivamente en el mundo por un motivo, de modo que es necio negar nuestra experiencia aquí.

El proceso de cuestionamiento es bueno porque nos anima a explorar más profundamente nuestra verdadera realidad, en la que estamos aprendiendo que no hay nada que temer con respecto a Dios. La versión que el ego ofrece de Dios es una mentira que nos dice que Dios está enfadado y que vamos a ser castigados por lo que hicimos. Esta es una historia atemorizante, pero, por suerte, solo es una historia. No hay infierno y a nadie se le condena eternamente. El infierno solo es la idea de separación. El Cielo es unidad. El mal es aquello que no es bueno para ti, pero el diablo no existe.

Ciertamente podemos crear nuestras propias experiencias y soñar que estamos separados del amor, pero eso solo es un sueño. Si nunca ocurrió, en realidad no estamos en ningún peligro. No puedes perder tu conexión con Dios. Puedes postergar tu realidad, pero que su resultado será amor es tan seguro como Dios. Nadie fracasará en esto. *Cuando te parezca ver alguna forma distorsionada del error original tratando de atemorizarte, di únicamente: "Dios es Amor, no miedo", y desaparecerá. La verdad te salvará, pues no te ha abandonado para irse al mundo demente y así apartarse de ti. En tu interior se encuentra la cordura, y fuera de ti, la demencia. Pero tú crees que es al revés: que la verdad se encuentra fuera, y el error y la culpa dentro.*[11] El ego ha invertido causa y efecto al hacernos creer que el mundo es la realidad. Nuestros cinco sentidos principales actúan como testigos de esto. A medida que la mente despierta, se da cuenta de que los sentidos solo están ahí para intentar demostrar que el mundo es real. Cuando sueñas en la cama por la noche, puedes sentir, oír y ver cosas que en realidad no están ahí. Es un sueño. Tu mente es la que está sintiendo, oyendo y viendo. No hay gente a tu alrededor haciendo nada. Este sueño que estamos teniendo despiertos no es distinto. Nosotros también establecemos las figuras y sus roles en nuestro sueño de vigilia, olvidando que es proyección que viene de la mente, como los sueños que tenemos de noche. Esta idea no puede repetirse suficientemente.

Las emociones pueden ser indicadores que nos muestren qué necesita atención y también dónde estamos poniendo nuestra atención. De este modo, pueden servir a un gran propósito. La emoción de amor, cuando realmente estamos alineados con ella, nos ayuda a ver intereses compartidos; todo el mundo está en su camino de vuelta a casa en Dios. Las formas de nuestras vidas y lecciones parecen diferentes, pero el objetivo es el mismo. El amor sana. El miedo hiere. El amor une. El miedo separa. A menudo oímos la expresión: "El tiempo cura todas las heridas". Pero yo prefiero esta otra: "El amor cura todo tiempo". Podría parecer que las personas que no son emocionales son insensibles y se mantienen un poco distantes de los demás. En realidad, no es así. Una persona emocionalmente equilibrada es la que no deja que sus emociones se descontrolen. Esto significa que la persona tiene empatía y compasión, pero no está apegada a los resultados y no hace que el mundo o la gente sean la causa de su malestar. Puedes ser una persona amorosa y atenta sin unirte al dolor de otro. En este sentido, estás siendo de verdadera ayuda mostrando a esa persona que hay otra interpretación si está abierta a ella. No

necesitas usar palabras para describir nada. *Para las personas cansadas y que sienten incertidumbre: Los maestros de Dios acuden a estos pacientes representando una alternativa que ellos habían olvidado. La simple presencia del maestro de Dios les sirve de recordatorio.*[12]
Y como repaso: *Un maestro de Dios es todo aquel que decide serlo. Sus atributos consisten únicamente en esto: de alguna manera y en algún lugar eligió deliberadamente no ver sus propios intereses como algo aparte de los intereses de los demás. Una vez que hizo esto, su camino quedó establecido y su dirección asegurada. Una luz penetró en las tinieblas. Tal vez haya sido una sola luz, pero con una basta. El maestro de Dios hizo un compromiso con Dios, aunque todavía no crea en Él. Se convirtió en un portador de salvación. Se convirtió en un maestro de Dios.*[13]

En mi propia vida, he tenido que mirar muy hondo dentro de mí misma a cierta culpa profundamente enterrada, que estaba causando que las emociones salieran a la superficie. Era tan sensible que cualquier cosa podía darme miedo. No siempre fue fácil trabajarlo. A veces surgía un sentimiento de condena, a diario durante varios meses, y tenía que seguir perdonándolo una y otra vez. Me recordaba a mí misma la verdad y repasaba algunos pasajes del Curso que me inspiraban. O veía algunos clips o películas divertidos para acordarme de reír. Recordaba que estaba soñando y que en realidad estaba en mi hogar en Dios, totalmente segura y atendida. La mayoría de nosotros tardamos muchas vidas en desaprender lo que el ego nos enseñó. El Espíritu Santo lo sabe, pero también nos ve como somos. Somos seres inocentes, despertando en Dios. Somos mucho más parecidos que diferentes. He viajado por el mundo y he conocido a mucha gente de los más diversos ámbitos de la vida. Me he dado cuenta de que todos compartimos las mismas preocupaciones, tenemos las mismas preguntas y similares experiencias vitales. Si solo hay una mente soñando, ¿no cabe esperar que sea así?

Me gustaría cerrar este capítulo con la idea de que nadie camina solo y nadie carece de ayuda. Incluso si tu cuerpo físico parece estar solo, dispones de una ayuda invisible a lo largo del camino. Tenemos seres amorosos a nuestro alrededor en todo momento, guiándonos y ayudándonos. Quizá esto es lo que significa tener fe. Lo invisible se hace aparente para ti y es algo en lo que puedes confiar, aunque no puedas verlo con los ojos del cuerpo. Por favor, únete a mí en el siguiente capítulo para explorar más detenidamente la fe, que nos lleva a confiar en lo que está más allá de nuestra capacidad de ver o comprender.

PÁGINA PARA NOTAS PERSONALES

CAPÍTULO 7

¿FE O FICCIÓN?

*La fe le infunde poder a la creencia, y dónde se deposita
dicha fe es lo que determina la recompensa, pues la fe
siempre se deposita en lo que se valora, y lo que valoras
se te devuelve.*[1]

LA FOTÓGRAFA

Bashar, el extraterrestre que ofrece mensajes a través del canalizador Darryl Anka, compartió una poderosa historia sobre tener fe y no escuchar las opiniones de los demás cuando tratan de desanimarte de llevar a cabo algo que te sientes guiado a hacer. Si siempre hiciéramos lo que otros nos dicen, no obtendríamos los beneficios de experimentar nuestro propio poder y capacidad de comunicar con el Espíritu Santo. Bashar contó la historia de una mujer amiga de Darryl —y una gran fotógrafa—, que quería viajar por el mundo a muchos lugares sagrados, como Stonehenge, las pirámides de Egipto y otros lugares, con la intención de fotografiarlos. No tenía el dinero para hacerlo, de modo que se le ocurrió la idea de ir directamente a las aerolíneas que volaban a esos lugares y preguntarles si le pagarían el vuelo alrededor del mundo a cambio de sus preciosas fotografías. Eso también ayudaría a las aerolíneas a anunciar que vuelan a esos lugares sagrados.

La gente que le rodeaba pensó que estaba loca y le dijeron que las compañías aéreas de ninguna manera se avendrían a eso. Ella fue a visitarlas de todos modos, y no solo accedieron a dejarle volar gratis por todo el mundo, sino que también la alojaron en hermosos hoteles, con comida excelente, ¡e incluso le pagaron sus servicios! Esto es un ejemplo de abundancia y de cómo puede aparecer en tu vida si tienes fe y piensas fuera de la "norma". A lo largo de la historia, muchas personas han inventado cosas o se les han ocurrido ideas que el mundo pensó que eran alocadas, y si hubieran hecho caso a los demás, ahora no tendríamos muchas de las herramientas y tecnologías de las que disponemos.

Así, lo anterior solo es un ejemplo de hacer lo que te sientes guiado a hacer, incluso si otros piensan que es una locura, porque no sabes adónde podría llevarte. Asimismo, nadie sabe qué es lo mejor ni cuál es el mejor resultado de cualquier situación dada. Podemos confiar en el Espíritu Santo, que nos habla a través de la inspiración o de la intuición, y así practicar el escuchar solo esa Voz. Esto no significa que otras personas nunca tengan buenos consejos, o que no debamos escuchar sus opiniones. Significa que puedes escuchar a otros, pero en último término hacer lo que te parece verdadero en cualquier circunstancia.

Durante el tiempo que estuve ronca como resultado de una infección vírica, este proceso requirió mucha fe por mi parte. Duró casi cuatro meses, que pueden parecer una eternidad, pero me fui acostumbrando a escribir notas a Gary. Él fue muy paciente conmigo. A veces era divertido, porque ocasionalmente escribía una nota más larga y veía que él hacía lo posible para esperarme, aunque un poco molesto. Conseguimos atravesar la situación con facilidad, pero aun así fue una lección de perdón para ambos. Gary dio todas nuestras clases en línea sin mí, e hizo una gran labor, por supuesto, pero fue mucho trabajo y tuvo que hablar mucho. Me sentía agradecida de que pudiéramos continuar con las clases, porque nos encanta hacerlas ¡y nos encanta el grupo! Tenemos gente de todo el mundo, y la comunidad ha crecido mucho en los cuatro últimos años. Durante este tiempo, muchas personas con buenas intenciones me han dado todo tipo de consejos. Yo escuchaba, pero al final tenía que hacer aquello que a mí me sonaba verdadero, como en la historia anterior.

Ya estaba familiarizada con la situación de perder la voz, pues me había ocurrido en un par de ocasiones hace muchos años. No obstante, el ego todavía podía pillarme si le dejaba. Intenté por todos los medios practicar lo que enseño. Me preguntaba a mí misma: "¿En qué quiero invertir mi fe, en los estridentes chillidos del ego o en el mensaje de paz del Espíritu Santo?". La respuesta es simple, por supuesto, pero no fácil de practicar. Esto siempre es el resultado de la incertidumbre con respecto a quiénes somos. Si estuviéramos seguros, no habría duda. Así, me di cuenta del trabajo que tenía que hacer, e incrementé mi fe y mi perdón. Me mantenía en un estado de inspiración lo mejor que sabía. La escritura de este libro fue inspirada, y sentí inspiración mientras lo escribía. Fue una enorme bendición, pues no esperaba comenzar a escribir mi tercer libro en 2022 y publicarlo el mismo año. Tal vez estaba destinado a ser así. De modo que sentí mucha gratitud por este periodo de tiempo que me estaba permitiendo la libertad de escribir.

Empecé a apreciar todas las cosas que todavía podía hacer, que era casi todo lo que hacía antes, solo que sin voz. También me enfoqué más en la meditación, pues meditaba dos o tres veces al día. Mi meditación tomaba la forma de la Verdadera Oración, tal como se expone en el Curso, y en llegar al centro aquietado, junto con algunas visualizaciones. Esto me ayudó mucho. Realmente calma la mente y la mantiene a una enfocada en la quietud interna, que siempre está ahí cuando tratamos de hallarla. A menudo pensaba en una cita de Martin Luther King Jr., que dice: "Fe es dar el primer paso, aunque no puedas ver toda la escalera". Me encontraba diciendo: "¿Fe o ficción? ¿Cuál de ellas elijo?". Así es como se me ocurrió el título de este capítulo. Fe o ficción es un sinónimo de la elección entre el Espíritu Santo y el ego. El ego es un sistema de pensamiento ficticio, que fue fabricado por la mente dividida, y fue nuestra fe en él la que pareció causar la existencia de un mundo de tiempo y espacio. Por eso Jesús nos pregunta en qué estamos invirtiendo nuestra fe. Si invertimos en el ego, obtendremos más ego. Si invertimos en el Espíritu Santo, eso nos llevará a retornar al hogar. Aquello que atesoramos lo hacemos real. Empecé a girar las tornas a mi guion y a practicar en serio el no dar realidad a mi cuerpo ni al mundo, invirtiendo en el guion de perdón.

Como repaso: el guion del ego es lo que está desplegándose en el mundo. Es toda la proyección de tiempo y espacio, incluyendo todas las dimensiones del tiempo. El guion del ego está acabado. Ya ha ocurrido. El guion del Espíritu Santo consiste en perdonar las imágenes que vemos, que ya estaban allí, y en recordar nuestra realidad en Dios. Lo que nos impide hacer bien este proceso es el juicio. ¿Con cuánta frecuencia te encuentras preocupándote por lo que otros piensan? Esta podría ser la forma más común que toma el juicio. En realidad, es nuestro propio juicio sobre nosotros mismos proyectado en otros. Dentro de nosotros nos juzgamos indignos, y después proyectamos ese pensamiento afuera, de modo que parece que otros nos están juzgando negativamente. Así es como lo ha montado el ego. Es un truco. En realidad, ahí fuera no hay nadie, lo que significa que nadie está juzgando nada. Asimismo, incluso si parece que la gente está juzgando, en realidad es solo su propio juicio con respecto a sí mismos, que también procede del miedo. Nadie tiene por qué ser el juez de tu vida. Me gustar recordarme esto al leer la siguiente cita del Curso:

Es necesario que el maestro de Dios se dé cuenta, no de que no debe juzgar, sino de que no puede. Al renunciar a los juicios, renuncia simplemente a lo que nunca tuvo. Renuncia a una ilusión; o, mejor dicho, tiene la ilusión de renunciar a algo. En realidad, simplemente se ha vuelto más honesto. Al reconocer que nunca le fue posible juzgar, deja de intentarlo. Eso no es un sacrificio. Por el contrario, se pone en una posición en la que el juicio puede tener lugar a través de él en vez de ser emitido por él. Y este juicio no es ni "bueno" ni "malo". Es el único juicio que existe y es solo uno: "El Hijo de Dios es inocente y el pecado no existe".[2]

Practicar la ausencia de juicio hacia nosotros mismos y hacia otros puede ser el proceso más difícil de todo el Curso. Cuando perdonamos, para lo cual tenemos que soltar el juicio, el propio juicio sigue siendo el asunto central. Los juicios son la principal razón por la que perdemos nuestra paz, así como nuestra fe. Si miramos con cuidado, veremos que esto es verdad. Siempre hay un juicio acechando bajo la superficie de nuestros resentimientos. Mientras vamos resolviendo las cosas, es bueno y amoroso tener paciencia con nosotros mismos. Hay muchos lugares en el Curso donde Jesús menciona que la fe guarda relación con que Él tiene fe en nosotros, y nosotros tenemos fe en Dios. Dios es un sinónimo del amor, de modo que, cuando invertimos nuestra fe en el amor, no podemos equivocarnos. El amor es la respuesta a todos los problemas que pudiéramos tener. En mi segundo libro,

El asunto del perdón, explico que el ego ha dispuesto todo para que tengamos miles de problemas distintos. Y el hecho es que solo hay un problema: la creencia en la separación. La respuesta al problema de la separación es aceptar la Expiación para nosotros mismos, lo que significa que reconocemos que la separación de Dios no ha ocurrido. Hace falta fe para aceptar esto, puesto que no siempre sentimos el amor total de Dios. La experiencia de la totalidad del amor de Dios es un viaje, y es sabio no apresurarlo. Ocurrirá cuando ocurra. La belleza de la realidad es que el Amor no cambia nunca. Así, cuando despertemos de este sueño, entenderemos que solo era un sueño.

Por suerte, hemos tenido varios asombrosos maestros del Curso que estaban allí al comienzo, cuando Helen Schucman lo transcribía, y que desempeñaron su papel para ayudarnos a entenderlo mejor. Ahora me gustaría ofrecer reconocimiento a algunos de ellos. El doctor Bob Rosenthal, un querido amigo de Gary y mío, que falleció en marzo de 2022, era copresidente de la Fundación para la Paz Interior. Otra querida amiga, Judy Skutch Whitson, presidenta de la Fundación, también realizó su transición a finales de 2021. Ambos, Bob y Judy, eran inspiraciones para Gary y para mí. Ellos verdaderamente vivían y practicaban el Curso. Judy —que vivió más de noventa años— trabajó muy duro hasta el momento de su fallecimiento. Le encantaba el Curso y hacer podcasts con otros miembros de la Fundación. Disfrutaba oyendo las historias de perdón de tanta gente y también compartía las suyas. Su dedicación al Curso y el trabajo incansable en su nombre nunca serán olvidados. Su hija, Tamara Morgan, que ahora es presidenta de la Fundación para la Paz Interior, también está haciendo un trabajo maravilloso. El doctor Bob Rosenthal era un gran maestro del Curso. Practicó la psicología durante muchos años, formación que le fue muy útil. Gary y yo disfrutamos mucho del tiempo que pasamos con él compartiendo nuestros caminos. Siempre nos sentiremos agradecidos de haber conocido a Judy, Bob y también a Ken Wapnick, que falleció en 2013, y a quien muchos consideran el mejor profesor del Curso. Todos ellos han dejado una marca indeleble en la comunidad de estudiantes. No conocimos a Helen Schucman ni a Bill Thetford, escriba y coescriba del Curso, pero estamos eternamente agradecidos a ambos por traerlo al mundo para beneficio de todos nosotros.

Observé a Judy, Bob y Ken, y su tremenda fe en circunstancias difíciles. Está claro que ellos exhibían muy bien las características del maestro de Dios. Esto no significa que no tuvieran sus propias lecciones de perdón, por supuesto que las tenían. No obstante, me he dado cuenta de que las personas que estaban allí al principio de la transcripción del Curso están entre las más bondadosas que he conocido. Captaron el mensaje. Entendieron lo que estaba diciendo. Eran personas honestas y compartieron su proceso con el Curso, incluyendo algunas historias personales, lo cual siempre ayuda a otros a entender el mensaje. Gracias Helen, Ken, Judy, Bob y Bill, por vuestro duro trabajo.

CURACIÓN Y FE

En el Curso hay una sección titulada *La curación y la fe*.[3] Dice que no podemos tener paz sin fe, porque la fe nos lleva a la verdad. No podemos ver la verdad con los ojos del cuerpo, pero sí que podemos experimentarla. Cuando vemos a los demás con el tipo de fe que mira más allá de las imágenes, vemos personas sin pasado. Cada imagen que vemos está asociada con el pasado, porque no sabemos ver con la verdadera visión. Por lo tanto, en realidad no estamos viendo nada tal como es *ahora*. El ego equipara las imágenes y símbolos con un pasado "pecaminoso", porque el mundo mismo es una proyección basada en "el pecado, la culpa y el miedo". Esto no significa que tengamos que mirar al mundo de esta manera en nuestro día a día. De hecho, el Espíritu Santo quiere ayudarnos a reinterpretar el mundo que vemos y a usarlo como una oportunidad de curarnos a nosotros mismos. Cuando lo usamos con este propósito, está al servicio de un propósito santo, y también puede ser agradable.

El Curso dice: *Toda situación que se perciba correctamente se convierte en una oportunidad para sanar al Hijo de Dios. Y este se cura porque tuviste fe en él, al entregárselo al Espíritu Santo y liberarlo de cualquier exigencia que tu ego hubiese querido imponerle.*[4] Imagina ver a toda la gente de esta manera. El propósito de todas tus relaciones se volvería santo. Tener fe es equiparable a confiar. Confías en algo más allá de ti mismo. Y a lo que me refiero con esto es a confiar más allá del yo del ego, más allá del cuerpo y de la personalidad. De este modo estás confiando en que hay otra parte de tu mente, la parte correcta. Esa parte de la mente, que es tu Mente Espíritu Santo, siempre está a tu disposición, retransmitiendo continuamente a través de ti. Lo único que bloquea esa voz es nuestro deseo de oír otra. De modo que, cuando el Curso habla de tener fe, también dice que necesitamos fe para alcanzar el objetivo, que es lograr la paz.

Me gustaría compartir con vosotros una película que Gary y yo vimos hace algún tiempo. Es sobre un niño pequeño que tenía una gran fe. La película se titula *Simon Birch*. La mencioné en mi segundo libro, pero no entré en detalles. Es sobre un niño cuyo problema fundamental es que tiene un cuerpo muy pequeño. Él cree que Dios se lo dio por una razón. Aunque el Curso dice que Dios no creó los cuerpos ni el mundo mismo, el mensaje de esta historia es realmente poderoso. El niño tiene una fe y un propósito inquebrantables, y su propósito se va a ver realizado. El punto importante para recordar es que su fe inalterable es tan consistente que es capaz de abrirse camino en momentos muy difíciles. Vive muchas lecciones de perdón. Su fe le permite atravesar todo tipo de situaciones. En cierto sentido, este niño se mantenía muy vigilante a favor de Dios. Nunca se sentía herido, por mucho que la gente se riera de él o que no le creyera. Se mantiene firme y asentado en su creencia. Esto es lo que el Curso nos pide que hagamos: mantenernos vigilantes *solo* a favor de Dios. Esto es parte de lo que significa tener fe: tienes fe en que estás más allá del cuerpo y en lo que no puedes ver, que es lo que realmente está moviendo los hilos.

Es sabio no tener fe en los cuerpos, porque los cuerpos siempre decepcionan. El objetivo es tener fe en el Espíritu y en la guía que recibes de Dios. En el Espíritu, vamos más allá del cuerpo al tomador de decisiones en la mente, que elige el sistema de pensamiento del Espíritu Santo, y usa todo lo que hay aquí para ese propósito. Hay una línea del Curso que dice: ...*cuando una situación se ha dedicado completamente a la verdad, la paz es inevitable.*[5] Y otra línea que va muy bien con la anterior es: *La verdad se restituye en ti al tú desearla, tal como la perdiste al desear otra cosa.*[6] De modo que aquí vuelve otra vez el tema de tener motivación y deseo, y de estar dispuesto realmente a querer la paz por encima de todo lo demás.

CÓMO PUEDE LA FE ACTUAR EN NUESTRAS VIDAS

Piensa ahora mismo en una situación de tu vida en la que te sientes en dificultades o que te produce disgusto. Imagina que tienes este tipo de fe de la que habla el Curso, aunque ahora, en este momento, la perspectiva no te parezca muy hermosa. Tener fe es ir más allá, de lo que vemos a lo que no podemos ver. En otras palabras, no podemos ver todo el panorama. Entonces, ¿cómo vamos a saber lo que nos espera a la vuelta de la esquina? A menudo no lo sabemos. Se trata de tener fe en algo más grande que nosotros. El Curso tiene un equivalente a la anterior cita de Martin Luther King Jr.: tener fe es dar el primer paso para ascender por la escalera que el ego nos hizo descender, aunque no veamos toda la escalera. No tenemos que ver todo el panorama ni cómo será el final. Es útil saber que existe un panorama mayor, pero solo se nos pide que demos un paso cada vez. Si haces cuanto puedas para mantener tus momentos difíciles dentro de este contexto, entonces, siempre que sigas subiendo por la escalera, perdonando paso a paso cualquier cosa que se te ponga delante, no te sentirás tan abrumado. Llegarás a lo alto de la escalera, es inevitable, y no importa cuánto tiempo parezca llevarte. Lo importante es perdonar lo que tienes ante ti en cualquier momento dado.

En lo tocante al verdadero perdón, el único error que todos cometemos es este: [...] *todo error puede ser corregido solo con que se permita a la verdad juzgarlo. Pero si al error se le otorga el rango de verdad, ¿ante qué se podría llevar?*[7] Esto es muy importante, porque la mayoría de nosotros equiparamos nuestros errores con la verdad. Por eso es tan difícil perdonar, porque damos rango de realidad a las ilusiones. Ellas no pueden ser llevadas ante la verdad porque, ¿ante qué pueden ser llevadas si creemos que nuestros errores son la realidad? El verdadero perdón es perdonar nuestras ilusiones, no la realidad. De este modo, podemos llevar nuestros errores a la percepción de amor, plenitud, curación y perdón de la mente correcta del Espíritu Santo. Cuando elegimos no hacer esto después de cometer errores, eso da realidad al mundo. Es muy importante entender esta idea. Podemos empezar teniendo fe en que los errores pueden ser corregidos y en que el "pecado" es imposible. En realidad, solo es una creencia. La mayoría de nosotros no vamos por ahí pensando conscientemente que somos pecaminosos. Esta creencia es inconsciente para nosotros. Sería muy útil volver a la mente y observar las elecciones equivocadas que hacemos, que proceden de haber elegido al ego como maestro.

HISTORIAS PERSONALES SOBRE CÓMO EJERCITAR LA FE

En situaciones difíciles relacionadas con el cuerpo, resulta útil tener fe en que no eres un cuerpo, pero al mismo tiempo es sabio cuidar de ti mismo. Me gustaría compartir el relato de una situación en la que necesité tener mucha fe. Ahora puedo reírme de ello, pero en el momento no fue divertido. Gary y yo estábamos en Kauai, e íbamos a dar un paseo en una lancha rápida por la costa Na Pali. La costa Na Pali es absolutamente asombrosa, y te recomiendo que la visites si tienes la oportunidad. Antes de iniciar el paseo se nos advirtió que podía ser duro, y se nos dijo que podíamos retirarnos si queríamos. Nos miramos el uno al otro y dijimos: "Tan duro no puede ser...". Ya sabes exactamente a lo que me refiero, ¿cierto? De modo que decidimos hacer esta excursión por la preciosa costa de Hawái. A medida que la barca avanzaba, me di cuenta de que cada vez parecía rebotar más sobre el agua, como en una carrera sobre baches. Algunos otros pasajeros que había en el barco, que no era muy grande porque cabíamos unas quince personas, se quedaron en silencio. Pude ver que se agarraban a la barandilla con más fuerza por pura necesidad.

Empecé a sentir que, literalmente, no podía aguantar más. El mar estaba muy picado. Le dije a Gary:

—Si no para cerca de la orilla, creo que me voy a caer de este barco.

Estaba muy preocupada porque cuando ya no puedes hacer más fuerza, y estás en un entorno donde no puedes levantarte e irte, ¿qué haces? Podría haber saltado al agua, ¡pero esa opción no me resultaba muy atractiva! De modo que, en ese momento, empecé a practicar el perdón. Me dije a mí misma: "El 'yo' que está experimentando esto no es el cuerpo". Mi mente está viendo una película donde yo parezco estar en una barca que avanza entre baches en un mar picado. Y me repetía: "Tengo una fe y una confianza totales en que hay una parte más grande de mí, y en que puedo elegir ver esto con la mente correcta". Entré en contacto con el Espíritu Santo. A medida que entregaba completamente la situación que estaba experimentando a nivel físico, empecé a confiar y a tener fe en que me serían dados los medios para mi salvación. Seguía intentando aferrarme a la barandilla y hacerlo lo mejor que podía. Confiaba en que iba a obtener guía. Y, ¿sabes qué?, un par de minutos después me "llegó" que tenía que preguntar al piloto de la lancha si había algún otro lugar donde sentarme. Fue así de simple. Él se limitó a decir:

—Puedes probar sentarte aquí, en la base de la lancha.

Eso me pareció lógico, de modo que me puse de pie y fui allí. Una vez sentada allí, la situación fue mucho mejor, más manejable. Si no lo hubiera hecho, habría tenido que pedir al piloto que parara la lancha o ser rescatada en helicóptero.

Solo puedo recordar otro momento de mi vida en el que sentí que mi cuerpo físico estaba en peligro. En situaciones así, es importante recordar que hay un poder más allá de ti con el que puedes entrar en contacto, y cuya sabiduría está más allá del ego. Ese poder te guiará si eliges la interpretación del Espíritu Santo. Esto es lo que hice: practiqué, y creo que eso me llevó a tener el brote de inspiración. La otra situación me ocurrió haciendo una excursión a pie en el Gran Cañón con mi primer marido, Steve. Habíamos descendido todo el recorrido hasta la base del cañón, para lo cual habíamos tardado unas nueve horas. A continuación, según se había organizado, teníamos que volver a subir dentro del mismo periodo de 24 horas y a una temperatura de 38 grados centígrados. Esto requirió el mismo tipo de fe que el viaje en barco. Tanto Steve como yo apenas éramos capaces de poner un pie detrás del otro, y aquello se convirtió en un paso de perdón tras otro. ¡Supongo que no estaba tan en forma como creía en aquel momento! El Gran Cañón es precioso y lo recomiendo, pero ten cuidado y sé precavido si decides recorrerlo a pie. Asegúrate de no quedarte sin agua y de caminar a tu ritmo.

Ante cualquier desafío, puedes recordar que tu identidad no está limitada al cuerpo ni a ningún tipo de forma. Tu identidad no es el ego. Así, me dije mentalmente: "No voy a equiparar esta experiencia con el sufrimiento. No tengo por qué elegir sufrir". Pedí al Espíritu Santo que me ayudará a percibirme tal como realmente soy; no como me he hecho a mí misma, sino como Dios me creó. De modo que estos son algunos ejemplos prácticos de cómo puedes practicar el Curso cuando sientas que estás pasando por algo que te resulta extremadamente difícil a nivel físico. Y, a nivel práctico, siempre puedes pedir ayuda a otros si la necesitas. Ahora puedo reírme de todo esto, e incluso pude esbozar una sonrisa mientras estaba ocurriendo, al recordar la verdad y dónde estaba verdaderamente. El Curso dice: *Tener fe es sanar. Es la señal de que has aceptado la Expiación y, por consiguiente, de que deseas compartirla.*[8] Cuando nos acordamos de tener fe en medio de las dificultades, recordamos a quien esté con nosotros que puede elegir lo mismo. El hecho de que yo entregara la situación al Espíritu Santo ayudó a Steve a permanecer más calmado. ¿Volvería a recorrer el Gran Cañón a pie? La respuesta es sí, pero probablemente solo hasta la mitad del recorrido, y mientras mis rodillas y piernas pudieran mantenerse estables y en buena forma. En el descenso, hay pasos con mucha pendiente y, si no estás acostumbrado, puede ser duro para las rodillas y las piernas. Esto solo es una indicación.

En cualquier situación difícil en la que nos encontremos, todo se reduce a si estamos invirtiendo en la fe o en la ficción. La ficción es del ego. Todas nuestras aventuras forman parte de una historia que nosotros mismos escribimos, dirigimos y que ahora estamos interpretando. Si queremos, podemos elegir reescribir la historia para reflejar otra interpretación. No se trata de controlar la historia, sino de cambiar nuestra percepción de ella. No queremos ver a otras personas, o incluso las situaciones, separadas de nosotros. En el nivel de la mente no hay separación porque no hay separación entre las mentes. Parece haber una distancia entre los cuerpos, pero solo es una ilusión. En cuanto sientas que estás perdiendo la fe, incluso perdiendo la fe en que quieres perdonar, la clave está en recordar esto: la mente es el proyector que está proyectado miles de millones de cuerpos, y todo el guion de tiempo y espacio. No obstante, solo hay un proyector —o mente—, lo que significa que todos los cuerpos que aparentemente ves forman parte de la mente mayor. Todos los cuerpos que se ven en la pantalla creen ser mentes separadas, porque esta es nuestra experiencia. Pero eso es un truco. Por eso Jesús nos dice que aquello que elijamos pensar de otros vuelve de inmediato a nosotros. Todas las mentes están unidas.

No tenemos que sentirnos mal ni culpables por estar en un holograma de pecado, culpa y temor. Tampoco tenemos que conformarnos y limitarnos a que esa sea nuestra identidad, ¿cierto? Podemos elevarnos por encima de eso. El Curso dice: *La fe es el regalo de Dios, a través de Aquel que Él te ha dado. La falta de fe contempla al Hijo de Dios y lo juzga indigno de perdón. Pero a través de los ojos de la fe, se ve que el Hijo de Dios ya ha sido perdonado y que está libre de toda culpa que él mismo se echó encima. La fe lo ve solo como es ahora porque no se fija en el pasado para juzgarle, sino que solamente ve en él lo mismo que vería en ti. No ve a través de los ojos del cuerpo ni recurre a cuerpos para darse validez a sí misma. La fe es el heraldo de la nueva percepción, enviada para congregar testigos que den testimonio de su llegada y para devolverte sus mensajes.*[9] Cada vez que sintamos que no podemos perdonar a alguien, hemos de recordar que no estamos siendo bondadosos con nosotros mismos. Estamos diciendo que nosotros no merecemos perdón. Si pensamos que otros no se lo merecen, estamos diciendo que nosotros tampoco. A través de los ojos de la fe se ve que el Hijo de Dios ya ha sido perdonado. Esto es lo que hace la fe. Reconoce que todos ya hemos sido perdonados, que somos plenos y estamos sanados. Todos somos libres, libres de toda la culpa que nos hemos echado encima.

Hay otra gran película que a Gary y a mí nos gusta mucho titulada *La cabaña*. Nos encanta la inspiración que está detrás de la película y que el tema del perdón esté presente en todo momento. Es sobre un padre de familia que sufre el asesinato de su hija. Ahora el padre tiene que aprender a perdonar para liberarse del sufrimiento, de culpar y de condenar. Hay una escena en la que Jesús, que por cierto está representado por un actor muy bueno, camina sobre las aguas hacia este padre de familia que está dentro de un bote. Como todavía hay culpa en su mente por haber perdido a su hija, empieza a crear la ilusión de que la barca se está agrietando y teme ahogarse. Jesús camina hasta él, le tiende la mano y le dice:

—Enfócate en mí. Mírame a los ojos.

Cuando dice esto, básicamente está diciendo: enfócate en la fe, porque eso es lo que Jesús representa. Y sigue diciéndole al hombre:

—Estás creando esto en tu mente. Todo esto está en tu mente. Mírame. Mírame, enfócate en mí.

En cuanto el padre de familia lo hace, su ilusión desaparece. La escena no empieza en la fe, sino en el temor. Jesús le inspira fe.

Jesús es un símbolo de la Expiación y es el principio de Expiación mismo. En los momentos sin fe, si puedes abandonar las nociones preconcebidas que te han enseñado, ahí es donde entra la fe. Puedes soltar el pasado y todo lo aprendido con el ego. En el pasado no hay fe. El pasado se basa en el "pecado". De modo que tener fe implica reconocer tu poder ahora. El Cielo es *ahora*. Cuando recuerdas tu capacidad de elegir y de tener fe, ¡se te da todo el poder en el cielo y en la Tierra para mover montañas! No hay nada que tu santidad no pueda hacer. Se nos ha pedido que, pase lo que pase, tengamos fe en esto.

En cualquier ocasión en la que estés interactuando con alguien, sea tu pareja, compañeros de trabajo o un aparente extraño que pasa por la calle, trata de pensar en el panorama general, en el gran cuadro. En otras palabras, piensa en tu propia naturaleza ilimitada y en la suya. El ego siempre intentará limitar la comunicación para remitirla al cuerpo, pues ese es su propósito. Pensemos en esto durante un minuto. Cuando hablamos con alguien y solo captamos lo que esa persona nos dice verbalmente, pero no nos llega el contenido subyacente de lo que está compartiendo con nosotros, no tiene sentido, ¿cierto? En este mundo todo carece de sentido a menos que nosotros le demos significado. Así, antes de disponernos a interactuar con otras personas, es conveniente pensar en qué queremos compartir. Cuando tenemos muy claro cuál es nuestro objetivo en ese momento, la comunicación mejora mucho en todas nuestras relaciones.

Cuando vemos que todos los demás son lo mismo que nosotros, y que estamos trabajando hacia el mismo objetivo, esto refuerza la parte correcta de nuestra mente y hace que la Filiación vuelva a estar completa. Solo hay un pensamiento de separación y una corrección. De modo que, cada vez, solo hay un problema y una solución. Digamos que tienes una situación muy difícil. Podría ser algo que estás experimentando ahora mismo en la relación con alguien. No me refiero necesariamente a una relación romántica. Podría ser con cualquiera: un miembro de la familia, un hijo, una hija, un hermano, un padre, un amigo o un compañero de trabajo. Si experimentas algún problema con alguien, ahí hay una oportunidad de sanar. La curación no es del pasado ni del futuro, sino de ahora mismo, porque donde vivimos realmente es en el presente. No vivimos en el pasado. No vivimos en el futuro, aunque el ego quiere hacernos creer que sí. La verdadera curación siempre se produce cuando elegimos el instante santo. Especialmente cuando tengas dificultades con alguien, Jesús te dice que tengas fe en tus hermanos. Pasa por alto los errores de tu hermano. Esto significa pasar por alto la percepción ilusoria de la forma, que es parte de los engaños del ego. Podemos liberarnos a nosotros mismos a cada momento. Podemos aprisionarnos o liberarnos de la creencia subyacente en la culpa, culpa que es la causa del deseo secreto de situar el motivo de nuestros disgustos fuera de nosotros. Esto forma parte de la consecución de la verdadera paz.

Todavía valoramos el cuerpo y el mundo, y las ganancias materiales que creemos que nos darán alegría. Date cuenta de que cada vez que consigues algo material, siempre tienes la sensación de querer más. Nada nos satisface nunca. Esto se debe a que estamos buscando la salvación en el lugar equivocado. El agujero que sentimos dentro es el sentimiento de que nos falta el amor de Dios por haber elegido en contra de Su Voluntad. Una vez que aceptamos la Voluntad de Dios y la abrazamos plenamente, ya no tendremos más sensación de carencia. Está bien divertirse, comprar cosas y disfrutar de la vida. Cuando tenemos sensación de carencia o nos sentimos privados de algunas cosas, eso es señal de que hemos invertido nuestra fe en ellas.

SANAR NUESTRAS PERCEPCIONES

Volviendo al tema de la fe: recuerdo que en una ocasión intenté traer a un pájaro de vuelta a la vida. Había muerto a manos de otro animal en el jardín detrás de mi casa. Esto ocurrió en 2006, como dos o tres años después de haber empezado a estudiar *Un curso de milagros*. Yo tenía muy buenas intenciones. Usando un trozo de tela para envolverlo, tomé al pájaro en mis manos. Supongo que la resurrección de Lázaro me inspiró a intentar esto. Trataba de contemplar a este pájaro en su plenitud y de verlo ya curado. El que era mi marido entonces, Steve, me vio en el jardín y dijo:

—¿Qué tienes en las manos?

—Es un pájaro muerto —dije yo.

Abrió mucho los ojos y me dijo:

—¿Qué leches estás haciendo con un pájaro muerto?
Yo continué con mi proyecto y dije:
—Voy a curar a este pájaro y traerlo de vuelta a la vida.

Estaba enviando mensajes mentales al pájaro y era muy sincera en mis intentos. Lo intenté con mucha determinación, pero no volvió a la vida. A continuación, para aliviarme, recordé que la curación no tiene nada que ver con el cuerpo. Al levantar a Lázaro de entre los muertos, Jesús estaba demostrando lo poderosa que es la mente y que *No hay grados de dificultad en los milagros. No hay ninguno que sea más "difícil" o más "grande" que otro. Todos son iguales. Todas las expresiones de amor son máximas.*[10] Él estaba demostrando este tipo de fe. De modo que, si tienes intenciones puras de curarte a ti mismo o a otro, en realidad estás sanando la creencia en la culpa. Me reí al admitir ante mí misma que no creía plenamente que "No hay grados de dificultad en los milagros".

Lo que realmente importa no es que se cure el cuerpo de alguien (o que vuelva a la vida), sino que tu percepción de esa persona o de ese ser sane. De modo que no hace falta que desaparezca un síntoma para que se produzca la curación, que en realidad ocurre en la mente. El Curso dice: *El cuerpo no puede curarse porque no puede causarse enfermedades a sí mismo. No tiene necesidad de que se le cure. El que goce de buena salud o esté enfermo depende enteramente de la forma en que la mente lo perciba y del propósito para el que lo use.*[11] Así, digamos que tienes un cáncer y que lo estás usando para el propósito del Espíritu Santo. Puedes tener un cáncer y una mente pacífica al mismo tiempo. Entonces, ¿dónde está la enfermedad? Puedes permitirte vivir tu proceso con dignidad y al mismo tiempo practicar la paz. Cuando las cosas se ponen difíciles, tú sigues siendo tal como Dios te creó en perfecta plenitud. Cuando tu mente está verdaderamente en paz, y te percibes a ti mismo y a tu cuerpo correctamente, no hay enfermedad. La verdadera "enfermedad" es la creencia en la culpa. Podemos controlar nuestros pensamientos, pero podemos soltar el control del cuerpo. Sé lo difícil que puede ser esto debido a mis propias experiencias con el cuerpo, pero, aun así, prefiero reforzar el pensamiento correcto en cada ocasión que tengo, independientemente de lo que haga el cuerpo. **Puede haber momentos en los que quieras arrojar el Curso lejos de ti y volver a desconfiar de todo el proceso. Si te ocurre esto, reconoce amablemente que**

estás tomando esta decisión, y cuando estés preparado, siempre puedes volver a elegir. Siempre tenemos el poder de elegir.

Cuando el Curso habla de fe, no está hablando de fe en el mundo, como de tener fe en que vas a conseguir ese nuevo trabajo, o en que vas a tener la relación perfecta. Se trata de llevar la fe a otro nivel. Se trata de tener fe en que tú, y todos, seguimos siendo tal como Dios nos creó, a pesar de las apariencias. Es tener fe en que compartes la Voluntad de Dios a favor de la alegría, la paz y el amor. Se trata de tener fe en quien tú eres realmente y en dónde estás en todo momento. Siempre puedes confiar en el amor. En cualquier situación que te parezca atemorizante, puedes preguntarte a ti mismo: "¿Prefiero tener fe —en esta persona o situación—, o creer en una historia de ficción sobre ella?". Esto ayudará a reorientar tu mente hacia la verdad.

Para cerrar, me gustaría repasar algunos puntos. Número uno: acuérdate de reír. Número dos: recuerda siempre a qué propósito sirven las cosas de tu vida, y dónde inviertes tu fe. Número tres: cada vez que leas el Curso, practica el leerlo como una mente, y no como un cuerpo. Tendrá más sentido para ti. Recuerda siempre que lo que importa es tu demostración de estos principios, no cuántas citas puedas memorizar ni lo bien que comprendas intelectualmente el Curso. Lo que importa nunca son las palabras específicas que le digas a alguien, ni siquiera las acciones que emprendas. Lo importante es si estás demostrando la verdad o ilusiones. Puedes enseñar ilusiones si así lo eliges, pero cuando se las enseñamos a otros, nos las estamos enseñando a nosotros mismos y las estamos reforzando en nuestra mente, lo cual mantiene el juego en marcha. Si cometes un error —y todos los cometemos—, siempre puedes recordar algunos de estos puntos que estoy compartiendo contigo. Puedes pedir al Espíritu Santo que sea la corrección a través de ti.

Yo intento leer un pasaje del Curso cada día. Puedo leer un párrafo, o elegir una cita para el día, o mirar una lección concreta del *Libro de ejercicios*. O puedo ver un vídeo corto de Ken Wapnick en YouTube. Incluso repaso el contenido de nuestros propios libros, los míos y los de Gary. Siempre es útil cualquier cosa que ayude a reforzar la verdad. Cuanto más hago esto cada día, y practico el tener fe en que yo no estoy al cargo, sé que esto fortalece el sistema de pensamiento del Espíritu Santo en mi mente.

EL CIELO ES AHORA

Además, cada vez que practicas la visión espiritual estás recibiendo algún tipo de curación. En los cincuenta principios del milagro, el Curso dice que *Un milagro nunca se pierde. Puede afectar a mucha gente que ni siquiera conoces y producir cambios inimaginables en situaciones de las que ni siquiera eres consciente.*[12] Esto significa que cada vez que obras un milagro, algo ocurre. También dice que *Los milagros son expresiones de amor, pero puede que no siempre tengan efectos observables.*[13] La clave es que cuando obres un milagro, simplemente suéltalo, porque nosotros no somos responsables de los resultados. *La función de los maestros de Dios no es evaluar el resultado de sus regalos. Su función es simplemente darlos.*[14] El Espíritu Santo se encargará del resto.

Dentro del marco de este repaso, mucha gente nos pregunta cómo mantenerse vigilante *solo* a favor de Dios. Esto requiere que observes el deambular de tu mente, y que comiences el día estableciendo el objetivo de mantenerte vigilante y de recordar quién está al cargo. A continuación, oriéntate hacia las cosas del día y mantén la actitud de sintonizar de vez en cuando con la mente y con lo que has estado pensando. A medida que haces esto, entrenas la mente para detectar si te desvías del camino. Puedes decirte: "Me he desviado, pero no es gran cosa. Puedo volver a elegir". Mantenerse vigilante únicamente a favor de Dios significa que recuerdas la verdad última, que en realidad no estás aquí y que en realidad el mundo no existe. Si el mundo no existe, tampoco hay personas ahí fuera que te estén haciendo algo y no hay ninguna causa que altere tu paz. Llegarás a ser cada vez mejor en la vigilancia, porque te darás cuenta del coste que tiene aferrarse al ego, que te hace sentirte mal. Cuando te sientes mal, sabes que ese sentimiento viene del ego. Esto es lo que deshace el ego y lo que te ayuda a mantenerte atento. Como en cualquier disciplina, cuanto más practicas, mejor llegas a ser. Hasta que finalmente eres un maestro.

Llegas a ser un maestro haciendo diariamente procesos mentales de perdón. Si necesitas poner notas por la casa para recordarte que has de mantenerte atento, adelante. Empieza siempre clarificando tu objetivo al principio del día. A continuación, recuérdatelo con frecuencia a lo largo de la jornada. Esto requiere mucha determinación. ¡Con convicción, conseguirás el éxito!

PÁGINA PARA NOTAS PERSONALES

CAPÍTULO 8

Y EL OSCAR ES PARA...

Si estás dispuesto a renunciar al papel de guardián de tu sistema de pensamiento y ofrecérmelo a mí, yo lo corregiré con gran delicadeza y te conduciré de regreso a Dios.[1]

Gary y yo vivimos en la capital mundial del espectáculo: Los Ángeles, California. He vivido aquí durante 35 años y Gary vino en 2007. Por supuesto, nuestro verdadero hogar está en Dios, y lo sabemos. En la ilusión, todos tenemos preferencias en cuanto a dónde vivir, qué comer, cómo vestirnos y el tipo de trabajo que queremos. Está bien tener preferencias, ¿por qué no tenerlas? Mientras tengamos elección, es muy práctico seguir la dirección que te marque tu guía.

Cuanto más tiempo llevo en Los Ángeles, más consciente soy de los papeles que desempeñamos en la vida, pero, más específicamente, del papel que desempeña el ego. Vivimos en una ciudad en la que hay actores por todas partes, lo que me recuerda que todos estamos haciendo un papel en la obra de teatro de la existencia. Shakespeare lo expresó óptimamente en las dos citas siguientes, que me encantan: "Estamos hechos del mismo material del que se tejen los sueños, y nuestra pequeña vida termina durmiendo", William Shakespeare en *La tempestad*. Y también dijo: "Todo el mundo es un escenario, y todos los hombres y mujeres meros actores con sus entradas y sus salidas; y en su tiempo un hombre puede desempeñar muchos papeles, siendo sus actos en siete edades", de la obra *Como gustéis*. Las siete edades hacen referencia a lo que él consideraba el ciclo completo de vida de un ser humano. Arten y Pursah dijeron que Shakespeare estaba iluminado, y no tengo motivos para dudarlo.

Todos somos actores y ganadores del Oscar en el teatro de la vida. Somos tan buenos en nuestros papeles que nos olvidamos de que estamos actuando. ¿No es una buena noticia que ahora podamos recordar que solo es una obra de teatro que se escribió hace mucho? Venimos a cada vida envueltos en un velo de olvido, por el que el ego/cuerpo/mundo parece ser nuestra realidad, en lugar de recordar nuestra verdadera realidad en Dios. Habiendo vivido muchas vidas, es bueno que no las recordemos todas. Sería demasiado abrumador. En el contexto de la realidad, esta elección siempre es sabia: *Busca primero el Reino de los Cielos, porque es ahí donde las leyes de Dios operan verdaderamente, y no pueden sino operar verdaderamente porque son las leyes de la verdad. Pero busca solo eso, puesto que no puedes encontrar nada más. No hay nada más.*[2] Se nos está animando a reconocer que los papeles que desempeñamos, que asumen la forma de nuestras personalidades basadas en el ego, son solo una actuación. Esto no significa que no representemos nuestros papeles, puesto que hemos acordado actuar en la obra de teatro de la vida. Solo significa que podemos aprender a identificarnos con el Espíritu en lugar de con el cuerpo. ¿A qué maestro acudimos en busca de guía en cualquier momento dado? Darnos cuenta de que en realidad estamos operando bajo las leyes de Dios, y no bajo las del mundo, puede ser reconfortante.

A veces, cuando me pongo demasiado seria, bromeo conmigo misma y digo: "Y el Oscar es para...". Esto me recuerda que estoy soñando y teniendo una buena actuación, y que no estoy siendo mi verdadero Ser. Esto no significa que mi verdadero Ser no sea parte de mi mente. Siempre está allí, esperando ser elegido. Tu verdadero Ser está alineado con el Espíritu Santo, y en último término es uno con Dios. No puedes perder tu conexión con Dios. Haberte olvidado de Dios no significa que Dios se olvide de ti. Qué suerte tenemos de tener un sistema de pensamiento que nos lleva a ascender por la escalera para recordar nuestro papel definitivo: somos el Hijo único de Dios, ¡una perfecta creación de amor! Todos podemos actuar creyendo *esto* en lugar del papel asignado por el ego. Al principio tenemos que actuar como si nos lo creyéramos, pero más adelante ya no será una actuación, sino un conocimiento. Vivirás realmente la experiencia de un maestro iluminado, recordando a Dios y actuando como un ejemplo para que otros lo sigan. Esto es lo que hizo Jesús. Él es como un hermano mayor sabio que nos guía por el camino a casa. Representa el principio de Expiación en nuestra mente, que siempre nos recuerda que podemos hacer otra elección.

LA ILUSIÓN DE ENFERMEDAD

Conforme seguimos adelante desempeñando nuestros papeles, a veces representamos una escena en la que estamos enfermos. Muchas personas me dicen que se sienten muy culpables por haber recibido un diagnóstico de cáncer, u otra enfermedad que el mundo juzga muy desafortunada. Cuando desempeñamos nuestros papeles de ganadores del Oscar en la vida, puede haber muchos momentos en los que nos sintamos repentinamente golpeados por un diagnóstico inesperado. En estas condiciones, es muy fácil caer en la tentación del ego. Aquí es cuando tenemos que ser bondadosos y pacientes con nosotros mismos. Tú no has elegido esto a este nivel. En estas situaciones, tener buenos médicos y un buen sistema de apoyo es de gran ayuda. Mantenerte en contacto con tu intuición y con el Espíritu Santo también es muy importante.

Me gustaría compartir algunos pasajes del Curso que son grandes recordatorios de cómo estar atentos contra el propósito del ego de mantenernos en el estado de miedo. Una enfermedad, un problema relacional o una dificultad económica, por nombrar algunos factores, pueden activar el miedo y la ansiedad. Jesús nos ayuda a entender que el "tú" que está viviendo en este mundo no es el tú real. El ego es un sistema de pensamiento que puede disolverse eligiendo en su contra. Cualquiera que sea la situación por la que estés pasando, si el temor es abrumador, estas citas de Jesús pueden animarnos:

Cuando sientas ansiedad, date cuenta de que la ansiedad procede de los caprichos del ego y luego reconoce que eso no tiene por qué ser así. Puedes estar tan alerta contra los dictados del ego como a su favor.
Cuando te sientas culpable, recuerda que el ego ciertamente ha violado las leyes de Dios, pero tú no. Los "pecados" del ego

déjamelos a mí. Ese es el propósito de la Expiación. Pero hasta que no cambies de parecer con respecto a aquellos a quienes tu ego ha herido, la Expiación no podrá liberarte. Si te sigues sintiendo culpable es porque tu ego sigue al mando, ya que solo el ego puede experimentar culpa. Eso no tiene por qué ser así.

Vigila tu mente contras las tentaciones del ego y no te dejes engañar por él. No tiene nada que ofrecerte. Cuando hayas abandonado ese desánimo voluntario, verás cómo tu mente puede concentrarse, transcender toda fatiga y sanar. No obstante, no te mantienes lo suficientemente alerta contra las exigencias del ego como para poder liberarte de ellas. Eso no tiene por qué ser así.

El hábito de colaborar con Dios y Sus Creaciones se adquiere fácilmente si te niegas diligentemente a dejar que tu mente divague. No se trata de un problema de falta de concentración, sino de la creencia de que nadie, incluido tú, es digno de un esfuerzo continuo. Ponte de mi parte sistemáticamente contra este engaño y no permitas que esa desafortunada creencia te retrase.[3]

Jesús está apelando a nuestras mentes tomadoras de decisiones para que confíen en Él. Como repaso diré que nosotros siempre confiamos en algo, aunque se trate del ego. De modo que nunca nos falta confianza, pero, sin ser conscientes, podemos poner nuestra confianza en la carencia. Creo que es útil recordar que todo fue proyectado a la vez al comienzo del tiempo, y en ese instante original, el ego eligió la separación. Esto incluye todas las formas de enfermedad. No estás proyectando el guion sobre la marcha. Todos nuestros nacimientos y muertes, y si enfermamos o no, ya han pasado y se han ido.

Una pregunta común que se nos plantea es: "¿Cómo me curo del cáncer, que parece tan real?". Puede ser muy duro experimentar algo que sientes muy real. No estoy aquí para negar esa experiencia, porque entiendo la sensación que produce sentirse controlada por el cuerpo. A veces, sentir que deberíamos ser capaces de "arreglarlo" puede intensificar la culpa en nuestra mente. Así, si no nos curamos, podemos caer en la tentación de sentirnos más culpables, porque se supone que somos buenos estudiantes del Curso y hemos de ser capaces de curarnos a nosotros mismos. Lo que hace que uno sea un buen estudiante del Curso es perdonarse por sentirse culpable por no hacer siempre las cosas perfectas. Nadie hace las cosas perfectamente, pues de otro modo no parecería estar aquí. Si tienes una enfermedad, aparte de hacer las cosas normales y conseguir tratamiento, podría ser de ayuda recordar que se trata de un proceso mental, no de un proceso físico. Si es un proceso mental, puedes cambiar de mentalidad con respecto a él y dejar que sirva a otro propósito. Si necesitas lamentarte, permítetelo. Si necesitas expresar tristeza, hazlo. Permítete tu proceso. No siempre se trata de intentar remediar los síntomas físicos, aunque es perfectamente adecuado tratarlos. Si tienes una enfermedad que toma la forma de un cáncer, sería sabio asumir un planteamiento que combine mente y cuerpo, a menos que recibas guía para hacerlo de otra manera. Al mismo tiempo, recuerda que la verdadera curación se produce en el nivel de la causa o de la mente. La elección de la mente a favor de la culpa es la "verdadera" enfermedad. Sabiendo esto, puedes remitirte a esta creencia y trabajar para perdonarla. La parte más dura es soltar cualquier resultado particular de este proceso.

A veces, los síntomas desaparecen como resultado del perdón, y otras veces no. Me gusta recordar que no hay diferencia entre un cuerpo sano y otro enfermo. Ninguno de ellos es verdad, aunque eso no significa que no lidiemos con el cuerpo a su nivel. Un ejercicio útil es entregar cualquier cosa que pueda hacerte daño al Espíritu Santo, incluyendo cualquier pensamiento de ataque que puedas tener en la mente. Este es un verdadero regalo que podemos dar al Espíritu Santo. Es una declaración de que no estás sustituyendo el amor de Dios por ídolos. En estos tiempos de violencia acelerada, enfermedades y abundantes distracciones resulta difícil tener fe en la verdad de nuestra unidad con Dios. Cada vez que encendemos el televisor hay un tiroteo o algún desastre climático, u otro recordatorio de las infecciones víricas. Si de partida tenemos fe, nuestra experiencia de estas situaciones cambiará. Si queremos experimentar amor, alegría y paz, tenemos que demostrarlos dándoselos a otros. Podemos elegir vivirlos en nuestra existencia diaria. Y, como consecuencia, nos estamos ayudando a nosotros mismos. No podemos dar realmente estos dones si no sentimos que los tenemos. De modo que podemos tomárnoslo como un ejercicio: aceptar nuestra verdadera abundancia, uno de los dones que Dios nos ha dado y que no tenemos que ganarnos. Es nuestra herencia natural.

Francamente, el propósito del ego es silenciar la Palabra de Dios. La Palabra de Dios es el reconocimiento de nuestra unidad. El propósito del Espíritu Santo es recordarnos que hemos de acordarnos de reír. Acordarse de reír silencia al ego. ¿No es cierto que cada vez que te ríes el ego se va? No puede existir en medio de la alegría. Cuando te ríes, en realidad estás en un Instante Santo. Recuerda: parecimos meternos en este lío porque nos *olvidamos* de reír. Nos tomamos en serio la pequeña idea loca. Tengo en mi ventana un pequeño letrero con una cita que dice: "Algunos días tienes que crear tu propio sol". Todos tenemos momentos en los que no vemos la luz, o nos sentimos mal porque nos estamos aferrando a un resentimiento. Si tengo un resentimiento o si algo me causa una fuerte reacción, me conviene dar un paso atrás y recordar que en realidad esta situación es útil si la uso para perdonar.

Las personas tienen distintas maneras de pedir amor y de intentar unirse con otros, incluso si lo que hacen parece dañino. Es importante recordar que el Espíritu Santo siempre responde a una petición de amor, pero no la juzga. Para el Espíritu Santo, todas las peticiones de amor son lo mismo, y la respuesta siempre es igual, el Hijo de Dios es inocente y no ha ocurrido nada. Hay un pasaje en el Curso que describe que, basándonos en la culpa, construimos un caso contra nosotros mismos, pero el Espíritu Santo lo descarta. Dice: *El ego dicta sentencia y el Espíritu Santo revoca sus decisiones, en forma similar a como en este mundo un tribunal supremo tiene la potestad de revocar las decisiones de un tribunal inferior.*[4] Es interesante lo empeñados que estamos en hacernos daño a nosotros mismos, incluso si no nos damos cuenta de ello. Finalmente, todo el mundo oirá la canción de miedo que se canta a sí mismo, y elegirá cambiarla por una canción de amor.

ENTRENAMIENTO MENTAL

El Curso nos ayuda a entrenar la mente, y en una cita Jesús dice: *El mundo no ha experimentado todavía ningún despertar o renacimiento completo.*[5] Mientras estemos aprendiendo y deshaciendo el ego, tenemos que aceptar que no sabemos ni entendemos nada plenamente, porque por defecto todavía nos referenciamos al ego y lo hacemos real. Por eso nos sentimos molestos, porque elegimos la versión de la historia patrocinada por el ego. Esto forma parte de la práctica. Puedes llegar a ser tan diestro que te pilles a ti mismo y cambies de mentalidad sin necesidad de dar los pasos del perdón. Te remitirás al perdón por defecto. Ya no buscarás ser entendido, solo entender. Cuando entiendes, estás viviendo el Curso. Es importante leer el Texto y hacer el *Libro de ejercicios*, pero parte de abrir las puertas al Curso consiste en dejar que su significado entre en ti. Mientras lees sus palabras, observa cómo te engaña el ego para que sientas disgusto con respecto a ciertas palabras o pronombres que usa. El Curso está escrito así por un motivo. El ego se esforzará al máximo por encontrar incontables maneras de distraerte de la verdad. Por eso la repetición es necesaria. El Curso repite ciertas ideas muchas veces de distintas maneras. Nunca he leído otro documento que lo haga de manera tan brillante.

En el Curso también hay pasajes que suenan como si se estuviera contradiciendo a sí mismo, pero te aseguro que no lo hace. Por ejemplo, hay un pasaje que dice: *El mundo que ves no puede ser el mundo que Dios ama y, sin embargo, Su Palabra nos asegura que Él ama al mundo.*[6] En realidad, esto está diciendo que cuando empezamos a cambiar nuestra percepción de para qué es el mundo, lo experimentaremos con más alegría y paz. En otras palabras, podemos tener un sueño feliz que refleje el Amor de Dios. Asimismo, en el Curso todo está escrito a dos niveles, el nivel metafísico y el nivel del mundo. Cuando hay algún comentario sobre el mundo, o suena como que se está dando realidad al mundo, eso solo es un símbolo o una metáfora. Muchas de las declaraciones en las que parece que Dios comenta cosas sobre el sueño, como que Él llora por Sus hijos, en realidad son metáforas de cuánto nos ama.

He comentado que todos somos actores ganadores del Oscar, desempeñando nuestros papeles ilusorios, pero elegir al Espíritu Santo es como conseguir el premio a los logros de toda nuestra carrera. En otras palabras, ahora tu duro trabajo está dando frutos, y tú mismo y los que te rodean estáis reconociendo que es hora de celebrar una fiesta. Este es el punto en el que empiezas a consolidar tu aprendizaje y a disfrutar de sus beneficios. Ya no quieres ver, condenar ni culpar a otros porque sabes que te va a volver de inmediato. No hay necesidad de proyectar, de modo que te limitas a extender tu amor. Esta es una manera muy distinta de vivir tu vida. Es más ligera, fresca y edificante.

Recientemente se me ha recordado la sección del Curso llamada *Somos responsables de lo que vemos*.[7] Resulta relevante aquí para clarificar parte de nuestra función en este mundo. Dice: *Esto es lo único que tienes que hacer para que se te conceda la visión, la felicidad, la liberación del dolor y poder escapar completamente del pecado. Di únicamente esto, pero dilo de todo corazón y sin reservas, pues en ello radica el poder de la salvación:*

Soy responsable de lo que veo.
Elijo los sentimientos que experimento y decido
el objetivo que quiero alcanzar.
Y todo lo que parece sucederme yo mismo lo he
pedido y se me concede tal como lo pedí.

No te engañes por más tiempo pensando que eres impotente ante lo que se te hace. Reconoce únicamente que estabas equivocado y todos los efectos de tus errores desaparecerán.[8]

Cuando Jesús dice que eres responsable de lo que ves, se refiere a cómo piensas en una situación o la interpretas. Siempre se remite a nuestra capacidad de elegir. Esto te sitúa en la causa, en lugar de ser un efecto del mundo. Esto es verdadero poder. El poder es comprender tu verdadera naturaleza y que en realidad no puedes ser herido. El verdadero corazón del Curso es comprender que todos somos uno y que ningún pensamiento de diferenciación, separación o juicio debería ser tolerado nunca. No es que no vayamos a tener estos pensamientos, pero, cuando vengan, no les des cabida. No te sientas uno con las personas que atacan a la gente que no te gusta, ni con las que les gusta la gente que a ti te gusta, simplemente date cuenta de que todos son lo mismo. En el texto hay otra línea maravillosa que suelo citar a menudo y en la que Jesús dice: *No enseñes que mi muerte fue en vano. Más bien, enseña que no morí, demostrando que vivo en ti.*[9] Lo que importa es la demostración. El modo en que demuestras el contenido de este Curso, y tu manera de vivir sus principios de perdón, es dejar que él se convierta en parte de ti; no que sea un libro, una teoría o una serie de palabras. La idea es que haya llegado a formar parte de ti de tal manera que todos los pensamientos del ego hayan desaparecido y veas que compartes tus intereses con todos.

LA PRIVACIÓN CONDUCE A LA DEPRESIÓN

A veces, todos sentimos privación. La privación puede aparecer de muchas formas distintas, pero su verdadera causa es la creencia de que hemos perdido el amor de Dios. Esto produce el efecto de sentir carencia, que puede emerger como una tristeza sin causa aparente. Pero hay una razón para ello. El mundo no es nuestro verdadero hogar y nuestra mente inconsciente lo sabe. De modo que anhelamos volver a casa. Entre tanto, podemos practicar la aceptación de la alegría de Dios en lugar del dolor, y abandonar la necesidad de sacrificar nuestra felicidad en nombre de intentar demostrar cuán espirituales somos. Es fácil caer en la trampa de esforzarnos tanto por perdonar que nos olvidamos de ser normales. Entonces, está bien consultar con nosotros mismos para ver si realmente estamos siendo honestos con relación a cómo nos sentimos. El sacrificio no es amor, aunque se le confunde con el amor. El sacrificio nació con el pensamiento siguiente: "Para que yo exista, Dios debe ser sacrificado". Esto es lo que creímos haber hecho justo al principio. Para que pudiéramos mantener nuestros yoes especiales e individuales y jugar a ser Dios, tuvimos que sacrificar a Dios. Esto puede asumir la forma de proyectar nuestra culpa inconsciente sobre otros, de modo que sean ellos los sacrificados a la ira vengativa de Dios, en la que el ego cree.

El Curso también nos pide que miremos cómo exigimos sacrificios en nuestras relaciones especiales. El amor no excluye a nadie. Si excluimos a una sola persona, por más cruel que sea, estamos incluyéndonos a nosotros mismos en esa exclusión, porque somos uno. De modo que tenemos que preguntarnos: ¿por qué seguimos haciendo esto? Bien, una vez más, el ego tiene que existir, ¿cierto? Tiene que decir que tiene razón y que la separación realmente ocurrió. La prueba que usa es que nuestros cuerpos sienten dolor. O podríamos decir: "¡Mira lo que me hizo esta persona! Fue cruel e injusto". En esto consiste la historia del ego. Recordemos lo que dice el Curso: *Cuídate de la tentación de perci-*

birte a ti mismo como que se te está tratando injustamente. Desde este punto de vista, tratas de encontrar inocencia únicamente en ti, y no en ellos, a expensas de la culpabilidad de otro.[10] Una vez más, es muy importante reiterar que todo comparte el mismo propósito de perdón. Así es como hacemos que todo sea lo mismo. Hasta que reconozcamos que dependemos totalmente de Dios, siempre vamos a tener una sensación de pérdida, sacrificio y privación, porque Dios es lo único que es real. Cuando seguimos separándonos de otros, lo cual toma la forma de pensamientos de ataque contra nosotros mismos y contra otros, sentimos que estamos perdiendo algo. En realidad, esta es una situación muy común. Tenemos miedo de perder a las personas que amamos, pero el trasfondo de esto es que no nos creemos merecedores de su amor. Así es como saboteamos nuestras relaciones. Esto va muy hondo en la mente inconsciente, y procede de la culpa.

La sensación de pérdida también puede tomar la forma de perder dinero, o la salud. A medida que continúas eligiendo al Espíritu Santo y practicas el perdonarte a ti mismo por la sensación de privación, tu perdón empezará a reflejarse en todas tus relaciones, y la sensación de pérdida desaparecerá. Creo que lo importante es que puedas confiar en el proceso de perdón a medida que se despliegue tu vida. Estás deshaciendo cada vez más culpa. A medida que deshaces más culpa, harás elecciones más amorosas, eligiendo al Espíritu Santo como maestro en lugar de al ego. Entonces, todas las demás decisiones que parezcas tomar serán un reflejo de haber elegido al Espíritu Santo, que es la única elección real e importante.

Según nuestra experiencia, en este sueño hay ciertas cosas que pueden parecer más complicadas que otras. Cuando afrontamos una decisión difícil, resulta útil consultar primero contigo mismo, y preguntarte a qué propósito sirve. Si tu propósito es solo el de ser verdaderamente útil, ese propósito te servirá en cualquier situación, por más complicada que pueda ser. Esto no significa que siempre vayas a saber qué hacer. Eso está bien. La cuestión es que se te está pidiendo que renuncies a la idea de que tú sabes qué es lo mejor. En el instante en que crees saber qué es mejor sin preguntar al Espíritu Santo, lo estás haciendo por tu cuenta, con el ego. Ahí es cuando dejamos de aprender. Procura ir dentro y plantear una pregunta desde tu centro sereno. Haz una pausa y conéctate con el Espíritu Santo, y a continuación suelta cualquier cosa que tengas que decir o hacer, porque tus actos fluirán a través de ti de manera natural y se extenderán a través de ti como resultado de haberte unido con Dios.

Recuerda, estás soñando la separación en la que hay miles de problemas distintos. Pero, aun así, puedes recordar que, en cada ocasión, puedes llevar el único problema, cualquiera que sea, a la única solución. El ego es muy engañoso y puede enmascararse y hacerse pasar por el Espíritu Santo. Esto suele ocurrir cuando hacemos una pregunta al Espíritu Santo, pero tenemos el deseo secreto de obtener una respuesta específica, y por lo tanto hemos decidido por nuestra cuenta cuál debería ser el resultado. Nuestro apego a un resultado específico impide la entrada del Espíritu Santo. Otra manera en que el ego nos engaña y da realidad al sueño es el ciclo de nacimiento y muerte. A estas alturas, gran parte de la población cree en la vida después de la muerte. Sin embargo, la mayoría de la población no cree que el nacimiento y la muerte sean un sueño en la mente. Eso está bien, pues todos estamos donde tenemos que estar según los guiones que representamos. Aquí es relevante la sección del Curso titulada *El héroe del sueño*.[11] Recomiendo encarecidamente repasar la sección entera, pues aquí solo voy a citar una parte:

El cuerpo es el personaje central en el sueño del mundo. Sin él no hay sueño, ni él existe sin el sueño en el que actúa como si fuera una persona digna de ser vista y creída. Ocupa el lugar central de cada sueño en el que se narra la historia de cómo fue concebido por otros cuerpos, cómo vino a un mundo externo al cuerpo, como vive por un corto tiempo hasta que muere para luego convertirse en polvo junto con otros cuerpos que, al igual que él, también mueren.[12]

Las aventuras del cuerpo, desde que nace hasta que muere, son el tema de todo sueño que el mundo haya tenido jamás. El "héroe" de este sueño nunca cambiará, y su propósito tampoco. Y aunque el sueño en sí adopta muchas formas y parece presentar una gran variedad de lugares y situaciones en los que su "héroe" cree encontrarse, el sueño no tiene más que un propósito, el cual se enseña de muchas maneras. Esta es la lección que trata de enseñar una y otra vez: que el cuerpo es causa y no efecto. Y que tú, que eres su efecto, no puedes ser su causa.[13]

De esta manera, tú no eres el soñador, sino el sueño. Y así, deambulas fútilmente entrando y saliendo de lugares y situaciones que él maquina. Que esto es todo lo que el cuerpo hace, es cierto, pues no es más que una figura en un sueño. Mas, ¿quién reaccionaría ante las figuras de un sueño a no ser que creyera que son reales? En el instante en que las reconoce como lo que verdaderamente son, dejan de tener efectos sobre él, porque entiende que él mismo fue quien le dio los efectos que tienen, al causarlas y hacer que parecieran reales.[14]

Como puedes ver, esto explica el propósito que tiene el cuerpo para el ego. No es ninguna sorpresa que haya tanta infelicidad y sufrimiento innecesario. Si no entendiéramos nuestra realidad en Dios, la cual no cambia nunca, el mundo ciertamente sería un lugar atemorizante. Incluso los maestros del Curso tienen que trabajar esto. Todos tenemos culpa inconsciente enterrada en la mente y surge de distintas formas. Aunque no es fácil, ayuda bastante tener un sistema de pensamiento consistente para corregir las percepciones erradas del ego.

En cierta medida, todos nosotros no creemos plenamente que el mundo sea un sueño mientras sigamos reaccionando a él con miedo. Así, podemos aceptar esta verdad intelectualmente, pero experimentarla es otra cosa totalmente distinta. Es divertido saber que estamos seguros en casa, soñando que tenemos una aventura. A menudo sentimos que la aventura nos da miedo, pero, si en el fondo de tu mente te aferras al pensamiento de que estás seguro en casa, eso te ayudará.

Aunque es un sueño, y todos somos actores sobre un escenario, estamos aquí para aprender nuestras lecciones. También estamos aprendiendo a reclamar nuestra herencia natural: aceptar la Voluntad de Dios y los verdaderos regalos de alegría, amor, paz y unidad. En nuestra vida tenemos incontables oportunidades de unirnos con otros siendo bondadosos, amorosos y verdaderamente útiles. He notado que mi día marcha mejor cuando cada mañana recito la plegaria siguiente:

Estoy aquí únicamente para ser útil.
Estoy aquí en representación de Aquel que me envió.

No tengo que preocuparme por lo que debo decir ni por lo que debo hacer, pues Aquel que me envió me guiará.

Me siento satisfecho de estar dondequiera que Él desee porque sé que Él estará allí conmigo.

Sanaré a medida que le permita enseñarme a sanar.[15]

Me he dado cuenta de que cada vez que me paro a reflexionar sobre estas líneas —y otras del Curso—, la paz retorna más rápido. Recuerda: por favor, sé paciente contigo mismo si la paz no vuelve de inmediato. Habrá momentos en los que volverá rápido, y otras veces puede ser un proceso gradual. Esto varía. Procura no juzgarte a ti mismo. El juicio te devuelve de inmediato al miedo.

Otra cosa que puede resultar útil es ayudar a otros que estén necesitados, lo cual te recuerda que tu naturaleza esencial es amorosa y generosa. Cuando hago esto, a menudo siento escalofríos por el cuerpo, lo que me indica que estoy alineada con mi verdadera naturaleza. Cuando se te pone la carne de gallina, eso generalmente indica que estás en el buen camino, y que estás siendo tal como Dios te creó. Eso es lo único que importa en este mundo. En otras palabras, tratamos a todos por igual, independientemente de si los conocemos o no. Esto no significa que vayamos a tener una relación romántica con todos, pero en el contexto general del amor, amamos a todos incondicionalmente. Si esto te resulta difícil de hacer, ¡bienvenido al club! Se necesita mucha práctica para pasar por alto la forma de lo que ves y aceptar igualmente a todas las personas como el Hijo de Dios. Por tanto, sé paciente contigo mismo, pero has de saber también que los beneficios son para ti. Si no tenemos el amor dentro de nosotros, no podemos dárselo a otros.

Como Jesús se aceptó a sí mismo tal como Dios le creó, fue capaz de amar a los demás incondicionalmente. Por otra parte, él no los veía como personas, sino como perfecto Espíritu. Muchos se dedican a algún tipo de activismo para expresar su amor por la humanidad, y esto puede ser útil. La forma en que lo hizo Jesús fue salir a compartir la "buena nueva" con cualquiera que estuviera dispuesto a escuchar. A algunos no les gustó lo que enseñaba —obviamente—, pero él siguió haciéndolo, principalmente demostrando Su amor para que todos pudieran ser testigos. Hay diferencia entre un activista que actúa desde la inspiración y otro que actúa desde el ego. Jesús no era reaccionario, pero tampoco pasivo. Solo era pasivo a la voz del ego. Está perfectamente bien y es apropiado participar en protestas o querer que tu voz sea oída en este mundo. Mira a personas como Gandhi o Martin Luther King Jr., que fueron muy productivos en sus esfuerzos por elevar la conciencia, y lo hicieron pacíficamente. Si te sientes llamado a servir de esta manera es porque eso forma parte de tu guion. Ese impulso puede venir de una guía inspirada y no del ego. Si en lugar de verlo como una obligación tienes una sensación de alegría y estás animado, y sientes que es un flujo natural, hay una razón para ello. Presta atención a esos sentimientos de pasión, porque ahí puede haber algo que explorar. Esto no es diferente de sentirse atraído hacia cierta carrera profesional. Todo el mundo hace algo, de modo que puedes permitir el despliegue del flujo natural de tu vida. Si protestas por algo, puedes seguir haciéndolo desde un lugar de paz. Puedes preguntarte a ti mismo: "¿Qué propósito tiene esto? ¿Viene de la inspiración o de la motivación?". Sé honesto contigo mismo y la respuesta te guiará.

Por ejemplo, si una persona joven se siente atraída a practicar cierto deporte, eso forma parte de su guion. Recuerda que el guion del Espíritu Santo es el guion perdonado, en el que observamos lo que se está desplegando con otra interpretación. Tenemos libre albedrío, que es el poder de decidir ver las cosas con el ego o con el Espíritu Santo como maestro. El Curso dice: *Este es un curso de milagros. Es un curso obligatorio. Solo el momento en que decides tomarlo es voluntario. Tener libre albedrío no quiere decir que tú mismo puedas establecer el plan de estudios. Significa únicamente que puedes elegir lo que quieres aprender en cualquier momento dado.*[16] Esto no significa que *Un curso de milagros* sea el camino de todos. Significa que hay principios universales que todo el mundo aprenderá en algún momento, y esto es necesario para que la Filiación reconozca su plenitud. Sí que decides lo que vas a aprender, pero siempre estás aprendiendo de uno de estos dos maestros, como se ha explicado antes.

En el actual estado del mundo, el ego tiene que encontrar formas de mantener la separación. El ego ha ampliado su objetivo de mantener la mente dividida en lugar de plena. Si miras de cerca, puedes ver lo que está haciendo. No es nada nuevo. Hemos estado viviendo un periodo más intenso desde el comienzo de la pandemia. Al ego le encantan las sorpresas y que las cosas sean más grandes, más rápidas y que den más miedo. Mira el clima. Todo está yéndose a los extremos y no hay terreno intermedio. Mira la política. La división es completa, hasta el punto de que hay personas que son asesinadas por sus opiniones o por sus creencias. ¿Qué ha ocurrido con la libertad de expresión? En una nota más positiva diré que no hay víctimas, porque todos elegimos tener esta experiencia a otro nivel. Sabemos que aprenderíamos mucho de ella, y que se nos daría la oportunidad de elegir de otra manera, de perdonar en lugar de juzgar o condenar. Las elecciones que hacemos con respecto al mundo son siempre un reflejo de una elección en la mente. **De modo que, repitiendo un punto importante, la mente es la causa y el mundo es el efecto.**

No importa *lo que* ocurra, sino lo que *hacemos* con lo que ocurra. ¿Cómo estamos pensando? ¿Cuál es nuestra respuesta al mundo? No tienes que preocuparte por lo que otros piensen. Enfócate en seguir el camino que te fue marcado. Todas las dimensiones del tiempo y las realidades paralelas ya existen. Siempre experimentarás la dimensión temporal que es relevante para tu camino de vida, y en ella influye tu elección de juzgar o perdonar. Estar en un estado de alegría e inspiración te guiará y te llevará a las dimensiones de tiempo que reflejan tu comprensión y crecimiento. Esto no significa que no vayas a ver violencia o cosas negativas en el mundo, sino que las experimentarás de otra manera y no afectarán a la paz de Dios dentro de ti. Esta es la razón por la que nunca tienes que cambiar el mundo, pero cuando cambias de mentalidad *con respecto* al mundo, puedes simplemente estar cambiando a otra versión paralela de la tierra, en la que se pueden desplegar escenarios distintos, aunque generalmente no eres consciente de ello. El verdadero perdón puede llevar a todo tipo de cosas maravillosas, y te permitirá ser de verdadera ayuda para otros.

EL CURSO ES ENTRE EL ESPÍRITU SANTO Y TÚ

El Curso no es para todos. En último término, su mensaje más elevado llegará a la gente de distintas maneras cuando esté preparada. Hay muchos caminos hacia Dios. El Curso es único, y llega a la raíz de todos los problemas. También nos da la respuesta a todos ellos, que es la misma: la aceptación del principio de Expiación, que ya se ha comentado en otros capítulos. Entender esto puede ciertamente proveer un camino "más rápido" de deshacer el ego. No tienes que apresurarte, pero tampoco tienes que sufrir. El ego no es negativo en y por sí mismo. No es nada, o es neutral. Solo se convierte en un problema cuando nos identificamos con él. No tienes que pensar en él como algo que temer o de lo que liberarse. El ego se deshará de manera natural a medida que perdones las dificultades diarias que vayan surgiendo. El ego puede ser cruel, pero no tiene por qué gobernar tu vida. **Me gusta verme a mí misma como una mente alegre expresándose a través del cuerpo y más allá de él. Esto me recuerda que no soy un cuerpo, sino que soy mucho más grande como mente, y solo estoy soñando con un cuerpo.** Las demás personas no tienen que saber que practicas el Curso para que funcione en tu vida. No tienes que intentar convencer a la gente de nada. De hecho, es mejor que no intentes convencerles. Si a la persona le interesa, te hará preguntas de manera natural. Es una señal para que compartas algunas de las ideas. Algunas personas podrían haber notado un cambio en ti, como que estás más pacífico y dispuesto a perdonar. Tal vez ya no des tanta importancia a ciertas cosas. Si te preguntan qué estás haciendo, puedes contárselo, pero detente si ves que empiezan a sentirse agitados o temerosos. No todo el mundo está preparado para el mensaje del Curso y no tienen por qué estarlo. Sé que puede ser frustrante cuando quieres ayudar a alguien que tiene problemas, y quieres compartir el Curso con esa persona. Si se resiste al mensaje, suelta y confía en que está siguiendo el camino señalado para ella.

El Curso no es una secta y no debería ser tratado como tal. Es un Curso de estudio que uno hace por su cuenta, y es algo entre el Espíritu Santo y tú. Si practicas el Curso y estás en relación con alguien, pero a tu pareja no le interesa, permite que se despliegue su proceso. Aunque seáis pareja, no te corresponde a ti decidir qué es mejor para otro. Puedes plantar semillas y compartir ideas, pero suelta el resultado. Conozco a mucha gente que está en relaciones de pareja en las que una persona está haciendo el Curso y la otra no, y les va bien. Quiero animarte a permitir que esto esté bien. Además, los demás ni siquiera están aquí. Resulta fácil olvidar algunas de las ideas nucleares del Curso, como: *¡El mundo no existe! Este es el pensamiento básico que este curso se propone enseñar.*[17] *Mas la curación es el regalo que se les hace a aquellos que están listos para aprender que el mundo no existe y que pueden aceptar esta lección ahora. El hecho de que estén listos hará que la lección les llegue en una forma que ellos puedan entender y reconocer.*[18]

Cuando sabes que el mundo no existe, y esto se vuelve innegable, queda claro cuánto valor depositamos en él. Esto no es negativo. Nos ayuda a ver que el mundo es un lugar sin alegría hasta que cambiamos de mentalidad. Basta con comprobar con cuánta facilidad nos irrita la gente y el mundo. Y que podemos estar felices en un momento y, al siguiente, sentirnos mal porque algo se ha torcido. Nuestro estado de ánimo cambia completamente. Eso no es estar en un estado de verdadera alegría. No tenemos que sentirnos mal por ello, solo reconocer que hay algo más allá, aunque dentro de nosotros, que es mucho más grande y satisfactorio; es libertad, alegría, amor incondicional y plenitud. Esta es la luz del mundo de la que habla el Curso, y luz significa verdad. Jesús nos anima en el pasaje siguiente: *Te he asegurado que la Mente que decidió por mí se encuentra también en ti, y que puedes permitirle que te transforme tal como me transformó a mí. Esta mente es inequívoca porque solo oye una Voz y contesta de una sola manera. Tú eres la luz del mundo junto conmigo.*[19] La Mente que decide por nosotros y a través de nosotros es el Espíritu Santo. Una vez que soltamos la voz que *nosotros* fabricamos, el Espíritu Santo puede hablar a través de nosotros y por nosotros.

Para acabar, en cualquier momento que sientas que tu luz se ha atenuado, recuerda que solo es un sueño, y que el verdadero tú sigue siendo perfectamente pleno en Dios. Nunca saliste del Cielo. El Cielo es *ahora*. Hay mucho apoyo disponible a nuestro alrededor en todo momento, tanto visible como invisible. El invisible es el que requiere fe y confianza. Me gustaría cerrar este capítulo con una cita de uno de mis poetas favoritos, David Whyte. Es un ejemplo del énfasis que hace el Curso en estar completamente dedicado a la verdad:

"Cuando en la vida tengas que dar un paso valiente hacia delante, hacia algún tipo de compromiso con una persona, con un trabajo, con una posibilidad de tu propia vida, siempre sientes que estás poniendo el pie sobre una superficie que no aguantará tu peso...

En la historia, lo que hace que te mantengas en la superficie es la intensidad con la que miras lo que te atrae... En cuanto desvías el rostro, empiezas a hundirte... Asegúrate de tu afinidad con aquello hacia lo que estás dando pasos".

PÁGINA PARA NOTAS PERSONALES

CAPÍTULO 9

RECORRER EL CAMINO DE LA ALEGRÍA

Cuando el ego fue engendrado, Dios puso en la mente la llamada al júbilo. Esta llamada es tan poderosa que el ego siempre se desvanece ante su sonido.[1]

El clima siempre me ha fascinado, especialmente los grandes fenómenos atmosféricos, como huracanes, tornados e incluso una brisa fuerte. Creo que tiene que ver con el hecho de que hay una fuerza detrás de las cosas que no podemos ver ni controlar. ¡Es emocionante! Gary siempre bromea conmigo diciéndome que podría estar en medio de un huracán y sentirme feliz. Probablemente, yo misma se lo dije. Es verdad. Me encanta el tiempo salvaje siempre que esté segura. La razón por la que hablo de esto es que a menudo he pensado que podemos decidir el tipo de día que vamos a tener, tal como un meteorólogo predice el tiempo atmosférico. Tu previsión podría ser: "La previsión para hoy es la perfecta paz de Dios y la aceptación de Su Voluntad para mí". O "La previsión para hoy es buen tiempo. La luz va a brillar sobre mí todo el día. El día de hoy estará muy por encima del campo de batalla". Ya te haces una idea. Es otra manera divertida de decidir que puedes empezar el día con la nota correcta. Si permites que el Espíritu Santo esté a cargo de tu día, es más probable que fluya en la dirección que hayas establecido al principio. A veces, nos salimos de la pista. En cuanto lo notes, puedes recordarte a ti mismo el objetivo, que es la paz y la alegría de Dios. Cuando tengo un problema corporal, he de recordarme que el cuerpo no decide cómo me voy a sentir. Yo sigo siendo la que elige. La alegría es nuestra herencia.

Puede parecer que una vida alegre consiste en tener éxito económico, una familia maravillosa y amorosa, buena salud y una gran carrera profesional. Es muy agradable tener todas estas cosas y creo que nadie estaría en desacuerdo. El problema de hacer que nuestra felicidad dependa de cualquiera de ellas es que eso nos hace vivir en un mundo de dualidad. Siempre habrá subidas y bajadas, porque aquí nada es permanente. Si tu felicidad depende de que algo del mundo vaya bien —tu cuerpo, tus relaciones o tu profesión—, estás poniendo tu fe en la arena en lugar de en la roca. Cualquiera de estas cosas que he mencionado antes se nos puede arrebatar en un instante. Sin embargo, si estás entrenando tu mente para poner tu fe en el Espíritu, en eso que no puede cambiar, estás estableciendo los cimientos sobre algo permanente, que no cambia ni varía. Yo misma aprendí esta lección mientras trabajaba algunos problemas físicos. Realmente es muy útil seguir recordándote la fuerza del Espíritu Santo, que siempre está contigo. El Curso dice: *El Espíritu Santo se encuentra en ti en un sentido muy literal. Suya es la Voz que te llama a retornar a donde estabas antes y a donde estarás de nuevo. Incluso en este mundo es posible oír esa Voz y ninguna otra. Ello requiere esfuerzo, así como un gran deseo de aprender. Esa es la última lección que aprendí, y los Hijos de Dios gozan de la misma igualdad como alumnos que como Hijos.*[2] Aquí Jesús dice que hace falta "un gran deseo de aprender", y he descubierto que es verdad.

Es muy importante tener un sistema de pensamiento como el del Curso. Bien sea el Curso o alguna otra cosa, tener algo que practicar cada día es muy útil para ayudarte a superar los tiempos difíciles. Si no tuviera el Curso, no sé cómo sería mi vida. Estoy segura de que sabría gestionarla, pero sería más duro. Recuerdo que una vez hablé con el Espíritu a través del médium Kevin Ryerson, y me dijo —parafraseando—: "En los momentos en que viene la oscuridad, que se siente fría y aislante, tal vez empieces a recordar a los ángeles cantando —como en mis sueños— y esto supone un gran confort. El hecho de que tengas reservas no significa que no estés en la luz".

Puedes practicar un ritual de alegría. Cuando estés en momentos de gran tensión o incomodidad, puedes traer a tu mente un recuerdo precioso. Al hacerlo, tal vez notes que estás recreando ese momento y empezando a sentir la alegría de nuevo. Una vez que sientas alegría, suelta el suceso, pero conserva la alegría. La alegría siempre comienza en ti, porque es un estado mental. Esto me recuerda la cita del Curso que dice: *Dios va conmigo dondequiera que yo voy.*[3] Conservar esta conciencia en tu mente puede salvarte la vida. Dios va contigo dondequiera que vas porque Dios está en tu mente. Esta sección del *Libro de ejercicios* también dice:

En lo profundo de tu interior yace todo lo que es perfecto, presto a irradiar a través de ti sobre el mundo. Ello sanará todo pesar y dolor, todo temor y toda sensación de pérdida porque curará a la mente que pensaba que todas esas cosas eran reales y que sufría debido a la lealtad que les tenía.

Jamás se te puede privar de tu perfecta santidad porque su Fuente va contigo dondequiera que tú vas. Jamás puedes sufrir porque la Fuente de toda dicha va contigo dondequiera que tú vas. Nada puede destruir tu paz mental porque Dios va contigo dondequiera que tú vas.[4]

Cuando nos permitimos dedicar un poco de tiempo a reflexionar sobre lo que esto significa, no podemos fracasar. Los resultados vendrán, tanto si son inmediatos como si llegan más adelante. Creo que todos merecemos el esfuerzo consistente que se necesita para aceptar nuestra realidad como inocentes, plenos y amorosos hijos de Dios. Recuerdo que un cliente mío me dijo que experimentó un momento de verdadera unidad que nunca olvidaría. Cada vez que recuerda esta experiencia, el recuerdo trae consigo ese sentimiento de alegría y dicha. Esta es la idea. Nuestras mentes son muy poderosas, y las mentes pueden ir a cualquier lugar y estar en él, aunque el cuerpo no pueda. **De la mente emanan tus creaciones.** Recorrer el camino de la alegría es reconocer que tu estado natural es la alegría, y el mundo no es responsable de ella. Se trata de caminar por el mundo, pero viéndolo *por encima del campo de batalla.*[5] Esto significa que observas las imágenes que ves con el Espíritu Santo o Jesús en lugar de con el ego. Desde esta perspectiva no hay juicio, pues todo es neutral. Tú sabes dónde estás realmente. Otra de las cosas que me dijo el Espíritu fue: "Cuando tengas momentos de ansiedad, encuentra tu centro". En el Curso, esto hace referencia al centro sereno donde el cuerpo desaparece de tu conciencia a medida que tu atención se aleja de sus actividades. La ansiedad viene de vivir en el futuro en lugar de en el aquí y ahora, aunque ciertamente puede anclarte en el presente y permitirte ser consciente de que estás desalineado.

EJERCICIO PARA ESTAR PRESENTE

He creado un ejercicio que puede ayudar a entrenar la mente para enfocarse en el momento presente. Es una adición al trabajo mental del Curso y no está pensado para reemplazarlo. Más bien trata de complementarlo. Por ejemplo, podrías estar en tu coche, parado ante un semáforo, y empiezas a sentir que aumenta la ansiedad porque no te gustan los espacios cerrados. En ese momento, empieza por escuchar los sonidos que te rodean, tomando conciencia de cada uno de ellos. Procura escuchar todo lo que tus oídos estén captando, tanto los ruidos fuertes como los débiles. También podrías tomar nota de las imágenes que ves a tu alrededor, de izquierda a derecha, de adelante a atrás. Simplemente mira. Si todavía estás ansiosa, pregúntate: ¿El ruido de ese coche me pone ansiosa? ¿La persona que camina por la calle me pone ansiosa? ¿El asiento del coche me produce ansiedad? ¿El color del coche que tengo delante me pone ansiosa? Probablemente empezarás a notar que ninguna de estas cosas, en y por sí misma, provoca ansiedad. Esto significa que la mente está creando este escenario por hábito, y que en realidad no hay ninguna amenaza. A continuación, tal vez quieras volver atrás y revisar las preguntas sobre las creencias que vienen en el Capítulo 4.

En el *Manual para el maestro* hay una sección titulada ¿Cuáles son las características de *los maestros de Dios?*[6] Una de las características es la alegría. Esta sección dice que nos sentimos alegres cuando retiramos todos los obstáculos que nos impiden tomar conciencia de la presencia del amor. Hacemos esto mediante el perdón de la culpa. Cuando la culpa sana, no hay dolor, solo alegría. Puede parecer que tu cuerpo sufre o que está viniéndose abajo, pero tu mente tomadora de decisiones no siente dolor. El dolor siempre es un proceso mental, no físico. Sigue siendo sabio cuidar del cuerpo y ayudarle a sentirse cómodo, pero, si tu mente está sanada, no habrá sufrimiento. Esta sección también dice que la alegría viene de la mansedumbre —o gentileza—. Mansedumbre significa que dejamos de juzgarnos a nosotros mismos o a otros y abrimos nuestras manos para abrazar al Espíritu Santo, permitiendo que la elección de su mente correcta entre en nuestra mente. Cuando hacemos esto, el Espíritu Santo dirige nuestros pensamientos, dejando que Su pensamiento de Expiación corrija nuestros errores. Para estar alegre hay que ser manso y perdonar. Quiero repetir que hace falta mucho esfuerzo y buena disposición para deshacer los obstáculos a la verdad, pero ¿no mereces tú un esfuerzo consistente? ¡Sí, lo mereces!

A menudo me ha intrigado cómo los maestros de la espiritualidad, como Jesús y Buda, se mantuvieron tan consistentes en su forma de pensar. A continuación, aprendí que hace falta mucha práctica a lo largo de varias vidas para no hacer concesión alguna con respecto al no-dualismo puro. Aunque Buda no abordó el tema de Dios en la vida en que fue Buda, llegó al final con Jesús y reconoció a Dios como única realidad en su última vida juntos. Si te interesa explorar tu camino con más profundidad, hay mucho más sobre Jesús y Buda en el libro de mi marido *Las vidas en que Jesús y Buda se conocieron: una historia de poderosos compañeros*. A medida que los estudiaba, quería ser tan libre que ya no me importaba lo que pasara con mi cuerpo. No me refiero a no cuidarlo, pero me plantee: ¿qué pasaría si mi actitud fuera la de que el cuerpo no importa? Bien, pues todavía tengo trabajo que hacer porque había muchas veces en las que *sí* me importaba. Esto me ayudó a dar lo mejor de mí cuando empecé a tener problemas físicos. Todavía tenía un aprendizaje delante de mí y tenía que hacer mis lecciones. ¿Cómo aprendemos excepto haciendo nuestras tareas? **Asimismo, debes tener el deseo de aprender y no asumir que ya sabes. Esto es esencial. Si tu deseo de aprender no está presente, eso retrasa el aprendizaje**.

LA ALEGRÍA COMO PRODUCTO DEL PERDÓN

Recorrer el camino de la alegría podría significar toparse con algunos baches, pero recuerda que eres el que... *mira con firme determinación hacia la luz que brilla con perfecta constancia.*[7] Date cuenta de que en el Curso hay palabras como "firme determinación", "totalmente dedicado" o "gran deseo de". Vemos que para aprender este Curso hemos de ser estudiantes dedicados, y esto requiere mucha práctica. El resultado merece el esfuerzo. Lo que nos espera al final no está nada mal —por así decirlo—. Estar en el Cielo, en total unidad para siempre, es un objetivo valioso. Sin embargo, no tienes que enfocarte en eso, pues podrías sentirte frustrado por no estar más avanzado en el camino. Esta es la trampa. Si la vida es eterna, ¿por qué preocuparse por cuánto tiempo tardamos en volver a casa? Nos preocupa porque no somos felices. Cuando llegue el sueño feliz, el tiempo será irrelevante. En el Cielo no hay tiempo. Ni siquiera piensas en el tiempo ni recuerdas lo que pareció ocurrir, pues solo es un sueño que desapareció. No tienes que entender esto. Algunas cosas es mejor dejarlas para entenderlas y experimentarlas cuando despiertes del sueño. Ahora mismo necesitamos enfocarnos en las lecciones de nuestra vida, porque están ahí por una razón. Permítete la dignidad de trabajar tu proceso con la ayuda del Espíritu Santo.

Hay algo que al ego le encanta hacer cuando sospecha que estás cada vez más alegre y que te vuelves hacia la luz. Se le llama autosabotaje. Cuando el ego sienta que se acerca el final de su existencia, te pondrá todo tipo de obstáculos para volver a recordarte que eres un cuerpo. Finalmente, esto dejará de ocurrir y, si ocurre, serás capaz de sacudírtelo de encima. He oído a mucha gente decir que las cosas parecían empeorar cuando estaban practicando el Curso. En realidad, no es culpa del Curso, que solo nos pide que miremos la oscuridad que ya estaba ahí. Como nunca antes la hemos mirado de cerca, parece como que todo el "equipaje" que sale es nuevo. En realidad, ya estaba allí, en la mente. Puesto que ahora empezamos a darnos cuenta de él, parece como que hay más conflicto. Una vez que atravesemos la culpa, seremos capaces de perdonarla automáticamente y de estar en paz.

Algunas personas hablan de la "noche oscura del alma". Creo que esto ocurre hacia el final de nuestras encarnaciones, cuando el ego siente que está perdiendo la batalla. Una vez que atravesamos esta fase, al otro lado está claro y soleado. En otras palabras, nada te molesta. ¿Puedes imaginar eso? Estás tan en paz que no te afecta nada de lo que te muestra el sueño. Sientes compasión y empatía, pero no estás apegado al mundo. Esto es recorrer el camino de la alegría. Por supuesto que tendremos momentos felices a lo largo del camino, y debemos celebrarlos y divertirnos. Una felicidad consistente requiere años de práctica y trabajo, de manera que nunca estés a expensas del sueño.

¿Qué hace que puedas tener toda una vida de alegría? Hay productos derivados del perdón que nos ayudan a mantener la sensación de alegría. Entre ellos se incluyen la inspiración, la conexión, la cooperación, la naturaleza y tener un propósito. El propósito nos ofrece significado. **La principal razón por la que venimos al mundo es para curarnos mediante la aceptación de la Expiación para nosotros mismos. Este es el propósito del mundo de acuerdo con el Espíritu Santo.** Todos tenemos propósitos individuales con respecto a *lo que* hacemos en el mundo, pero eso no es lo que verdaderamente importa. Todo el mundo hará lo que esté destinado a hacer. La clave está en que usemos nuestras vidas y lo que hacemos aquí para perdonar cuando sea necesario. Nuestros trabajos pueden ayudarnos a completar nuestra misión y a compartir la luz de la alegría si realmente nos gusta lo que hacemos. También son una manera de expresar nuestros talentos para ponerlos al servicio de otros, al tiempo que permitimos que el Espíritu Santo sea la inspiración a través de nosotros. En realidad, los empleos mundanos son nuestra tapadera. A modo de recordatorio, nuestro verdadero trabajo es perdonar. Yo pasé por muchos trabajos distintos antes de darme cuenta de que quería enseñar el Curso y escribir sobre él. Cuando miro atrás, me doy cuenta de que necesité esos trabajos por una razón. Todo me estaba preparando para lo que iba a venir. Muchos de vosotros también estáis en esta situación. Por favor, no te sientas descorazonado si trabajas en un entorno que no te gusta. Mientras estés aquí, puedes usarlo para permitir que el Espíritu Santo te inspire a cambiar de propósito con respecto a para qué es el trabajo. No sabes lo que podría estar esperándote a la vuelta de la esquina. Si permaneces alineado con la mente correcta, serás guiado.

Es divertido saber que la alegría no depende de lo que ocurre en el mundo, ni tampoco de lo que hacemos en el mundo. Todos gravitaremos de manera natural hacia las cosas que nos interesan. Pero, una vez que comenzamos a sospechar que elegir al ego nos produce dolor, empezaremos a elegir en su contra. Ahí es cuando el ego puede ser particularmente despiadado. Su evaluación de ti no es amorosa, de modo que hará todo lo posible por convencerte de que eres un cuerpo. Asimismo, todos hemos depositado valor en que el ego es nuestra identidad, hasta el punto de bloquear la luz. La luz siempre brilla con fuerza en nuestra mente, independientemente de lo que elijamos. Cuando tenemos un vislumbre de la verdad, dejamos de elegir al ego como maestro. El siguiente pasaje del Curso nos anima a equiparar nuestra desdicha con el ego, y la alegría, con el Espíritu:

¿Cómo puedes enseñarle a alguien el valor de algo que él mismo ha desechado deliberadamente? Tiene que haberlo desechado porque no le atribuyó ningún valor. Lo único que puedes hacer es mostrarle cuánta infelicidad le causa su ausencia e írselo acercando lentamente para que pueda ver cómo mengua su infortunio según se le aproxima. Esto le enseña a asociar su infelicidad con la ausencia de lo que desechó, y lo opuesto a la infelicidad, con su presencia. Comenzará a desearlo gradualmente a medida que cambie de parecer con respecto a su valor. Te estoy enseñando a que asocies la infelicidad con el ego, y la felicidad, con el Espíritu. Tú te has enseñado a ti mismo lo contrario. Sigues siendo libre de elegir, mas a la vista de las recompensas de Dios, ¿puedes realmente desear las recompensas del ego?[8]

Hace falta humildad para que la persona se dé cuenta de que ha estado eligiendo valorar un sistema de pensamiento que le ha producido dolor. Al reconocer que lo hemos elegido, podemos perdonarnos por creer que era digno de nosotros, y así hacer el cambio al maestro correcto. El maestro correcto nos enseñará lo tonto que es ese sistema de pensamiento, y que nada que no proceda de Dios es digno de su Hijo. Aunque este camino es un proceso y hace uso de la ilusión del tiempo para perdonar y experimentar verdadera alegría, merece el esfuerzo. *Detente entonces por un momento y piensa en lo siguiente: ¿prefieres el conflicto o sería la Paz de Dios una mejor opción? ¿Cuál te aporta más? Una mente tranquila no es un regalo baladí.*[9]

¡La alegría y la risa son muy contagiosas! El ego siempre se disuelve ante su sonido. ¿Te has encontrado alguna vez en una situación en la que alguien estaba un poco serio, aunque eso no iba acorde con lo que estaba pasando? En otras palabras, es posible que algo se haya inflado exageradamente o que haya habido un malentendido, y al darte cuenta de la tontería te partiste de risa. Es posible que la otra persona se mantenga seria, pero tú no puedes evitar la risa. A veces, la otra persona también se echa a reír, porque tu risa le hace cambiar de opinión y puede ver lo divertido de la situación. No quiero decir que debas hacer esto en una emergencia o si la otra persona está muy triste o sintiéndose mal. Hay una diferencia entre una ocurrencia tonta y una situación que requiere compasión y empatía. Es divertido cuando tu risa empieza a extenderse a otros. Eso es lo que hace la alegría. ¡Una gota de alegría puede transformar una habitación! Es un recordatorio amoroso de que el mundo no es serio porque el pensamiento que lo fabricó no es verdadero. Lo hemos tomado en serio, pero podemos perdonarlo.

Cuando era joven y estudiaba primaria, recuerdo que un profesor intentó castigarnos a otro niño y a mí por algún motivo. Estábamos riéndonos tanto que el profesor se echó a reír con nosotros y se olvidó de todo. Nunca olvido aquella situación. No te estoy diciendo que digas a tus hijos que se rían de las figuras de autoridad. Lo que quiero decir es que la risa y la alegría son tan poderosas que pueden extenderse a otros de manera positiva. También hay profesores que parecen ensombrecer tu alegría. Tuve una profesora así. Era como si quisiera que los alumnos sufriéramos. Llamaba a los alumnos al estrado para humillarlos delante de la clase. En esa época yo tenía quince años y ya me di cuenta de que ella estaba pidiendo amor. Sentí compasión por ella, pero tenía muchas ganas de salir de allí. Conozco a gente que todavía conserva resentimientos del pasado contra sus profesores, pero los que saben perdonar pueden sentirse libres de cualquier suceso en el presente, porque el pasado ha acabado y no existe. Puedes perdonar cualquier cosa ahora mismo, puesto que el tiempo no existe.

Hasta que tu mente esté entrenada para contemplar todas las cosas con la percepción correcta, podrías olvidarte de que en realidad todas las dificultades son oportunidades de recordar tu realidad. Cuando recuerdas tu realidad, estás alegre. Cuando estás disgustado, has juzgado algo por tu cuenta. Esta es otra de mis citas favoritas que nos recuerda cómo afrontar las dificultades:

¿Te has detenido a pensar seriamente en las muchas oportunidades que has tenido de regocijarte y en cuántas has de-

jado pasar? El poder de un Hijo de Dios es ilimitado, pero él puede restringir la expresión de su poder tanto como quiera.

Tu mente y la mía pueden unirse para desvanecer con su luz a tu ego, liberando la Fuerza de Dios para que reverbere en todo lo que hagas o pienses. No te conformes con menos y niégate a aceptar como tu objetivo nada que no sea eso. Vigila tu mente con sumo cuidado contra cualquier creencia que se interponga en el logro de tu objetivo, y recházala. Juzga por tus sentimientos cuán bien has hecho esto, pues ese es el único uso acertado del juicio. Los juicios, al igual que cualquier otra defensa, se pueden utilizar para atacar o para proteger, para herir o para sanar. Al ego se le debe llevar a juicio y allí declararlo inexistente. Sin tu lealtad, protección y amor, el ego no puede existir. Deja que sea juzgado imparcialmente y no podrás por menos que retirarle tu lealtad, tu protección y tu amor.[10]

Imagina que todos fuéramos conscientes de que, cuando surge el conflicto en nosotros, en realidad es una oportunidad de elegir la paz y la felicidad. Ahora bien, recuerdes esto o no, el verdadero "tú" no ha cambiado y sigues siendo tal como Dios te creó. Esto es una noticia genial. La cuestión es que no tienes que conformarte con nada menos que la alegría. Cuando un nuevo alumno aprende a tocar un instrumento, tiene que practicar una y otra vez hasta tocar sin errores. Esto es lo mismo que entrenar nuestras mentes. Tenemos que practicar una y otra vez hasta que el Espíritu Santo, el verdadero maestro, haya corregido todos nuestros errores. Todo el mundo pasa por este proceso.

UNA CITA DE MADRE TERESA

A veces, puede haber personas que no respondan a tu felicidad. De hecho, es posible que te miren mal si les sonríes. No prestes atención a eso y sonríe de todos modos. En realidad, es una petición de amor. Lo que te están comunicando es que no sienten amor dentro de ellos, y por eso no pueden recibir lo que tu amablemente les estás ofreciendo. Solo puedes dar lo que sientes que tienes. He conocido a gente que no puede aguantar a las personas felices. Como el ego fue fabricado por el pensamiento de carencia, proyectó fuera de sí el pensamiento de competición. Si alguien está ganando, otro está perdiendo. Si uno parece tener más cosas, el otro se siente carente. Si alguien demuestra alegría, otro puede sentir su falta, como si se la hubiera robado. Así es como opera el ego. Cuando entiendes que buena parte del mundo funciona de esta manera, puedes acordarte de ser bondadoso y de demostrar la idea de verdadera abundancia, sin importar quién esté alrededor. La verdadera abundancia cree en situaciones "en las que todos salen ganando". No se trata de tú *o* yo, sino de tú *y* yo. Sé bondadoso. Me encanta la cita siguiente de Madre Teresa, que algunos podéis haber leído, pero es digna de repetirse. Al doctor Wayne Dyer también le encantaba y la mencionaba con frecuencia. Aquí hay un pequeño gesto para honrar al doctor Wayne Dyer y a Madre Teresa:

A menudo la gente se muestra poco razonable, ilógica y centrada en sí misma;
Perdónales de todos modos.
Si eres bondadoso, la gente puede acusarte de tener motivos ulteriores y egoístas;
sé bondadoso de todos modos.
Si tienes éxito, te ganarás algunos falsos amigos y algunos verdaderos enemigos;
ten éxito de todos modos.
Si eres honesto y franco, la gente puede engañarte;
sé honesto y franco de todos modos.
Alguien puede destruir de la noche a la mañana lo que has pasado años construyendo;
construye de todos modos.
Si encuentras seguridad y paz, ellos pueden sentirse celosos;
sé feliz de todos modos.
El bien que haces hoy, a menudo la gente lo olvidará mañana;
hazlo de todos modos.
Da al mundo lo mejor que tengas, y puede que nunca sea suficiente;
dale lo mejor que tengas de todos modos.
Ves, en el análisis final, la cosa es entre Dios y tú;
nunca fue entre ellos y tú de todos modos.

Creo que puedes ver lo que nos indica Madre Teresa. Sé la mejor versión de ti mismo, independientemente de lo que haga el mundo. Cuando vives la mejor vida que puedes, y estás siendo amoroso y perdonador, das a otros el permiso de elegir eso para sí mismos. ¿Cómo podría la gente saber que hay un modo alternativo de responder a las situaciones si alguien no se lo demuestra? Esto es lo que hizo Jesús. Nos estaba enseñando otra manera de responder al ataque, con el amor como principio guía. También demostró una de las mayores lecciones de todas, que ninguno de nosotros tenemos que repetir de esa misma forma: la crucifixión. Lo que tendemos a hacer es crucificarnos a nosotros mismos con nuestros pensamientos de ataque. Hay una lección en el Curso que dice: *Puedo escaparme del mundo que veo renunciando a los pensamientos de ataque.*[11] Esto es verdad tanto si se trata de pensamientos de ataque hacia nosotros mismos como hacia otras personas. Todo es lo mismo. No tenemos ni idea de cuánto dañamos nuestras mentes con los pensamientos de ataque. No es de extrañar que nos deprimamos tanto. Esta es otra de las formas que adquieren las "peticiones de amor". **Cuando nos damos cuenta de lo que está haciendo el ego, podemos detenerlo permaneciendo atentos solo a favor de Dios. Esta es la práctica del no-dualismo puro. Nos pillamos a nosotros mismos, cambiamos de mentalidad y nos mantenemos fijados en la meta del Cielo.**

EL REINO ANIMAL

Me gustaría dedicar un momento a hablar del poder de la comunicación de mente a mente y la relación que guarda con la alegría. Esto atañe tanto al mundo animal como a las personas. A muchos de nosotros nos gustan los animales y quienes me conocen saben que los adoro absolutamente. Los animales piensan en imágenes más que en palabras. Pueden aprender lo que significan ciertas palabras, pero son capaces de responder muy bien a las imágenes mentales que les envías. Gary y yo hemos probado esto con nuestra gata Luna, y me asombra lo bien que funciona, aunque requiere práctica.

La comunicación real siempre es de la mente, no a través de palabras. Las mentes están unidas, los cuerpos no. ¿Cuántas veces has hablado con alguien y te ha llegado una "vibración" de esa persona que era muy distinta de lo que te estaba diciendo? Ahí está operando tu intuición. Los animales también son muy intuitivos y captan tu energía emocional, independientemente de las palabras que digas. Los caballos son muy buenos en esto. Cuando caminas hasta un caballo, él puede sentir si tienes miedo o estás en calma, si estás feliz o triste. Y a menudo responderá en función de tu energía.

Suelo ir a visitar unos caballos que no están lejos de donde vivimos, y el otro día allí había uno al que no había visto antes. Salí del coche con una energía calmada mientras el caballo me observaba, y empecé a caminar hacia él. Él se mantuvo sereno junto a la valla. Caminé hasta él enviándole una imagen de luz blanca y de los dos uniéndonos en alegría. Mientras yo caminaba, él se mantuvo allí, en calma y me dejó acariciarle y hablar con él. A continuación, le envié un mensaje mental de que éramos buenos amigos. El mensaje que le envié era: "Solo el amor es real, y los dos estamos en casa en Dios. Ambos estamos sanados y juntos en unidad". También le envié la imagen de un corazón. En cuanto se la envié, el caballo empezó a bajar la cabeza, como haciendo una reverencia. Se mantuvo muy tranquilo. Compartimos más momentos dulces y luego le dije adiós y empecé a alejarme. Mi madre vio que el caballo me seguía con los ojos todo el camino de vuelta al coche. Acabó viniendo una vez más a la valla como diciendo: "No te vayas todavía". De modo que me acerqué a él una vez más y le dije que volvería.

Esto es lo que denomino un acto alegre y un encuentro santo. Es un acto de verdadera conexión con otro ser. Ni siquiera importa quién sea el otro ser. Podría ser un perro, un gato, un caballo, insectos, un extraterrestre —si entras en contacto— o cualquier cosa. La idea es que, con quien quiera que interactúes, puedas partir de un punto de calma, paz y de la intención de conectar. La verdadera conexión tiene significado. Es una comunicación compartida, con intereses compartidos para el bienestar de otro. Todo el mundo sale ganando. ¡También es algo divertido con lo que experimentar! Ten cuidado si quieres conectar presencialmente con animales salvajes. Si estás en la espesura, no te recomendaría caminar hasta un tigre y ofrecerle la mano. Puedes enviar al tigre imágenes desde una distancia segura o desde detrás de una valla.

Hay domadores de animales muy experimentados que trabajan con animales salvajes, e incluso ellos pueden meterse en problemas. Los animales pueden ser imprevisibles. No obstante, es una alegría contemplarlos. Son mucho más listos de lo que creemos. Hay muchas variedades de animales terrestres y marinos a nuestro alrededor con los que interactuar de manera segura. Nunca olvidaré a una mujer que se comunicaba con los animales y contó una experiencia en la que estaba en el mar, y una tortuga nadaba cerca. Empezó a comunicarse con la tortuga, esta le dijo que era semilla de estrellas. En otras palabras, que la tortuga no era originalmente de este planeta. La comunicadora no esperaba que la tortuga dijera eso. No tengo dudas de que muchas tortugas, si no todas, son semillas de estrellas. Son criaturas muy gentiles. Recuerdo que una vez Gary y yo estábamos nadando en el mar en Hawái y una tortuga se situó justo frente a nosotros. Estaba tan cerca que casi nos tocaba la piel. También pueden exudar una emoción evidente. Se sabe que se apenan por otras tortugas fallecidas, adquiriendo un aspecto triste. A los elefantes les pasa lo mismo, y a muchos otros de nuestros amigos animales. Algunos dicen que los animales no tienen alma, pero yo creo firmemente que sí la tienen. Los animales aportan mucha alegría tanto a niños como a adultos, y por eso forman parte de los programas de curación de muchas organizaciones. Nos conectan con la alegría, la presencia y el amor incondicional que está dentro de todos nosotros.

No obstante, debo apuntar que cualquier animal que parece estar aquí forma parte del sistema del ego, no hay duda de ello. Los animales pueden actuar violentamente si están enfadados por algo. El reino vegetal, e incluso las galaxias, no son excepciones. En cualquier caso, todavía podemos aprender mucho de estos seres y disfrutar de su presencia en muchos sentidos.

ALEGRÍA EN LAS RELACIONES

Puesto que las relaciones están en el núcleo de nuestras experiencias de vida, he pensado que podría resultar útil abordar cómo podemos encontrar alegría en ellas, en lugar de conflicto. Es inevitable que todo el mundo encuentre algunas dificultades en las relaciones, independientemente de la forma que tomen. Las relaciones sirven a dos propósitos, dependiendo de a qué maestro seamos leales. Experimentamos alegría cuando elegimos la interpretación que el Espíritu Santo da a las relaciones, lo que significa que perdonamos nuestros agravios desde un lugar de causa y no de efecto. La relación santa es una relación perdonada, en la que no ves tus intereses separados de los de otros. Cuando dos o más personas se juntan con el propósito de compartir en lugar de competir, la relación se potencia. Además, cuando las personas que se juntan reconocen que ya son plenas, no necesitan proyectar una sensación de carencia sobre la otra. Es raro que una relación comience en un punto tan avanzado. Generalmente, las relaciones requieren trabajo, y pueden ser un proceso difícil hasta que una o ambas partes entienden cuál es su propósito. Incluso si solo una persona practica el perdón, puede transformar la relación, pero es más eficaz cuando ambas están comprometidas con él.

Otra herramienta ganadora es permitir a la persona que se exprese sin intentar controlar su comportamiento. Esto no siempre es fácil. A veces hay circunstancias más extremas en las que una de las personas de la relación se está haciendo daño a sí misma o a la otra, y es necesario hacer algo para limitar ese comportamiento. Hablando en general, no hay necesidad de intentar controlar el comportamiento del otro, sino de cambiar de mentalidad con respecto a dicho comportamiento. A menudo la persona cambiará cuando no se sienta amenazada. Condenar y culpar nunca funcionan. La clave está en trabajar las dificultades manteniendo una comunicación abierta. Esto lleva a una relación más alegre y satisfactoria. Estas son algunas de las cosas que debemos examinar:

1. ¿Te pones a la defensiva cuando tu pareja te critica por algo, aunque lo haga de manera amorosa?
2. Cuando una persona trata de hablarte, ¿le interrumpes en lugar de escuchar y de intentar entender lo que comparte?
3. ¿Te sientes incómodo cuando tu pareja quiere hacer algo con sus amigos o por su cuenta?
4. ¿Te altera el hecho de que es posible que no siempre le resulte interesante lo que a ti te parece interesante?

Si has respondido "sí" a alguna de estas preguntas, ya tienes material para trabajar. Cuanto más libre se siente la persona de ser quien es, más saludable y feliz será la relación. Lo que mete a la gente en problemas es la posesividad y no escucharse mutuamente de manera saludable y compasiva. Parte de recorrer el camino de la alegría es caminar con las personas de tu vida entendiendo quiénes son realmente, y con la actitud de que son perfecto espíritu, pleno e inocente, igual que tú. Todos podemos sentirnos alegres y pacíficos, pero también podemos experimentar dolor, y por eso recorremos juntos este camino de Expiación. Podéis empezar a caminar uno al lado del otro con conciencia y con la alegría de saber que juntos tenéis el potencial para una relación santa.

Recorrer el camino de la alegría es entender que, pase lo que pase, sigues siendo pleno, perfecto y feliz en el Espíritu, y que nadie se queda fuera. Solo hay inocencia.

Creo que una de las cosas que impide a la gente vivir una vida alegre es que nos importa demasiado lo que piensen los demás. Esto viene de no sentirnos valiosos por dentro, de modo que necesitamos que otros nos validen para ser aceptados. Si confiamos en lo que otras personas piensan de nuestra vida, y esas personas no están en su mente recta, tomaremos decisiones desde la mente errada basándonos en lo que nos sugieran. Nadie es responsable de las elecciones de otro, ni de los sentimientos que pudieran surgir de sus elecciones. Un error común que todos cometemos es pensar que las demás personas nos han hecho sentir de cierta manera. Podríamos decir: "Esa persona ha hecho que me sienta muy enfadada" u "Odio a esa persona por lo que me ha hecho". Estas declaraciones implican que algo externo a ti tiene poder sobre ti y está decidiendo cómo te sientes. Nadie puede hacer que sientas nada sin tu permiso. El Curso dice: *No hay nada externo a ti. Esto es lo que finalmente tienes que aprender, pues es el reconocimiento de que el Reino de los Cielos te ha sido restaurado.*[12]

Esto forma parte del secreto de estar en un estado de alegría. Es la comprensión de que nadie está soñando el sueño *por* ti. Es *tu* sueño, entonces no tienes que reaccionar a las figuras de tu sueño, y hacerlas reales. Por supuesto que respondemos a la gente y estamos presentes en la vida, pero, en cuanto elegimos el ego, que da realidad al sueño, nos convertimos en efecto, en lugar de ser la causa. Ninguno de los que caminamos por esta tierra podemos escapar de esto. Todos lo hacemos. ¿Cómo podríamos no hacerlo, al menos al principio, hasta que entendamos lo que estamos haciendo? De modo que, por favor, no te sientas mal al respecto. Hay una razón por la que estamos donde estamos en la vida, y necesitamos un proceso para llegar al lugar donde vivimos desde la causa todo el tiempo, en lugar de hacerlo desde el efecto. Hasta que lleguemos allí, estaremos a expensas de nuestro cuerpo, del mundo y de otras personas. Cuanto más consciente llegues a ser, menos cosas te afectarán. Es posible que surja algo en tu guion que no esperas y que te deje anonadado. Elabora tu proceso con paciencia, amor y comprensión. Haz uso de todos los retos que se te presenten planteándote la pregunta: "¿Cómo puede servirme esto?". Esto te ayudará a vivir esa experiencia con un sentido del propósito.

Otra frase del Curso que me gusta mucho cuando me siento en dificultades es: *No soy víctima del mundo que veo*.[13] Si el mundo viniera *hacia* ti, ciertamente serías una víctima. Pero como el mundo viene *desde* ti, tú estás haciendo que exista el mundo que ves. El mundo que ves ahora es el mundo que quieres ver. En otras palabras, tú estás eligiendo *cómo* verlo. Siempre hay otra manera de mirar a algo. El ego nos ha entrenado deficientemente para que creamos que lo que ven los ojos del cuerpo es la realidad. Esto solo es un truco. **El mundo que vemos no es la realidad, es una imagen fabricada.** Cuando ves una imagen, estás interpretándola basándote en tu experiencia del pasado. Por lo tanto, en realidad no ves nada tal como es *ahora*. Esta idea se expresa en las primeras lecciones del *Libro de ejercicios* del Curso. Saboteamos nuestra alegría cuando juzgamos las cosas en función del pasado.

Si caes en esta trampa, podrías querer decir algo así: "Espíritu Santo, por favor, sé tú el juez a través de mí". Esto ayudará a tu mente a aceptar otra interpretación. Incluso si no la experimentas de inmediato, cuantos más momentos pases practicándolo, más impulso adquirirá. Además, si el pasado ya terminó, cada momento es nuevo para mirar las cosas desde una perspectiva fresca, como si nacieras de nuevo y pudieras verte a ti mismo sin estar atado a una historia. Como tendemos a vernos a nosotros mismos en función del pasado, no es ninguna sorpresa que sintamos miedo y ansiedad. El ego equipara el pasado con el "pecado". La memoria puede usarse para otro propósito, para recordar tu realidad *ahora*, sin historia de pecado, culpa y miedo.

Todos queremos sentirnos bien y ser nuestro yo mejor y más alegre. Cuando estás desalineado, la manera de hacer esto es prestar atención a las señales. Sabrás que estás desalineado por cómo te sientes. A continuación, busca la acción apropiada, además de hacer el trabajo mental de perdón. A veces, es necesario un planteamiento combinado usando una forma de "magia". Así es como el Curso describe la magia y su uso:

Todos los remedios materiales que aceptas como medicamento para los males corporales son reafirmaciones de principios mágicos. Este es el primer paso que nos conduce a la creencia de que el cuerpo es el causante de sus propias enfermedades. El segundo paso en falso es tratar de curarlo por medio de agentes no-creativos. Esto no quiere decir, sin embargo, que el uso de tales agentes con propósitos correctivos sea malo. A veces, la enfermedad tiene tan aprisionada a la mente que temporalmente le impide a la persona tener acceso a la Expiación. En ese caso, tal vez sea prudente usar un enfoque conciliatorio entre el cuerpo y la mente en el que a algo externo se le adjudica temporalmente la creencia de que puede curar. Esto se debe a que lo que menos puede ayudar al que no está en su mente recta o al enfermo es hacer algo que aumente su miedo. De por sí, ya se encuentra en un estado debilitado debido a este. Exponerle prematuramente a un milagro podría precipitarle al pánico, lo cual es muy probable que ocurra en aquellos casos en que la percepción invertida ha dado lugar a la creencia de que los milagros son algo temible.[14]

Como puedes ver, no hay nada malo en usar la "magia" si es necesaria como un medio temporal para creer en la curación. Puedes saber en tu mente que la "magia" no es una cura, sino una herramienta útil para lidiar con el miedo. A fin de entender la naturaleza de la alegría, es necesario mirar nuestros temores para poder ir más allá de ellos con ayuda, y entender la alegría que siempre estuvo allí. Solo estaba bloqueada por los pensamientos de miedo.

Confiar en la vida alegre es recordar dónde está realmente tu vida *real*. Puedes confiar en que el Espíritu Santo te guíe. *Tu pre-*

sente confianza en Él es la defensa que te promete un futuro tranquilo, sin ningún vestigio de sufrimiento y lleno de un júbilo que es cada vez mayor, a medida que esta vida se vuelve un instante santo, ubicado en el tiempo, pero enfocado solo en la inmortalidad.[15]

Confío en haber construido unos cimientos que vas a poder llevar contigo en tu viaje a nuestro capítulo final, donde nos damos cuenta juntos de que el Cielo es *ahora*.

PÁGINA PARA NOTAS PERSONALES

CAPÍTULO 10

EL CIELO ES AHORA

¿Por qué esperar al Cielo? Se encuentra aquí hoy. El tiempo es la gran ilusión de que el Cielo se encuentra en el pasado o en el futuro. Mas esto no puede ser cierto si el Cielo es el lugar donde Dios dispone que Su Hijo esté. ¿Cómo iba a ser que la Voluntad de Dios estuviese en el pasado o aún por cumplirse? Lo que Él dispone está aquí ahora mismo, sin pasado y completamente sin futuro, y tan alejado del tiempo como lo está una pequeña vela de una estrella distante o lo que elegiste de lo que realmente deseas.[1]

Mucha gente describe el Cielo como un lugar precioso con flores, ríos fluyendo y preciosos colores brillantes. Algunos tienen experiencias cercanas a la muerte en las que describen encuentros con Dios o con Jesús en el Cielo. Estas pueden ser experiencias adorables e inspiradoras que nos cambien la vida, y no estoy aquí para restarles importancia. El Curso dice muy claro que el Cielo no es un lugar, sino la conciencia de la perfecta unidad. Para la humanidad resulta muy difícil concebir algo que no tenga algún tipo de forma, y toda forma sigue reflejando una idea de separación. Incluso ver una imagen de Jesús es una forma, pues en realidad Él es el Espíritu Santo. El Espíritu Santo puede manifestarse ante nosotros como un ángel, como Jesús, como la Virgen María o como cualquier ser que represente algún tipo de "salvador". Esto se debe a que todos necesitamos tener algún tipo de imagen o símbolo que para nosotros sea el reflejo de Dios. En el cristianismo, el símbolo fue Jesús. Ahora él refleja el principio de Expiación en nuestra mente, que nos recuerda que solo el amor es real y la separación de Dios nunca ocurrió.

A la mayoría de nosotros se nos educó para creer que Dios también es algún tipo de ser con una forma o contorno, y que es algo separado del Cielo. Está bien que todavía no comprendamos los conceptos de Dios o del Cielo. Esta comprensión llegará a través de la experiencia, no de las palabras. Entre tanto, necesitamos símbolos que nos ayuden a entender que el Cielo existe, y que no está en el futuro ni en el pasado, sino en el *ahora*. ¿Lo elegiremos? Cuando los discípulos preguntaron a Jesús: "¿Cuándo vendrá el Reino?", él dijo: "No vendrá por estar esperándolo. No se dirá: ¡Helo aquí! o ¡Helo allá! Más bien, el Reino del Padre está extendido sobre la Tierra y la gente no lo ve".[2] Esta es una de las citas favoritas de Gary y mía del Evangelio de Tomás según Pursah, que puede hallarse en el segundo libro de Gary, *Tu realidad inmortal: Cómo romper el ciclo de nacimiento y muerte*. La gente no ve el Reino de los Cielos porque está fuera de su conciencia. A medida que empezamos a despertar del sueño, el Conocimiento de lo que somos y de dónde estamos siempre retorna a nuestra Mente.

CULTURAS DE PAZ DEL MUNDO ANTIGUO (LO QUE PODEMOS APRENDER DE ELLAS)

Jesús no quiere decir que el mundo es un lugar celestial en y por sí mismo, sino que estamos eligiendo no ver nuestra realidad celestial reflejada en nosotros mismos y en otros. Todos tenemos la misma chispa Divina porque todos venimos de la misma Fuente. El Cielo puede quedar reflejado en el sueño cuando demostramos perdón, empatía, cooperación y tomamos conciencia de la unidad de todos los seres. Esto ha quedado reflejado en el arte antiguo de algunas de las culturas de paz que mencioné en un capítulo anterior; la del Valle del Indo, la civilización minoica, y Lemuria, en las que no hubo rastro de guerra.

Las obras de arte de estas antiguas civilizaciones describen culturas edénicas en las que la gente *vivió* el Cielo en la Tierra, lo cual es definitivamente un punto de partida. Fueron culturas espirituales avanzadas, de modo que podemos usarlas como modelos de un sociedad en armonía y cooperación. Por supuesto, la gente del mundo tiene que cultivar la paz *interna* antes de que la paz externa pueda convertirse en un reflejo de ella. Cuando cultivamos la paz interna a través del perdón, a veces podemos cambiar a otra versión de la Tierra/dimensión temporal, donde la paz también se refleja en la cultura. Como dice el Curso, una experiencia del sueño feliz de perdón precede a nuestro despertar en Dios. La creencia del ego en la culpa tiene que ser deshecha, y hasta que eso ocurra siempre habrá conflicto. Para mostrar que en el sueño hubo civilizaciones avanzadas que demostraron culturas paradisíacas, he pensado que sería interesante incluir algunas de ellas en este capítulo.

¿Cómo lo hicieron algunas de estas antiguas culturas de paz? Tomemos unas pocas de ellas como ejemplo. La información siguiente fue ofrecida por Atun-Re, un antepasado que habla a través del canalizador en trance Kevin Ryerson. En primer lugar, ¿quién es Atun-Re? Lo que sigue está tomado de la página web de Kevin: "Atun-Re es un ancestro de procedencia nubia y un sacerdote egipcio que vivió en tiempos de Akenatón. Se le consideraba un iniciado de las pirámides, un maestro del teatro sagrado y en un momento dado fue la cabeza visible del ejército egipcio. Cuando perdió a su familia en la guerra, renunció a la violencia y entró en el sacerdocio. Fue considerado un sacerdote de Ptah y de Sekhmet, y fue el maestro arquitecto de la ciudad de Akenatón".

Como sugirió Atun-Re: "Los egipcios veían el Cielo y lo que había después de la vida como si fuera Egipto con una forma ideal". Parte del arte hallado en las tumbas de la cultura egipcia, que puede consultarse en línea, retrata a personas felices, procesando cereales, jugando y rodeados de animales. También se muestran temas similares en el arte del Valle del Indo, como figuras meditando rodeadas de animales. Como dijo Atun-Re: "La figura está serena e impasible, en estado de samadhi. Esto significa que la persona está en un estado de energía en el que todos los animales están en armonía y equilibrados". En esencia, estas personas transformaban su entorno, y también se retrata a los animales moviéndose junto con ellos.

También hay una poderosa imagen de una bailarina del Valle del Indo en estado de serenidad porque está bailando en trance. Esto es un ejemplo de traer lo Divino al presente. En otras palabras, la gente se impregnaba de lo Divino y vivían una presencia celestial. No se ha hallado rastro de guerras en la cultura del Valle del Indo, que cultivaba el samadhi. Con relación a la imagen de la bailarina, Atun-Re siguió diciendo: "Esto puede compararse con las danzas en trance del Bali moderno, que también representan traer el Cielo a la Tierra. Las raíces hindúes de Bali y su chamanismo se remontan al Valle del Indo. Estas culturas vivieron el Cielo en la Tierra, e infundieron lo Divino en su creatividad".

En la antigua cultura celta se encontraron imágenes similares, como en la obra de arte llamada el *Caldero de Gundestrup,* "una vasija magnífica hecha de placas de plata ricamente decoradas, ensambladas en un único caldero", donde se muestra a una persona en estado de samadhi, rodeada de animales y sosteniendo una serpiente, que representa el dominio de la energía kundalini. Una vez más, esto es un ejemplo de una imagen cultural del Cielo. La figura está rodeada de animales, y es precisamente la misma imagen del Valle del Indo, pero en la cultura celta de Irlanda y Dinamarca. Tiene los chakras abiertos y está en un estado espiritual, tal como Adán y Eva cuando estaban en presencia de lo Divino.

Nota: Atun-Re continuó explicando: "En primer lugar hay una imagen del Cielo como un ideal de vida en el presente, de vida sobre la Tierra. Hubo quienes trataron de crear jardines donde las personas pudieran habitar y estar en el Edén.

Lo que falta en el texto bíblico, que está tomado del conocimiento atlante y egipcio, es que la Divina presencia caminó con Adán y Eva. En el texto bíblico, la Divina presencia estuvo en el Edén".

Otras obras de arte egipcio muestran imágenes del jardín del Edén creado por la reina Hatshepsut, pues su plan era traer el Cielo a la Tierra, meditar en un jardín como el Edén, la versión egipcia del Cielo. En las obras de arte de las tumbas egipcias: "Los faraones, las reinas y los nobles se convirtieron en antepasados. Podías visitar sus lugares, meditar, absorber su sabiduría y practicarla en tu vida diaria para poder experimentar la presencia celestial en la que ellos se encontraban". En esencia, a través del arte estaban recreando el Edén, dejando un mapa del camino al Cielo. Según la Wikipedia: el Edén es "un lugar o estado de gran felicidad; un paraíso impoluto". Ellos reconocían que el Cielo era alegre, un lugar de juego y unificación. Atun-Re también dijo que la isla Elefantina fue el modelo egipcio de la Atlántida. Se dice que fue el montículo donde tuvo su origen la cultura egipcia.

Aparentemente los extraterrestres también quieren que creemos una nueva Atlántida, donde nuestra tecnología no exceda nuestra espiritualidad, y donde todo esté en equilibrio y armonía. Esta idea queda retratada en lo que vemos en algunos de los círculos de las cosechas que aparecen en todo el mundo. Como puedes ver, todas las culturas de paz que hemos mencionado tenían temas e ideas del Cielo similares. Los lemurianos y atlantes tenían sociedades basadas en los cristales en su forma más auténtica, y a menudo los usaban para elevar su conciencia y sus capacidades telepáticas. Incluso podían construir estructuras sintonizando con aparatos hechos para ese propósito, y hacer que los bloques de piedra de sus construcciones levitaran hasta su lugar. Demasiado para comentarlo aquí, ¡pero ciertamente es fascinante! Quería incluir esta información para mostrar lo poderosos que somos como seres espirituales para elegir la paz y también para demostrarla en nuestras vidas de cada día. Un sueño perdonado puede tener efectos agradables y beneficios mucho mayores de lo que podríamos imaginar.

DECIDIRSE POR EL CIELO

El Curso dice que debemos decidir que nuestro objetivo es el Cielo. Una vez que nos decidamos por este objetivo, recibiremos apoyo para llevarlo a cabo, porque nuestros "Poderosos Compañeros" caminan a nuestro lado. Como por un tiempo parecemos vivir en un lugar llamado Tierra, y no se nos pide que lo neguemos, es útil entender que hubo ejemplos de culturas que exudaban paz, y esto se muestra en sus obras de arte como un mapa del camino al Cielo, como se ha explicado antes. Esta es la forma que pueden adoptar nuestras vidas mientras parece que vivimos en este mundo de tiempo y espacio, mientras llegamos a entender que Dios camina siempre con nosotros, y que el Espíritu Santo, la Voz que habla por Dios, puede inspirarnos para ayudarnos a alcanzar el sueño feliz mientras parece que estamos aquí.

Podemos vivir en armonía si así lo elegimos. Parecemos haber olvidado que podemos recordar el Cielo, la conciencia de la perfecta unidad, en la medida en que impregnemos nuestra vida diaria de lo Divino a través de nuestra creatividad en el trabajo, en las relaciones y en nuestra existencia en general. ¿Estamos perdonando nuestros resentimientos o aferrándonos a ellos? ¿Estamos eligiendo juzgar a otros o condenarlos de por vida a través de nuestra falta de perdón? Cuando despertemos completamente del sueño, el Cielo se convertirá en nuestra experiencia permanente. No habrá imágenes ni sensación de separación. No habrá nada que echar de menos porque seremos uno con todo.

Cuando empecemos a pensar en todas las personas, incluyéndonos a nosotros mismos, como Espíritu perfecto, pleno e inocente, llegaremos a conocer a Dios o el Cielo. A continuación, esta conciencia puede reflejarse en el mundo viviendo nuestras vidas como se ha descrito antes, porque todo estará al servicio de un propósito santo. Esto es lo que significa tener el Cielo en la Tierra. Las antiguas culturas de paz lo vivieron. Podemos aprender de ellas a través de sus obras de arte. No son estos símbolos los que crean el Cielo, sino la elección de permitir que el amor de Dios fluya a través de nosotros, amor que se refleja en nuestras vidas aquí cuando demostramos compasión, amor y perdón. Así, celebramos la alegría de vivir en armonía y de expresarnos de tal modo que permitimos que el amor de Dios fluya naturalmente a través de nosotros. Este es un mundo de dualidad, pero cuanto más practicamos el perdón, más dominante llega a ser la parte correcta de nuestra mente. **El Cielo es _ahora_ cuando lo elegimos y nos convertirnos en su demostración viviente, una manifestación del Cristo.**

Me encanta tocar el tambor Djembe porque me pone en un estado de trance en el que me convierto en un canal abierto para permitir que el amor de Dios fluya a través de mí de un modo que puedo sentirlo. Gary dice que, cuando toco el tambor, parezco poseída, pero el Espíritu me dice: "Bien... pareces estar impregnada de lo Divino". Tengo que sonreír ante esta descripción mucho más amable, ¡aunque los comentarios de Gary siempre me hacen reír! A veces, necesitamos símbolos o herramientas para llegar a un estado de felicidad, y a continuación, podemos permanecer en ese estado y dejar ir las imágenes.

Muchas veces tendremos que afrontar la sensación de que Dios está ausente de nuestra vida porque no estamos en un estado de inspiración, sino en la modalidad ego. Aquí es cuando podemos ir al Curso en busca de ayuda. En el _Libro de ejercicios_ hay una lección que dice: _El Cielo es la alternativa por la que me tengo que decidir._[3]

Y continúa:

En este mundo creemos que el Cielo es una alternativa porque aquí creemos que hay opciones entre las que podemos elegir. Pensamos que todas las cosas tienen un opuesto y que elegimos lo que queremos. Si el Cielo existe tiene que haber también un infierno, pues es mediante contradicciones como construimos lo que percibimos y lo que creemos que es real.[4] Necesitas que se te recuerde que, aunque crees enfrentarte a miles de alternativas, en realidad solo hay una. E incluso esta tan solo aparenta ser una alternativa. No te dejes confundir por todas las dudas que una miríada de decisiones produciría. Toma solamente una. Y una vez que la hayas tomado, date cuenta de que no fue una decisión en absoluto, pues solo la verdad es verdad y nada más lo es. No hay opuesto que se pueda elegir en su lugar. No hay nada que pueda contradecirla.[5]

Estos pasajes nos recuerdan que lo real no puede tener opuesto; este es el significado del no-dualismo puro. En el mundo, en realidad solo hay dos opciones entre las que elegir, pero cuando elegimos el Cielo estamos eligiendo la realidad, y lo que pensábamos que era otra elección es una ilusión. Todas las elecciones basadas en el sistema de pensamiento del ego entran dentro de la categoría de igualmente irreales, puesto que representan lo opuesto a la verdad. El opuesto del Cielo sería el infierno, pero el infierno solo es una idea de separación. No existe el diablo ni ningún ser que vaya a venir a por ti. El diablo simplemente significa: "Lo que no es bueno para ti". Nuestras mentes ciertamente pueden crear la idea del infierno a partir de un deseo secreto de castigarnos a nosotros mismos, pero eso no hace que sea verdad.

El Espíritu Santo es la llamada a la alegría y solo quiere que volvamos a casa. Él no presta una atención particular a ninguna de nuestras elecciones equivocadas, haciendo que algunas sean más reales o castigables que otras. Él ve que solo cometimos un error, la decisión de estar separados de Dios. Este error no es un "pecado". Podemos corregirlo respondiendo a la llamada a la alegría, y aceptando la Expiación para nosotros mismos. El Curso dice: *"Muchos son los llamados, pero pocos los escogidos"* debería rezar: *"Todos son llamados, pero solo unos pocos eligen escuchar"*. Por *lo tanto, no eligen correctamente. Los "escogidos" son sencillamente los que eligen correctamente más pronto. Las mentes rectas pueden hacer esto ahora y, de este modo, hallar descanso para sus almas. Dios te conoce solo en paz, y esa es tu única realidad.*[6] En este pasaje, Jesús no está refiriéndose a nadie específicamente, ni jugando al juego de hacer que alguien sea especial. Solo nos muestra que, cuando estamos en nuestra mente correcta, elegimos lo que nos lleva a la paz, en lugar de al sufrimiento y al conflicto. Esto no significa que neguemos el mundo. ¡Podemos ser normales y pasarlo bien! Antes de poder despertar del sueño, tenemos que sentirnos unidos con todos los seres, y amados por Dios de manera igualitaria. Dios no nos ve como siete mil millones de personas separadas. Él nos conoce tal como nos creó, una Creación perfecta de Su amor, que es plena y está completa. A veces, no sentimos que estamos completos, y esto puede tomar la forma de diversos tipos de carencia. No siempre haremos la elección a favor del Cielo, ni recordaremos que no tenemos que esperar para estar en él, ni tenemos que esperar a que parezca que morimos para experimentarlo. El Cielo es ahora porque el Cielo está en tu mente. Cuando te resulte difícil elegir tu realidad, el ejercicio siguiente puede ser útil para recordarte cómo funciona el proceso de elegir.

EJERCICIO PARA RECORDAR QUE ESTÁS VIENDO UNA PELÍCULA

Este ejercicio me llegó una mañana mientras estaba en el fregadero de la cocina y quería cambiar mi forma de pensar con respecto a algo. Sentí que venía inspirado, de modo que quiero compartirlo contigo:

"Imagina que eres Espíritu y que estás revisando mentalmente la película de tu vida, lo cual equivale a mirar los fotogramas de una película. La estás viendo con el Espíritu Santo, que te está diciendo: "Todas estas imágenes que ves, independientemente del aspecto que tenga la escena —atemorizante, feliz, triste, violenta, incierta, etc.— son igualmente ilusorias, porque es el mundo de la dualidad, no la pura unidad de Dios. Todo esto está en el mismo ámbito de ilusión. Piensa dónde estás realmente, seguro en tu hogar en el Espíritu, observando cómo se despliegan estas imágenes. En realidad, estás en un estado de alegría y seguridad, inmerso en la preciosa luz de Dios.

Si ves una escena que te da miedo, recuerda que no es distinta de contemplar una escena de miedo en una pantalla de televisión dentro de la ilusión. En realidad, no estás en la escena. Es solo una proyección, o un truco de la mente para hacerte pensar que estás allí. Puedes usar esto como una base desde la que recordar siempre que la historia que estás observando no es tú. Puede parecer que eres un actor en el escenario, pero estás soñando toda la obra y también que actúas en ella. Tu estado natural es la alegría, y resides en el Cielo **ahora**. Descansa en la alegría de lo que realmente eres".

Después de pensar sobre esto durante un rato, me sentí mejor. A veces, en nuestros guiones, tenemos periodos de tiempo en los que nos sentimos irritados inesperadamente. Tal vez creíamos haber perdonado ciertas cosas, pero descubrimos que aún nos quedaba trabajo por hacer. Está bien. El propósito de nuestras vidas es sanar a través del perdón. Esta es nuestra única función aquí. Procura no sentirte mal si surge algo. Forma parte del viaje de sanar y despertar en Dios. Si necesitas ayuda extra, siempre está disponible a través de diversos grupos de apoyo. En tiempos difíciles, me gusta recordar: *Camina gloriosamente con la cabeza bien alta, y no temas ningún mal.*[7]

Recuerdo una experiencia en la que cambié completamente de perspectiva con respecto a una situación atemorizante, y pude verla como si revisara distintos fotogramas de una película de la que yo era protagonista. Una tarde estaba experimentando cierta ansiedad mientras daba una vuelta por nuestro bloque de casas, porque ya estaba en un estado de miedo con respecto a algo. Estaba en mi mente ego. Decidí dar el paseo de todos modos, porque no quería que el miedo gobernara mi mente y mi guía me dijo que me vendría bien. En la primera vuelta, la sensación de ansiedad permaneció conmigo todo el tiempo. Al volver a casa, decidí dar una segunda vuelta y probar un experimento. Recordé que ir caminando por la calle con miedo era el marco en el que mi mente había elegido recordar esa situación. En otras palabras, había elegido caminar con el ego. Decidí intentarlo de nuevo cambiando de mentalidad, y acordarme de caminar con el Espíritu Santo. Me dije a mí misma: "¿Qué pasaría si realmente permitiera al Espíritu Santo ser el juez en mi lugar mientras doy la vuelta a la manzana?". De modo que confié y me recordé a mí misma la siguiente línea del Curso: *No conozco el significado de nada, incluido esto. No sé, por lo tanto, cómo responder. Mas no me valdré de lo que he aprendido en el pasado para que me sirva de guía ahora.*[8] Puedes emplear este dicho en cualquier situación en la que te sientas atemorizado o ansioso. En realidad, no sabemos lo que significa nada porque no podemos ver el panorama general de cómo interactúan las cosas y qué lecciones podríamos aprender durante el proceso. Por lo tanto, no podemos juzgarlo. Si en tu guion ocurre algo que no te gusta, sigue estando ahí por una razón. Mientras tengamos elección, ¿por qué no elegir sacar provecho de la experiencia y perdonar?

Sé cuándo tengo necesidad de limpiar a fondo mi casa interna. A medida que mi camino con el Curso ha ido profundizando, me he ido dando cuenta de que quienes pensaba que eran mis amigos —defensas, resentimientos, dudas, preocupaciones, validación y falsa sensación de amor y alegría—, en realidad me estaban haciendo daño. Cuando dejas ir estas cosas puedes sentirte como si estuvieras acabando una relación que ya no te sirve. A menudo, esto produce mucho dolor, porque estos "amigos" han caminado contigo mucho tiempo y se han convertido en tus ídolos. El ego quiere que pienses que es tu amigo y que quiere lo mejor para ti, dándote una falsa sensación de seguridad. En realidad, es lo contrario. Procura no dejarte engañar por el ego y no lo escuches. La Voz que habla a favor de la verdad es tu "verdadero" mejor amigo, porque solo te conoces tal como eres en realidad. Cuando sientas el dolor y la debilidad del ego, di: *Dios es la Fortaleza en la que confío.*[9]

Si solo confías en tus propias fuerzas, tienes todas las razones del mundo para sentirte aprensivo, ansioso y atemorizado. ¿Qué puedes predecir o controlar? ¿Qué hay en ti con lo que puedas contar? ¿Qué te podría capacitar para ser consciente de todas las facetas de un problema y de resolverlos todos de tal manera que de ellos solo resulte lo bueno? ¿Qué hay en ti que te permita poder reconocer la solución correcta y garantizar su consecución?

Por ti mismo no puedes hacer ninguna de esas cosas. Crees que puedes poner tu confianza en algo que no es digno de ella, y justificar el miedo, la ansiedad, la depresión, la ira y el pesar. ¿Quién puede depositar su fe en la debilidad y sentirse seguro? Por otra parte, ¿quién puede depositar su fe en la fortaleza y sentirse débil? Dios es tu seguridad en toda circunstancia. Su Voz habla por Él en toda situación y en todos los aspectos de cada situación, diciéndote exactamente qué es lo que tienes que hacer para invocar Su Fortaleza y Su Protección. En esto no hay excepciones porque en Dios no hay excepciones. Y la Voz que habla por Él piensa como Él.[10]

¿Te das cuenta de que Dios piensa magníficamente de ti? ¿Te amas a ti mismo como Dios te ama? ¿Entiendes que el Cielo será así para toda la eternidad? Dios no comete errores. Tú eres valioso por el simple hecho de existir. Tú no eres un cuerpo, sino amor. El amor nunca puede equivocarse. Todo el mundo se defenderá de esta idea hasta que la culpa en su mente esté curada. Nuestras defensas contra la verdad nos dan una falsa sensación de seguridad y control. Damos realidad a aquello de lo que nos defendemos. Si nos defendemos del Cielo, el infierno cobra realidad. Cuando esto ocurre, hacemos todo tipo de acuerdos locos con el mundo que, según proclamamos, nos ofrecen seguridad. El cuerpo mismo se convierte en el gobernante de tu universo y te dice qué hacer, pensar y sentir. Esto es lo que significa confiar en tus propias fuerzas. No necesitaríamos defensas si no hubiera un terror subyacente golpeando nuestro corazón. Esto no significa que no debamos seguir las leyes generales de conducta del mundo, porque sería tonto no hacerlo. En el mundo, no seguir las reglas tiene consecuencias. Sin embargo, en tu mente puedes saber la verdad de que Dios es tu única Fuente de fortaleza y abastecimiento.

LA RISA CURA

¡Es hora de contar un chiste para no ponernos demasiado serios! Había tres hombres esperando en cola para entrar al Cielo. El ángel de la puerta pregunta al primer hombre:

—¿Cuántas veces engañaste a tu esposa?

—Diez veces —responde.

El ángel le da las llaves de un Toyota Camry de 2010 y le dice:

—Vas a pasear por el Cielo en este coche.

El segundo hombre cuenta que engañó a su esposa cinco veces, y el ángel le da las llaves de un Lexus de 2018 y le deja entrar. El tercer hombre dice que él nunca engañó a su esposa, y consigue un Rolls Royce de 2021. Después de tres días, los tres hombres se encuentran, y el del Rolls está muy triste. Los otros le preguntan qué va mal y él responde:

—Acabo de ver a mi esposa paseando en una vespa.

Estos dos últimos años, de 2020 a 2022, han sido difíciles para mucha gente, y el humor es muy importante. De hecho, puede salvar vidas. Algunos tal vez recordéis haber oído hablar de un hombre llamado Norman Cousins. Escribió un libro titulado *Anatomía de una enfermedad*. Esto es lo que se dice en internet de su libro: "En el libro, describe los beneficios terapéuticos de la risa. Cousins tenía una artritis que le paralizaba y le habían dicho que, en gran medida, era incurable. Bueno, pues no lo era. Norman Cousins se hizo con un montón de películas —de los hermanos Marx, episodios de cámara oculta, Los tres chiflados, El gordo y el flaco, etcétera— y se desternilló de risa durante semanas y meses. ¿El resultado? Su artritis se curó. Más adelante habló del éxito de su método y de su recuperación para el *Journal of Medicine* de Nueva Inglaterra. Por supuesto, los médicos ignoraron esta sugerencia "tan poco científica". Hasta el día de hoy, ellos ponen su fe en "tratamientos" que no curan nada y que son, en sí mismos, peligrosos —actualmente las muertes por opiáceos han alcanzado proporciones epidémicas—".

La cuestión es que la risa tiene la capacidad de transformarnos y de acabar con todas las ilusiones. Si sientes que no tienes una razón para reírte, recuerda lo que dice Jesús en el Curso:

El mundo acabará en alegría porque es un lugar triste. Cuando la alegría haya llegado, el propósito del mundo habrá terminado. El mundo acabará en paz porque es un campo de batalla. Cuando la paz haya llegado, ¿qué propósito podría tener el mundo? El mundo acabará entre risas porque es un valle de lágrimas. ¿Quién podría seguir llorando allí donde hay risa? Y solo el completo perdón trae todo esto para bendecir al mundo.[11]

Aquí Jesús está diciendo que, cuando el propósito del ego para el mundo ya no sea necesario, tendremos motivos para la alegría, no para las lágrimas. El mundo no puede compararse en ningún sentido con nuestra realidad en el Cielo. Esa comparación nos daría risa. Una vez que despertamos en Dios, ¿para qué necesitamos el mundo? Veríamos que es tonto revivir la enfermedad y la muerte, y todas las formas que asume el miedo. Durante un tiempo, mientras la Filiación sana, tenemos un uso para el mundo. Es un lugar genial para aprender nuestras lecciones de perdón. Desde su perspectiva, el Alma no tiene miedo cuando parece que venimos al mundo. Conoce el guion con antelación. Esto explica por qué algunas personas pueden sentir que ha llegado su momento de dejar atrás este mundo. Ya está escrito. He conocido a varias personas que sentían que su momento se acercaba. Empezaron a hacer testamento y a poner sus asuntos en orden, pasando más tiempo del habitual con familiares y amigos. Es duro para quienes ven hacer esto a sus seres queridos. Al mismo tiempo, si todos recordáramos lo asombrosamente alegre y precioso que es el proceso de la "muerte", ¡nos sentiríamos felices por nuestros seres queridos! La dicha de estar en Espíritu, y libres del cuerpo ilusorio, es motivo de celebración. Vive el duelo que tengas que vivir. Es importante que te permitas tener tu proceso, es lo normal para un cuerpo. En realidad, por lo que sentimos pena es por nuestra inocencia perdida. La muerte vuelve a recordarnos la separación.

Como estudiantes del Curso, es muy importante que no empecemos a ofrecer citas del Curso a la gente en los funerales, y que no descartemos sus experiencias porque sabemos que el mundo es una ilusión y que la muerte no existe. Compórtate apropiadamente dondequiera que estés. La gente necesita tener sus experiencias por un motivo. Puedes ser de ayuda y darles apoyo simplemente estando allí para ellos. En momentos difíciles, puedes recordar la verdad por ellos cambiando de mentalidad. No necesitas decir a la gente que lo estás haciendo. Es un proceso interno. Puedes recordar esta cita del Curso:

Te he asegurado que la Mente que decidió por mí se encuentra también en ti, y que puedes permitirle que te transforme tal como me transformó a mí. Esta Mente es inequívoca porque solo oye una Voz y contesta de una sola manera. Tú eres la luz del mundo junto conmigo. El descanso no se deriva de dormir sino de despertar. El Espíritu Santo es la llamada a despertar y a regocijarse. El mundo está muy cansado porque es la idea del cansancio. Nuestra jubilosa tarea es la de despertarlo a la Llamada de Dios. Todos responderán a la Llamada del Espíritu Santo, ya que, de lo contrario, la Filiación no sería una. ¿Qué mejor vocación puede haber para cualquier parte del Reino que la de restituirlo a la perfecta integración que le devuelve la plenitud? Escucha solo esto a través del Espíritu Santo en ti y enseña a tus hermanos a escuchar tal como yo te estoy enseñando a ti.[12]

No tienes que enseñar con palabras, sino por demostración. Mucha gente quiere enseñar formalmente el Curso. Si te sientes guiado, ve a por ello. No obstante, el mundo puede beneficiarse mucho de que más gente dé ejemplo del Curso en la vida diaria, en lugar de enseñarlo con palabras. Gary y yo fuimos guiados a enseñarlo formalmente, pero nos damos cuenta de que también tenemos que vivirlo. Es importante practicarlo, porque así es como llegamos a conocernos verdaderamente a nosotros mismos. Tal vez esta sea la razón por la que ya no viajo tanto como antes. He sido llamada a dar más enseñanza en línea porque me gusta, pero también tengo el deseo de dar el máximo de mí en la vivencia de sus principios. Nuestro aprendizaje está en la gente con la que entramos en contacto cada día. He oído a algunos decir que necesitan vivir en una comunidad de practicantes del Curso porque quieren estar cerca de otras personas de mentalidad similar. Cada cual tiene sus preferencias. Creo que es importante recordar que nuestras lecciones de perdón se encuentran en la vida cotidiana, tanto con las personas que practican el Curso como con las que no lo hacen. No tienes que abandonar tus relaciones "especiales" para practicar el Curso. De hecho, esas relaciones están ahí para convertirlas en relaciones santas. Hay excepciones, como en el caso de que se produzcan abusos. Es sabio cuidar de ti mismo y retirarte de situaciones dañinas o peligrosas.

¡El Curso le fue dado a Helen Schucman en medio de la ciudad de Nueva York! No tuvo que ir a la cima de una montaña ni estar rodeada de un grupo de personas "especiales" para recibir su mensaje iluminado. De hecho, su relación con Bill Thetford, su co-escriba, fue la situación perfecta para que el Curso entrara en sus vidas. Su relación era una mezcla de emociones en conflicto. Sin embargo, se unieron y se dieron cuenta de que el Curso era para ellos como respuesta a la petición de encontrar una manera mejor de relacionarse. Y resultó que también está destinado a quienes están preparados para oír su mensaje de perdón.

Aunque enseño formalmente el Curso, me considero a mí misma una estudiante, y el Espíritu Santo es mi maestro. Por mí misma no puedo hacer nada. Dios es la única autoridad. Al ego le gusta planear, y cree que puede hacerlo mejor que el Espíritu Santo. A menudo, me pillo a mí misma haciéndolo. Cuando trato de planear para mi seguridad, la cosa no funciona demasiado bien. Esto viene de la necesidad de controlar la vida y las situaciones en las que nos encontramos. Y, simplemente, esta actitud es una tontería. Si te descubres planeando, acuérdate de soltarlo y de darte cuenta de que es imposible que ninguno de nosotros sepa cuál sería el mejor resultado en cualquier situación, ni cómo resolver un problema para el mayor bien de todos los implicados. Nadie está en posición de ver las cosas desde el panorama general que el Espíritu Santo contempla. Por eso se nos pide que Le entreguemos las cosas y confiemos en que estamos siendo cuidados.

Puesto que el título de este libro es *El cielo es ahora*, he pensado que sería divertido compartir contigo una de mis películas favoritas titulada *El cielo puede esperar*. Es una comedia brillante en la que intervienen Warren Beatty, Julie Christie, Charles Grodin, y Dyan Cannon, entre otros. Warren Beatty hace el papel de un gran jugador de fútbol americano que tiene una experiencia cercana a la muerte y descubre que el Cielo ha cometido el error de llevárselo demasiado pronto. Tienen que intentar encontrarle otro cuerpo en el que pueda entrar para poder superar las eliminatorias e ir a la gran final del fútbol americano, la Super Bowl. Los sucesos que se van desplegando mientras trata de hacer esto son muy divertidos, pues le ponen en el cuerpo de alguien que acaba de fallecer, pero que tenía una personalidad totalmente distinta. Ahora tiene que intentar poner ese cuerpo en forma para llegar a la gran final. ¡No hace falta decir que es muy divertida y entretenida! Aquí está este hombre que tiene la oportunidad de ir al Cielo, y dice a la corte celestial que ha cometido un error. ¡El cielo puede esperar!

Me gustan las películas divertidas y con un tema espiritual. Otra gran película es *Defendiendo tu vida*, con Albert Brooks y Meryl Streep. En la película, Albert Brooks está viviendo la vida con miedo, sin alcanzar los objetivos que ha establecido para sí mismo. Acaba muriendo y teniendo que defender su vida para ver si le conceden otra oportunidad de volver a la Tierra para hacer las cosas bien. Por otra parte, se encuentra con una mujer preciosa de la que se enamora, y que tiene una vida muy heroica. El contraste entre los dos personajes es muy divertido. Shirley MacLaine hace un cameo en la película como narradora del "Pabellón de las vidas pasadas", que las almas pueden visitar para ver quiénes han sido en otras encarnaciones. Por esa única escena toda la película ya valdría la pena. Las películas pueden elevar el espíritu y recordarnos nuestras propias historias y que podríamos estar tomándonos a nosotros mismos demasiado en serio. Por eso Arten y Pursah recomiendan ver películas divertidas. Son otra oportunidad de *acordarse de olvidar* la ilusión de separación.

LA DEMOSTRACIÓN DEFINITIVA DE JESÚS DE QUE EL CIELO ES *AHORA*

Estoy escribiendo esto en Viernes Santo. Venía conduciendo a casa después de una cita y no he podido evitar darme cuenta de que la canción que sonaba en la radio se titula "El regalo de los lirios". ¡Qué apropiado y sincrónico! En el Curso, los lirios representan el perdón. Este día es el de la crucifixión, y el mensaje de Jesús en la crucifixión fue el perdón. Creo que no fue accidental que me diera cuenta de este título precisamente hoy. Me hizo volver a reflexionar sobre el verdadero mensaje de la crucifixión. Según el mundo, Jesús fue agredido y asesinado. En el Curso, él expresa que no comparte esta interpretación. Pienso que este mensaje es digno de volver a leerlo. Esto es lo que dice:

Elegí, por tu bien y por el mío, demostrar que el ataque más atroz a juicio del ego es irrelevante. Tal como el mundo juzga estas cosas, mas no como Dios sabe que son, fui traicionado, abandonado, golpeado, atormentado y, finalmente, asesinado. Está claro que ello se debió únicamente a las proyecciones de otros sobre mí, ya que yo no le había hecho daño a nadie y había curado a muchos.[13] El mensaje de la crucifixión es inequívoco: Enseña solamente amor, pues eso es lo que eres.

Si interpretas la crucifixión de cualquier otra forma, la estarás usando como un arma de ataque en vez de como la llamada a la paz para la que se concibió. Con frecuencia los Apóstoles la interpretaron erróneamente, por la misma razón que otros lo hacen. Su propio amor imperfecto les hizo ser vulnerables a la proyección y, como resultado de su propio miedo, hablaron de la "ira de Dios" como el arma de represalia de Este. No pudieron hablar de la crucifixión enteramente sin ira porque sus propios sentimientos de culpabilidad habían hecho que se sintieran indignados.

Esos son algunos de los ejemplos de pensamiento tergiversado del Nuevo Testamento, si bien su evangelio es únicamente el mensaje del amor. Si los Apóstoles no se hubieran sentido culpables, nunca me habrían podido atribuir expresiones tales como: "No he venido a sembrar paz, sino espadas". Esto está en clara oposición a todas mis enseñanzas. De haberme entendido realmente, no podrían haber descrito mi reacción a Judas como lo hicieron. Yo no pude haber dicho: "¿Traicionas al Hijo del hombre con un beso?", a no ser que hubiese creído en la traición. El mensaje de la crucifixión fue precisamente que yo no creía en la traición. El "castigo" que se dijo infligí a Judas fue un error similar. Judas era mi hermano y un Hijo de Dios, tan miembro de la Filiación como yo. ¿Cómo iba a condenarlo cuando estaba listo para probar que condenar es imposible?[14]

Para mí, esto también fue una demostración del hecho de que *el Cielo es ahora*. Cuando estás totalmente dedicado a la verdad y oyes únicamente la Voz del Espíritu Santo, el Cielo es tu experiencia, tanto si pareces estar en la tierra como si estás despierto en Espíritu. Lo ves por doquier por haber recordado la naturaleza de Dios. La resurrección fue un símbolo del despertar del sueño de la muerte. Solo hay vida, y la vida real no es de este mundo.

La gente suele pedirme ejemplos reales de cómo practico el Curso. Honestamente, doy el máximo de mí por hacer lo que dice el Curso: perdonar. Practico las técnicas que he descrito en el Capítulo 4. Me recuerdo la verdad a lo largo del día para mantenerme alineada. Habrá momentos en nuestra vida en que las cosas se pongan difíciles. No obstante, cuanto más practiquemos el perdón en las pequeñas cosas de cada día, más auténtico será cuando lleguen otras más difíciles. Cuando surge un problema que considero más complejo, a menudo me recuerdo la lección del Curso que dice: *Que reconozca el problema para que pueda ser resuelto.*[15] El problema es la creencia en la separación. Seguidamente, repaso la lección siguiente: *Que reconozca que mis problemas se han resuelto.*[16] Esta lección dice que, aunque parece que afrontamos una cantidad interminable de problemas, nuestro único problema, que es la separación, ya se ha resuelto. Si realmente creemos esto, estaremos libres de conflicto. Esto es la salvación. Aunque hace falta mucha práctica para alcanzar este punto, me resulta muy alentador que sea posible alcanzarlo.

Nuestra identificación con el ego ha hecho que nos resulte difícil aceptar la Voluntad de Dios. Podríamos descubrirnos diciendo: "Se suponía que mi vida no iba a ir por aquí", o "No debo ir bien porque me he puesto enfermo". A modo de repaso, recordemos que la enfermedad quedó establecida previamente y forma parte de un guion más amplio. No elegimos la enfermedad a este nivel. Cuando el mundo fue proyectado, la enfermedad estaba incluida en el guion. Si podemos ver que su propósito es curarnos a través del perdón, se convierte en nuestro billete de vuelta a casa. Esto no significa que no debamos intentar curarnos a través de "medios mágicos", si fueran necesarios. Como he mencionado antes, durante un tiempo necesitamos los símbolos del mundo para que nos ayuden a sanar sin miedo. En el fondo de tu mente siempre puedes recordar: *el Cielo es ahora.* No tienes que esperar para elegirlo. Yo también tengo que practicar esto y he tenido muchas oportunidades de hacerlo. No siempre prefiero que ocurran ciertas cosas en mi guion, pero, mientras tenga elección, puedo elegir la interpretación del Espíritu Santo.

Se suele hacer mucho énfasis en cómo el mundo pareció venir a la existencia, y el Curso nos ofrece una explicación. Pero no solemos enfocarnos en el final, en ¿cómo acabará el mundo? Me encanta esta respuesta del Curso: *El mundo no acabará destruido, sino que se convertirá en el Cielo.*[17] En otro lugar dice: *El mundo acabará en una ilusión, tal como comenzó. Su final, no obstante, será una ilusión de misericordia.*[18] No podemos concebir la idea de que el mundo no existe. Sin embargo, cuando experimentemos el traslado al Cielo, no quedará recuerdo del mundo de tiempo y espacio. No habrá nada que echar de menos, porque todo es uno. Entretanto, por el simple hecho de que nuestras vidas aquí son un sueño, ¡por favor, no pienses que son inútiles! Durante un tiempo son útiles para aprender nuestras lecciones de amor. Nosotros lo elegimos. Iremos pasando por distintas actitudes de aprendizaje hasta que estemos completamente dedicados al no-dualismo puro; Dios uno o la realidad. Durante un tiempo iremos y vendremos entre el dualismo, el semi-dualismo, el no-dualismo y el no-dualismo puro. Jesús y Buda también pasaron por estas etapas en sus caminos. Simplemente no compraron el sueño tanto como otros. Nosotros también tenemos la capacidad de practicar eso.

Cuando camino por mi vecindario, o estoy en un supermercado, o dondequiera que me halle, me encanta practicar el ver a todos como el Cristo. Miro a alguien y le veo como puro espíritu. No hago excepciones y paso por alto las apariencias. Todos son lo mismo. El siguiente nivel del ejercicio es tratar a todos por igual. Trata a cada cual como si fuera Jesús. Así de magníficos somos todos. Todos tenemos la chispa de Dios, y Dios nos ama por igual. Cuando tratas a la gente así, estás reforzando tu propia magnificencia.

Recordarás todo en el instante en el que lo desees de todo corazón, pues si desear de todo corazón es crear, tu voluntad habrá dispuesto el fin de la separación, y simultáneamente le habrás devuelto tu mente a tu Creador y a tus creaciones. Al conocerlos, ya no tendrás deseos de dormir, sino solo de despertar y regocijarte. Soñar será imposible porque solo desearás la verdad, y al ser esta por fin tu voluntad, dispondrás de ella.[19]

Para concluir el viaje que hemos realizado juntos, quiero animar a todos a no hacer concesiones con respecto al mensaje del Curso. Esta es la única manera en la que tiene sentido. En momentos de grandes dificultades no estás solo porque caminas con Dios, Quien está en tu mente. Acuérdate de reír y no te tomes a ti mismo demasiado en serio. Este también es un recordatorio para mí. He oído incontables historias de personas que han estado en comunicación con los espíritus "al otro lado" y los espíritus siempre dicen: "¡Sed más ligeros con vosotros mismos! ¡Pasadlo bien! ¡No os toméis las cosas demasiado en serio!". Somos seres eternos. No hay manera de que te puedas perder en la confusión, porque el resultado de amor es seguro.

Ámate tal como Dios te ama. *El Reino de los Cielos es la morada del Hijo de Dios, quien no abandonó a su Padre ni mora separado de Él.*[20] Gracias por hacer este viaje conmigo, y que todos podamos continuar nuestro viaje en paz.

PÁGINA PARA NOTAS PERSONALES

SOBRE LA AUTORA

Cindy Lora-Renard da conferencias sobre *Un curso de milagros* a nivel internacional y es autora de *Un curso de salud y bienestar* y del éxito de ventas *El asunto del perdón*. Asimismo, es coach de la vida espiritual, y tiene un máster en psicología espiritual por la Universidad de Santa Mónica. Ha ayudado a introducir *Un curso de milagros* en muchos países a través de sus libros, de sus clases en línea y sus viajes por el mundo. Actualmente su primer libro está traducido a cinco idiomas, y el segundo, a seis. Cindy participa en los talleres hablando, cantando y dirigiendo meditaciones. También facilita dos clases al mes sobre el Curso con su marido, Gary Renard. Además, Cindy es una gran cantante y compositora. En su música y en sus CD de meditación combina de manera ecléctica la música Nueva Era, el pop alternativo con sabor celta y sonidos meditativos, creando un estilo único. Usa sus conocimientos sobre *Un curso de milagros*, y los de música y psicología, como herramientas de "curación" para ayudar a otros a despertar a las octavas "más altas" de la vida.

Cindy nació en Toledo, Ohio, y es hija de dos profesores universitarios muy reconocidos. Su padre, Ron Lora —actualmente retirado— fue un laureado profesor de historia en la Universidad de Toledo, Ohio. Su madre, Doris Lora —también retirada— era una profesora de música muy respetada en la misma Universidad, y después cambió de profesión y obtuvo un doctorado en psicología. Ambos continúan estando muy activos en sus comunidades. A los 17 años, Cindy se trasladó con su madre a Los Ángeles, California, donde reside actualmente. Comenzó su camino espiritual con poco más de veinte años probando diversas disciplinas hasta que encontró *Un curso de milagros*. Finalmente conoció y se enamoró de su marido, Gary Renard, que también es un destacado profesor de *Un curso de milagros*, y autor de éxitos de ventas. Gradualmente se ha ido desplegando un proceso que ha llevado a Cindy a darse cuenta de la dirección que debía seguir. Ahora continúa disfrutando de su trabajo como escritora, oradora, coach de la vida espiritual y cantante, y conociendo a gente de todo el mundo. Le gusta decir: "Todos estamos juntos en esto".

CLAVE DE LAS REFERENCIAS

Como clave de las notas y referencias, por favor, sigue los ejemplos siguientes para entender el sistema de numeración usado para *Un curso de milagros*. Las citas de otros recursos también vienen reseñadas a continuación.

T-26.IV.4:7. = Texto, Capítulo 26, Sección IV, Párrafo 4, Frase 7.

L-pl.169.5:2. = Libro de ejercicios, Primera Parte, Lección 169, Párrafo 5, Frase 2.

M-13.3:2. = Manual para el maestro, Pregunta 13, Párrafo 3, Frase 2.

C-6.4:6 = Clarificación de Términos, Término 6, Párrafo 4, Frase 6.

P-2.VI.5:1. = Psicoterapia, Capítulo 2, Sección 6, Párrafo 5, Frase 1.

S-1.V.4:3. = Canto de la Oración, Capítulo 1, Sección 5, Párrafo 4, Frase 3.

In. = Introducción.

Tu realidad inmortal: Cómo romper el ciclo de nacimiento y muerte, de Gary. R. Renard.

La desaparición del universo, de Gary R. Renard.

NOTAS FINALES

Introducción. 1. T-31.VI.2:2 2. T-22.VI.2:4 3. T-27.VII.7:3-9 4. M-4.I-A.4:5-7 5. T-10.I.2:1-6 6. T-14.XI.8:4 7. T-27.VIII.6:2-5

1. El Reino de los Cielos. 1. T-18.VI.1:5-6 2. T-5.II.11:1-4 3. T-12.VII.4:7-8 4. T-4.III.1:1-6 5.T-18.VI.1:1-2 6.T-3.IV.7:12-16 7.T-4. IV.11:7-9 8. M-2.2:6-3:8 9. L-188.6:1-6 10. C-in.4:1-5 11. L-158.4:1-5 12. La desaparición del universo 13. T-2.II.1:11 14. T-8.III 15. T-31.VIII.3:1-2 16. S-3.II.1:1-6 17. T-4.III.1:12-13

2. No hay dedicación mejor que el perdón. 1. T-16.VII.9:5 2. T-18.VII.8:1-4 3. T.23.IV 4. M-4.I-A.3:3-4 5. T-10.I.2:1 6. L-132.6:2-5:7 7. L-190.3:1-7 8. T-5.II.4:1 9. L-47.7:1-6 10. S-2.II 11. Prefacio.P.xi 12. L-169.5:1-7 13. L-p.II.1.1:1-7 14. T-8.VI.9:6 15. T-17.II.1&2

3. Cuando el ego devuelve el golpe. 1. T-19.IV-C.11:1 2. T-19.IV-C.11:2-4 3. T-8.I.3:1-5 4. T-18.VII.8:1-5 5. T-15.II.6:3-6 6. T-21.IV.2:3-4 7. L-34 8. M-1.1:1-8 9. M-4.I-A.3:1-8 10. T-11.V.11:1 11. T-8.VIII.2:7 12. T-11.V.1:1–6; 2:1-5 13. T-28.I 14. T-28.I.2:7-9 15. T:28.I.4:1-7

4. Tu vida como un aula escolar. 1. T-2.II.5:1-3 2. T-14.XI.12:4 3. T-4.I.2:1-5 4. S-2.I 5. T.21.in.1:7 6. T-21.in.1:1-6 7. T-2.VI.4:1-10 8. T-27-VIII.1:1-2 9. T-27.VIII 10. L-201 11. L-37 12. T-5.VII.6:7-11 13. T-5.VII.6:4-5 14. T-8.III.4:1-6 15. L-169.5:4-7 16. T-9.VII.8:2-6

5. Nuestra familia galáctica. 1. T-1.III.6:6-7 2. L-169.4:1-2 3. L-169.8:1-3 4. T-1.V.3:2-3 5. T-13.X.11:1-11 6. T-21.II.2:3-5 7. T-12. III.1:1-3 8. L-193 9.T-9.VII.8:2 10. T-10.I.2:1 11. M-16.8:1-3 12. M-12 13. M-12.1:1-10 14. T-8.III.4:2-5

6. Libertad emocional. 1. T-13.V.10:1-2 2. T.27.VIII.5:1-10 3. T-2. III.4:1 4. M-in.2:1-3 5. T-1.III.2:3-4 6. T-9.VII.4:4-9 7. T-5.V.4:1-13

8. T-18.VII.8:1-5 9. T-5.V.5:1-9 10. T-12.III.4:1-8 11. T-18.I.7:1-5 12. M-5.III.2:1-3 13. M-1.1:1-8

7. ¿Fe o Ficción? 1. T-13.IX.2:5-6 2. M-10.2:1-9 3. T-19.I 4. T-19.I.2:1-2 5. T-19.I.1:1 6. T-20.VIII.1:2 7. T-19.II.6:7-8 8. T-19.I.9:1-2 9. T-19.I.11:1-6 10. T-1.I.1:1-4 11. T-19.I.3:1-3 12. T-1.I.45:1-2 13. T-1.I.35:1 14. M-6.3:1-2

8. Y el Oscar es para... 1. T-4.I.4:7 2. T-7.IV.7:1-3 3. T-4.IV.4:1– 7:3 4. T-5.VI.4:1 5. T-2.I.3:7 6. M-11.1:6 7. T-21.II 8. T-21.II.2:1-7 9. T-11.VI.7:3-4 10. T-26.X.4:1-2 11. T-27.VIII 12. T-27.VIII.1:1-3 13. T-27.VIII.3:1–5 14. T-27.VIII.4:1-5 15. T-2.V-A.18:2-6 16. T-in.1:1-5 17. L-132.6:2-3 18. L-132.7:1-2 19. T-5.II.10:1-3

9. Recorrer el camino de la alegría. 1. T-5.II.3:2-3 2. T-5.II.3:7- 11 3. L-41 4. L-41.3:1-2:4 5. T-23.IV 6. M-4 7. T-31.VIII.11:1 8. T-4. VI.5:1-8 9. M-20.4:6-8 10. T-4.IV.8:1-10 11. L-23 12. T-18.VI.1:1-2 13. L-31 14. T-2.IV.4:1-10 15. L-135.19:1

10. El Cielo es ahora. 1. L-131.6:1-7 2. Tu realidad inmortal 3. L-138 4. L-138.1:1-2 5. L-138.4:1-8 6. T-3.IV.7:12-16 7. T-23.in.3:1 8. T-14.XI.6:7-9 9. L-47 10. L-47.1:1-5; 2:1-4; 3:1-4 11. M-14.5:1-7 12. T-5.II.10:1-10 13. T-6.I.9:1-3 14. T-6.I.13, 14 & 15 15. L-79 16. L-80 17. T-11.VIII.1:8 18. M-14.1:2-3 19. T-10-I.4:1-3 20. T-18.VI.1:4

LECTURAS SUGERIDAS SOBRE *UN CURSO DE MILAGROS*

1. *Un curso de milagros*, segunda edición, publicado por The Foundation for Inner Peace.
2. *La desaparición del universo*, Gary R. Renard, El Grano de Mostaza Ediciones, Barcelona, 2010.
3. *Tu realidad inmortal,* Gary R. Renard, El Grano de Mostaza Ediciones, Barcelona, 2009.
4. *El amor no ha olvidado a nadie*, Gary R. Renard, El Grano de Mostaza Ediciones, Barcelona, 2015.
5. *Las vidas en que Jesús y Buda se conocieron: una historia de poderosos compañeros*, Gary R. Renard, El Grano de Mostaza Ediciones, Barcelona, 2017.
6. *Un curso de salud y bienestar*, Cindy Lora-Renard, El Grano de Mostaza Ediciones, Barcelona, 2018.
7. *El asunto del perdón*, Cindy Lora-Renard, El Grano de Mostaza Ediciones, Barcelona, 2021.
8. *All Peace, No Pieces*, Jackie Lora-Jones.
9. *Las preguntas más comunes en torno a Un curso de milagros*, Gloria y Kenneth Wapnick, El Grano de Mostaza Ediciones, Barcelona, 2011.
10. *Ausencia de felicidad*, Kenneth Wapnick, El Grano de Mostaza Ediciones, Barcelona, 2009.

11. *La sanación de la mente*, Kenneth Wapnick, El Grano de Mostaza Ediciones, Barcelona, 2019.
12. *El tiempo, una gran ilusión*, Kenneth Wapnick, El Grano de Mostaza Ediciones, Barcelona, 2022.
13. *Viaje sin distancia*, Robert Skutch, El Grano de Mostaza Ediciones, Barcelona, 2016.

Clases en línea de Gary y Cindy Renard sobre *Un curso de milagros*:
Para inscribirte a las clases, por favor, visita www.cindylora. com, y entra en *Appearances* para obtener más información.
Para tener sesiones privadas con Cindy, por favor, contacta con ella a través de su página web: www.cindylora.com. Asimismo, por favor, acude a la página de Cindy para obtener más información sobre cómo reservar una conferencia, una sesión privada de terapia o pedir sus productos.

El Cielo es ahora
Otros libros de Cindy Lora-Renard:
Un curso de salud y bienestar
El asunto del perdón

Estos son los CD de Cindy que puedes encontrar en Amazon, Itunes y CD baby:

Journey through Sound
Awakening to Love
Near the Beginning
Summer and Smoke
Meditations for Couples

LA FUNDACIÓN PARA LA PAZ INTERIOR

Para aprender más sobre *Un curso de milagros* te recomiendo que visites la página web del editor autorizado y poseedor de los derechos de autor, la Fundación para la Paz Interior: www.acim. org. Si bien hay muchas excelentes organizaciones que apoyan el estudio del Curso, esta es la original y la que cuenta con la mayor variedad y profundidad de materiales relacionados con él, entre los que se incluyen biografías y fotos de los escribas, una edición web completa que permite búsquedas, grabaciones de audio, y aplicaciones para móvil.

La Fundación para la Paz Interior es una organización sin fines de lucro dedicada a la elevación de la humanidad a través de *Un curso de milagros*. La organización depende de donaciones y actualmente se dedica a traducir el Curso a numerosos idiomas —26 hasta la fecha—. Puedes encontrar información sobre las traducciones en su página web. La Fundación también dona miles de copias del Curso. Si quieres favorecer que más gente se beneficie del Curso, donar a la Fundación para la Paz Interior, o a otras de las numerosas organizaciones relacionadas con el Curso, es una iniciativa muy valiosa.